JN191737

ミネルヴァ日本評伝選

由利公正

万機公論に決し、私に論ずるなかれ

角鹿尚計著

ミネルヴァ書房

刊行の趣意

「学問は歴史に極まり候ことに候」とは、先哲荻生徂徠のことばである。
歴史のなかにこそ人間の智恵は宿されている。人間の愚かさもそこにはあらわだ。この歴史を探り、歴史に学んでこそ、人間はようやくみずからの正体を知り、いくらかは賢くなることができる。新しい勇気を得て未来に向かうことができる。徂徠はそう言いたかったのだろう。

「ミネルヴァ日本評伝選」は、私たちの直接の先人について、この人間知を学びなおそうという試みである。日本列島の過去に生きた人々の言行を、深く、くわしく探って、そこに現代への批判を聴きとろうとする試みである。日本人ばかりではない。列島の歴史にかかわった多くの異国の人々の声にも耳を傾けよう。

先人たちの書き残した文章をそのひだにまで立ち入って読み、彼らの旅した跡をたどりなおし、彼らのなしとげた事業を広い文脈のなかで注意深く観察しなおす――そのとき、はじめて先人たちはいまの私たちのかたわらによみがえってくる。彼らのなまの声で歴史の智恵を、また人間であることのよろこびと苦しみを、私たちに伝えてくれもするだろう。

この「評伝選」のつらなりのなかから、列島の歴史はおのずからその複雑さと奥ゆきの深さをもって浮かび上がってくるはずだ。これを読むとき、私たちのなかに新たな自信と勇気が湧いてきて、その矜持と勇気をもって「グローバリゼーション」の世紀に立ち向かってゆくことができる――そのような「ミネルヴァ日本評伝選」にしたいと、私たちは願っている。

平成十五年（二〇〇三）九月

上横手雅敬
芳賀　徹

明治22年華族加列時の子爵由利公正

(『由利公正伝』『子爵由利公正伝』より。原本は福井県立歴史博物館蔵由利公正家文書。同構図の油彩画像もある)

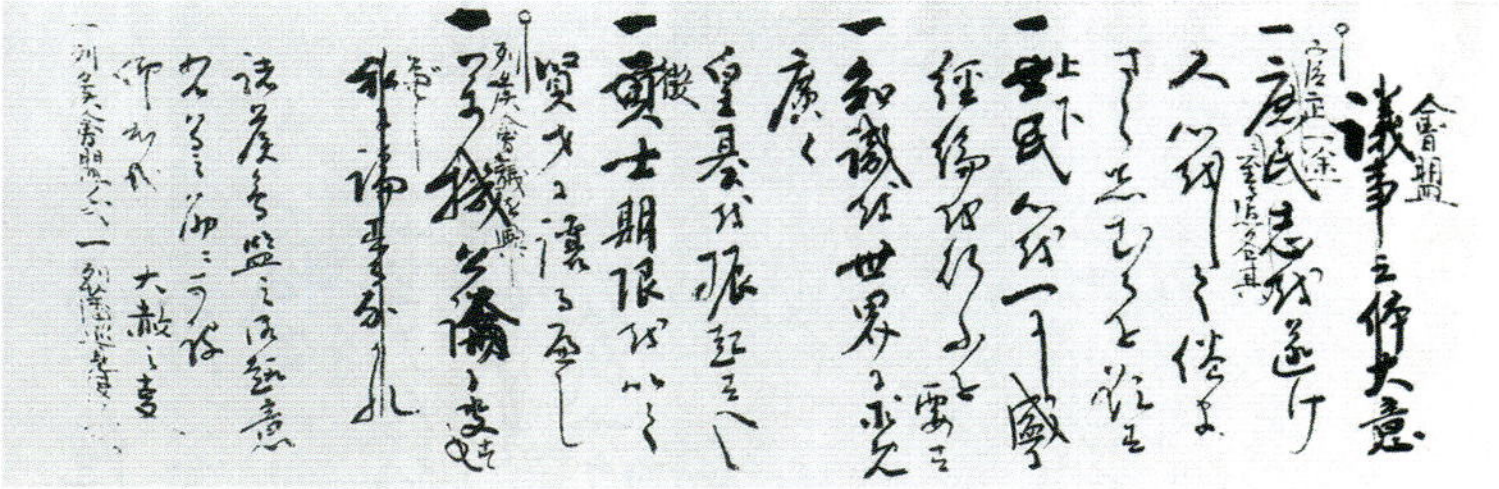

「五箇条の御誓文」草案（福井県立図書館蔵）

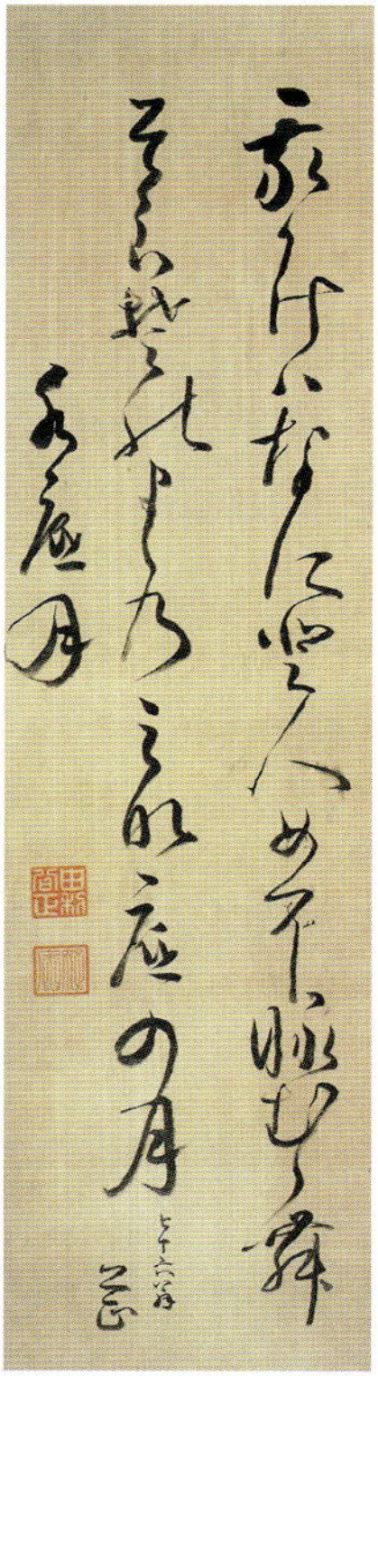

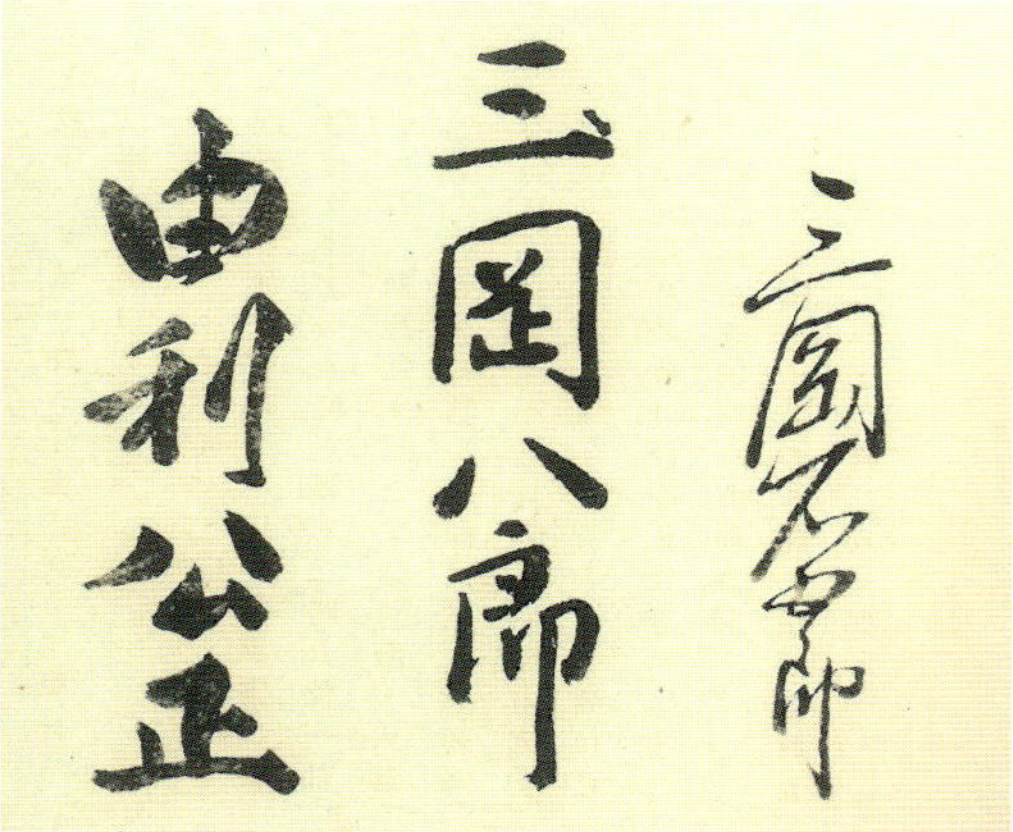

由利公正の署名（『子爵由利公正伝』より）

由利公正自筆自詠「水底の月」の和歌幅

（川端清ほか旧蔵／福井市立郷土歴史博物館蔵）

はしがき

世に明治の元勲《げんくん》と呼ばれる人物と言えば、木戸孝允・大久保利通・西郷隆盛をはじめ、薩長という藩閥出身者の名を挙げる。また倒幕か佐幕か、開国か攘夷か、常に二極の抗争の結果、明治維新がなされ、わが国が近代化に邁進したというのがこれまでの教科書的な一般認識であった。

福井藩と由利公正

しかし、最近の研究では、新たな史料の相次ぐ発見などにより第三極の立場、つまり公武合体で政権を一つにして外国と交易し、そのうえで公議公論・公議政体論を実現して、近代国家にデモクラシーをいち早く導入しようとする越前福井藩の藩是と行動が注目されつつある。その福井藩の幕末維新に生き、明治新政府において財政の指導者となった由利公正の存在は知られながらもあまり注目されてきてはいない。公正の伝記でまとまったものは、芳賀八彌著『由利公正』（明治三十五年、八尾書店）、三岡丈夫編『由利公正伝』（大正五年、光融館）、『子爵由利公正伝』（昭和十五年、三秀舎）等が知られ、とくに『子爵由利公正伝』は由利家伝来の公正関係史料を充分に活用・紹介した刊本である。しかし、大著なうえに戦前の刊行物であり、近年復刻されてはいるものの現在に至っては必ずしも好個な理解しやすい啓蒙書とは言えない。そこで本書は、公正の入門書・研究書・啓蒙書として大方に利用されることを念頭において執筆した。

由利公正（一八二九～一九〇九）は、越前松平家三二万石の藩士の子として生まれ、幼年より苦しい家計を援け、槍術などの武道で名を馳せ、藩の兵器製造に手腕を発揮し、橋本《はしもと》左内《さない》の指導する藩校明《めい》道館《どうかん》で兵学を講じ、左内の制産・公議公論の政治思想を受け継ぎつつ、左内没後は熊本から招聘された横井《よこい》小楠《しょうなん》に師事して実学に感銘を受けその民富論を実践して、藩財政の建て直しに功績があった。福井藩主導による開国、公武合体を進めるため有志と挙藩上洛を計画しその首謀者となるが、藩論二分し遂に頓挫して罪を得、家督を実弟に譲り蟄居した。だが坂本龍馬の推挙により新国家の財政担当として徴用され、徴士参与《ちょうしさんよ》となる。「五箇条《ごかじょう》の御誓文《ごせいもん》」の草案である「議事之体大意」を起草し、新政府の財源確保を太政官札《だじょうかんさつ》の発行で補おうとした。その後帰京して福井の官吏として地方行政に手腕を発揮し、やがて再度徴用されて東京府知事となり東京不燃化計画など民生の諸政策に尽力した。藩閥政治から公議政体の実現のため、板垣退助《いたがきたいすけ》らと民撰議院設立建白書《みんせんぎいんせつりつけんぱくしょ》に名を連ねた。その他、「民力」向上のため有隣生命保険株式会社の設立、日本興業銀行既成同盟会等の要職に就いた。史談会の会長にも推薦され、八十一歳（新暦満年齢七十九歳）の天寿というべき生涯を閉じた。幕末明治期を駆け抜けた志士たちの中では長命であり、生涯の極みには、子爵・勲一等・従二位という高い地位にまで上り詰めた。

生涯のうちにとにかくこれだけ多岐にわたる多くの事績を残した元勲は、他に例があるだろうか。

彼の生涯の理念・信条はどのような課題に直面しても動揺はない。つまり旧政体の江戸幕府が終焉し、明治の近代国家に移行して、大きく価値観の変化した時代にあっても、一貫して変わることはなかった。その理念・信条とは「尊皇」「経綸」「公論」であると言える。橋本左内が数え年十五歳時にして認《したた》めた『啓発録《けいはつろく》』の五訓のように、公正もまた幼・青年時の体験に基づく志（社会に貢献する目標）にぶれることなくほぼ八十年という長い生涯を剛直な精神で生き貫いた。俊秀橋本左内らとともに吉《よし》田東篁《だとうこう》門下で養った崎門《きもん》学に基づく「尊皇」は、「藩」から天皇親政という「天下」への時代の転換にあっても動揺はなかった。公正の「尊皇」は松平春嶽《しゅんがく》のそれと違うことなく、福井藩是の根幹であり、天皇親政の元での政体こそ、議会政治である「公議公論」「公議政体論」なのであった。左内と師、横井小楠の政治・経済思想を実行した「経綸」と、この二人を提唱者・指導者として明君松平春嶽を中核とした福井藩是たる「公論」を近代国家の政体として実現させることに尽くした。

福井藩の美徳

幕末・明治黎明期において福井藩の特徴として特記し、誇るべきことは流血を見なかったことであった。もっとも、維新期の混乱による真宗一揆や府中領主本多家の華族加列問題に端を発した「武生《たけふ》騒動」といった民衆主体の暴動・反乱においてはいち早く鎮圧・断罪をしているし、安政期の幕譴を歎いた松田和孝《まつだかずたか》や河崎致高《かわさきむねたか》の動機を不明とした自決などはあるものの、藩士間においての対立、失政と外圧による福井藩としての恭順・保身によって人命を奪うような粛清や流血は見られない。それは他藩を見れば瞭然である。同様の雄藩を見渡しても、薩摩藩の「高崎崩れ」「お由《（遊）》羅騒動」「寺田屋騒動」等、土佐藩の「青蓮院宮令旨《しょうれいいんのみやりょうじ》事件」「武市瑞山《たけちずいざん》事件」、水戸藩の「斉昭《なりあき》没後の内乱」があり、「天狗党挙兵」では過酷な粛清が行われた。長州藩でも「元治内乱」「脱隊騒動」「萩の乱」だけでなく、細々とした粛清があったことなどはよく知られる。

公正は、実に浮き沈みのある波瀾万丈の生涯であり、とくに挙藩上洛計画頓挫での処分では、これまでの風当たりの強い行動と性格により怨恨・批判を受けていたとみることは推測に難くなく、他藩なら断罪に処されていても不思議ではなかった。しかし、信仰が篤く教養も高く寛容で冷静、激昂しない藩主父子に恵まれ、公正が福井藩士であったことこそが、後に「天下の人材」として春嶽から評価を受ける存在とまで見直され、見事に幕末動乱期を生き延びることができたと言える。

春嶽の親友であり学友であり同志であった土佐の山内容堂《やまうちようどう》は、武市瑞山への断罪を後年深く後悔したというが、春嶽は実に晩年にも旧臣に敬慕されて幸福であった。明君春嶽を中心とした福井藩の藩政改革や殖産興業、対朝幕政策は、身分にかかわらず人材を見抜き、育成し藩政に登用して得られた有能な藩士の結束により推進された。また、春嶽が隠居を命じられ支藩糸魚川から迎えられた最後の藩主茂昭《もちあき》の、柔和で孝行な人格は、養父の意見・政策を重視し共に藩政を進め協力したことも幸福であった。こうした寛容に人材を育んで登用し、身分のいかんにかかわらず意見（建白）を享受した福井藩のヒューマニズムは、下級藩士に至るまで行き届いていたと言える。ゆえに藩士に脱藩者と思しき者は見当たらない。藩論に批判的だった関義臣《せきよしおみ》（山本龍二）の例があるが、陪臣《ばいしん》であり藩を離れた理由も藩内の抗争によるものではなかった。「人を生（活）かす藩」、それが幕末の福井藩であった。

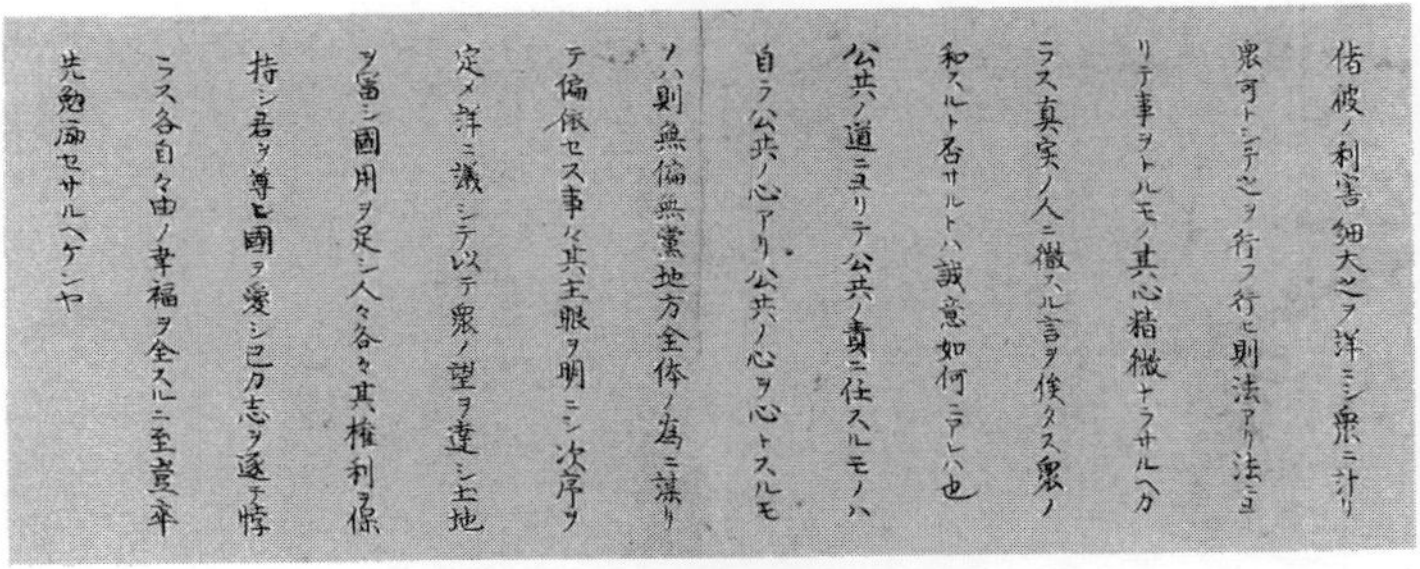
偖彼ノ利害細大之ヲ詳ニシ衆ニ計リ
衆可トシテ之ヲ行フ行ヒ則法アリ法ニヨ
リテ事ヲトルモノ其心精微ナラサルヘカ
ラス真実ノ人ニ徹スル言ヲ俟タス衆ノ
和スルト否サルトハ誠意如何ニアルハ也
公共ノ道ニヨリテ公共ノ責ニ任スルモノハ
自ラ公共ノ心アリ公共ノ心ヲ心トスルモ
ノハ則無偏無党地方全体ノ為ニ謀リ
テ偏依セス事々其主眼ヲ明ニシ次序ヲ
定メ詳ニ議シテ以テ衆ノ望ヲ達シ土地
ヲ富シ国用ヲ足シ人々各々其権利ヲ保
持シ君ヲ尊ヒ国ヲ愛シ己カ志ヲ遂ケ悖
ラス各自々由ノ幸福ヲ全スルニ至ラン率
先勉励セサルヘケンヤ

初代福井市長鈴木準道に贈った「祝詞」
（部分。福井市立郷土歴史博物館蔵鈴木家文書）

「公正無私」「公共の道」

公正は「常に意を経綸に注ぎ、私を去りて公に従ひ」と『由利公正伝』に子息三岡丈夫が記すところであるが、公正は松平春嶽筆幼年の書「公正無私」より自ら撰したとみられる「公正」という諱《いみな》に随い「公」字を愛した。

くしくも公正最期の折同行していた郷里の旧藩士、鈴《すず》木《き》準道《のりみち》が初代福井市長に就任した明治二十二年（一八八九）の市役所開庁式の折に長文の「祝詞《しゅくじ》」を贈っている。その文面には、「公共ノ道ニヨリテ公共ノ責ニ任スルモノハ、自ラ公共ノ心アリ、公共ノ心ヲ心トスルモノハ、即無偏党地方全体ノ為ニ謀リテ偏依セズ」とし、もしこの「公共ノ道」に反すれば市民からの信用を失するのみならず、国家に支障を来たすことになるというのであった（市歴博「鈴木家文書」）。「公」の字は、「ム」つまり「私」を撥ねる意味である。先の丈夫の言は公正の信念であり、政治理念であって、それはそのまま横井小楠の「大いに言路を開き天下と公共の政をなせ」（「国是七条」）という公議尊重論の継承にほかならない。

公正の生涯を概観する時、およそに言えば藩政時代の「三岡義由」時代と維新後の「由利公正」時代の二期に分けることが出来る。これは、木戸や大久保らにも言えることであるが、公正も藩政時代に、粛清・暗殺・戦死・病死等で維新を見得なかった志士たちの偉業を維新後実現に向けて懸命に尽力したのであった。現代は長寿社会で、第二の人生と言えば定年後を指すが、当代の日本人にとって第二の人生が維新後であったとみれば、第二の人生を生きた公正らの責務こそ国家・社会にとってきわめて重要な立場にあったと言える。維新後の公正の仕事こそ、福井藩論の集成であり、実現であった。

伝記と史料

本書は、先に挙げた『由利公正伝』『子爵由利公正伝』等を中心に、福井県立歴史博物館（県博）蔵「由利公正家文書」、福井市立郷土歴史博物館（市歴博）の所蔵史料（福井市春嶽公記念文庫など）など多様な史料と新出の史料・文献を極力活用し、「あとがき」や「参考文献」等に記したこれまでの研究業績を参考として、波瀾に満ちたその生涯を追った。ただし、これまでも指摘されてきたように『由利公正伝』には公正の記憶違いや、創作と思われる「実話」が少なからずあり、とくに年月の表記には注意を要する。これらは『子爵由利公正伝』でかなり改められたものの、まだ充分とは言えないのである。この二書の伝記を尊重しつつも改めるべき記述や年月の表記は修正に努めた。また本書においての史料の引用には原則として濁点・句読点・送り仮名を加えた。漢字も極力常用漢字に改めている。また、適宜（　）内に筆者の註を加えた。

公正の研究動向

由利公正の生涯にわたる伝記研究は、芳賀八彌が明治三十五年（一九〇二）一月に刊行した『由利公正』を嚆矢とする。八尾書店から出版された同書は早くも同年二月に再版されているから、当時少なからぬ反響があったものと思われる。次いで彼の伝記研究は公正の長男で三岡家を継いだ丈夫《たけお》が基本文献をまとめて『由利公正伝』（大正五年、光融館）を刊行した。同書の編集・刊行には、明治五年の火災によって公正の本宅が延焼し、これまでの関係書類が一切焼失したとし、また大正期に入って公正の経歴を知る者がほとんど他界したことにより、伝記の編集に難航したといい、丈夫の両親から聴取した談話を骨子としたことが序に記されている。その後、丈夫の甥、由利正通《まさみち》が『子爵由利公正伝』を著した。

同書の自序では、先の伝記の増補改訂を行い、松平侯爵・子爵家の史料や公正・由利家と関係ある諸家の文献も引用して、内容を研究書レベルにまで充実させており、史学の実証主義を貫く姿勢で編集されていると言える。同書は近年再版（マツノ書店）されており、高価であるが入手もできるようになった。『子爵由利公正伝』刊行後は、尾佐竹猛・横川四郎編『坂本龍馬・由利公正集』（近世社会経済学説大系十四　誠文堂新光社）で履歴を知ることが出来る。公正の総合的な伝記研究は高野喜代一編集の『由利公正史伝――由利12頭残照』である。由利家先祖の地である秋田県の旧由利町の由利公民館から刊行されたもので、これまで刊行されてきた伝記史料をもとに、由利家の発祥から公正の事績、経歴をまとめあげた労作である。平成十三年（二〇〇一）五月には十三人の研究者・作家らによる分担執筆の『由利公正のすべて』（新人物往来社）が刊行された。福井県在住の近世史学の重鎮、三上一夫・舟澤茂樹の編集である。同書は広く流布し公正研究の好個な基本文献となっているが、文事や信仰といった精神生活や思想史からの公正の研究がほとんどなされていない。個別分野の研究としては、辻岡正己『由利財政の研究』（昭和五十九年、広島経済大学地域経済研究所）、上杉允彦「由利公正の経済思想」（平成九年三月『資本主義形成期の経済思想』所収、高千穂商科大学総合研究所）などがあり、やはり経済史からの視座のものが中心である。

これらのことから、総合的な公正の好個な伝記研究書・啓蒙書の刊行が待たれたのである。

由利公正——万機公論に決し、私に論ずるなかれ

目次

はしがき

第八章　東京府政の改革と発展……211

図版写真一覧

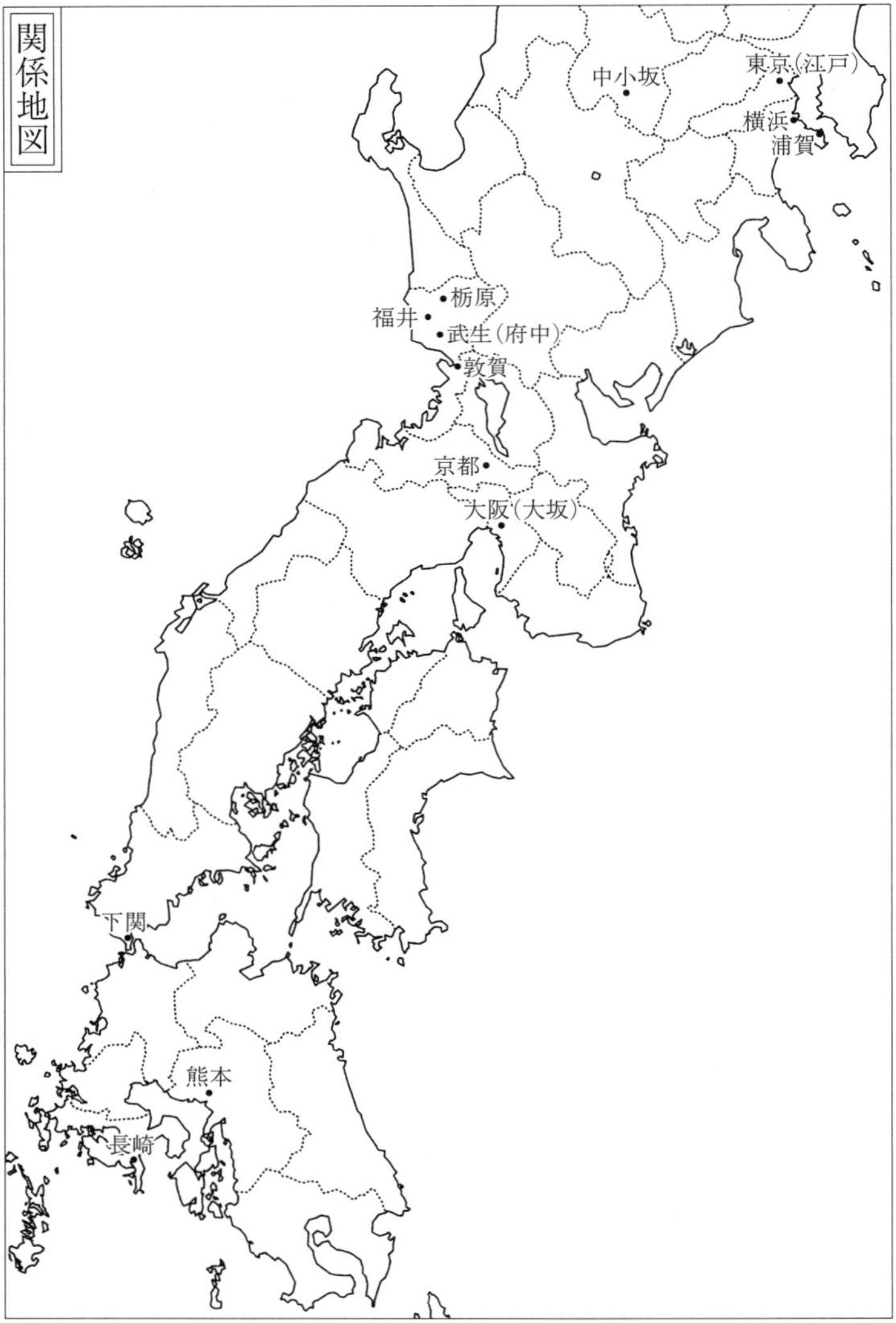
関係地図
中小坂
東京（江戸）
横浜
浦賀
栃原
福井
武生（府中）
敦賀
京都
大阪（大坂）
下関
熊本
長崎

第一章　家系と家族

1　遠祖と中祖

由利公正は、文政十二年（一八二九）十一月十一日、越前福井松平家三二万石の福井城下、毛矢《けや》（毛谷・毛屋・花谷とも書く）町に居住していた福井藩士、三岡次郎太夫義知《よしとも》の長男に生まれた。

遠祖「由利」氏

父義知は、表高一〇〇石の福井藩中級武士であり、文政九年（一八二六）二月五日、養父次郎左衛門武房《たけふさ》の家督を相続し、大御番組に入れられ、公正出生の翌年十一月七日には、御近習番となり御書院番組に入れられている（『福井藩士履歴』）。当時福井藩の財政は困難期にあたり、藩士の俸禄は軒なみ減らされているから、三岡家も実質高三二石余の年収であった。公正の幼・少年期に家計が非常に苦しかったことは公正も語り、人口にもよく膾炙している。そのため、地元福井において三岡家を下級武士と記載する向きがあるが、歴とした中級武士であって、藩士族としてはけっして身分の低い存在ではなかった。公正の母は幾久《いく》と称し、やはり福井藩士の大越《おおごし》猪左衛門茂貞（二二石四人扶持）の女《むすめ》であった（『福井藩士履歴』、『由利公正伝』他）。

三岡家の先祖は、後に公正が復姓し、再興したきっかけとなった由利八郎維平《これひら》を遠祖としている。由利維平は、鎮守府将軍（奥州平泉藤原三代）藤原秀衡《ひでひら》の重臣で、出羽国由利郡（秋田県）を所領とした。由利郡を領したことにより由利の苗字を称したとみられるのが由利氏である。『由利公正伝』に所載の「由利家系」では、清和天皇第六皇子貞純《さだずみ》親王の後裔とする清和源氏の流れを汲み、八郎維平の父・出羽太郎維安《これやす》が、奥州藤原氏に属して「油理《ゆり》」の地に住居したと記されており、「油理」すなわち「由利」の地名を苗字（名字）としたようである。この「由利家系」では、維安・維平の記述より先は簡略的であり、由利氏は古代の「ウヂ」を「源」としながらも、他に大中臣説（『秋田大百科事典』）・安倍氏説（『本荘市史』）・中原氏説（『象潟町史』）など定まらず、公正自身も福井市足羽山《あすわやま》鎮座の足羽神社境内に自ら建立した「天壌無窮碑《てんじょうむきゅうひ》」の撰文などに、「麝香間祗候正四位勲二等子爵　藤原朝臣公正」とあって、藤原氏を称している。

さて、由利八郎維平（維衡）は『吾妻鏡《あづまかがみ》』に登場する。維平は、奥州合戦において藤原泰衡《やすひら》の命に従って出羽口を田河行文・秋田致文らと守っていたが、鎌倉方に敗北し、生虜りとなる。源頼朝は維平を生かし、「勇敢の誉れ有るに依って」罪を免じたという。頼朝が維平を救けた理由は、捕虜の身でありながら「運尽きて囚人と為るは、勇士の常」と、梶原景時《かじわらかげとき》の無礼を堂々とたしなめ、礼を尽して接した畠山重忠《はたけやましげただ》の尋問に応じたことに感じた頼朝が直接維平と談じる。頼朝が泰衡の最期を見下したことに対して維平は平治の乱での頼朝の父義朝の最期と変わりないことを堂々と述べて反論した。そこで頼朝が芳情を施したためだと伝えられる（文治五年（一一八九）九月七日条）。また文治六年（一一九〇）正月、大河兼任《おおかわかねとう》の乱で討ち死にした時には、戦況報告を聞いた頼朝が、その報告に「小鹿島《おかしま》橘次公討ち死に、由利中八維平逃亡」とあったのを、これは「由利討ち死に、橘逃亡」の間違いであろうと推察したことが実際その通りであったという逸話である。公正が、由利の復姓にこだわった理由は、由利氏の始祖維安を景仰したというよりも武士の鑑の如く頼朝に賞賛されたという「八郎維平」を意識してのことであったとみられる。

中祖「瀧澤」氏　さて、最盛期には由利郡全域を領有していた由利氏であったが、十代目政久《まさひさ》の頃には、由利郡内の瀧澤《たきざわ》を領するにとどまった。このことにより政久は苗字を瀧澤に改名した。「由利家系」によると、政久は刑部と称し、永享二年（一四三〇）に生まれ、瀧澤を領して応仁元年（一四六七）九月瀧澤忠八郎と称したという。瀧澤氏はその後戦国時代に最上《もがみ》氏に属したが、忠八郎政範《まさのり》の時にあたる慶長十九年（一六一四）に最上義光《よしあき》（一五四六〜一六一四）が急逝し、その後継者抗争による「最上騒動」により争乱となり、元和八年（一六二二）最上氏が改易されると、政範は先祖代々の領地を離れた。一方、政範の三男瀧澤勘兵衛（諱は不詳）は信濃に移住していた。彼は徳川家康の六男松平忠輝《ただてる》（一五九二〜一六八三）の重臣で川中島城主であった花井主水吉武の家臣となり、川中島羽科郡森村の内で、二〇〇石を与えられていた。しかし不幸なことに松平忠輝の改易に遭い、主水吉武の一男吉雄が駿河で刑死すると、勘兵衛も浪人となった。

　勘兵衛の嫡男、次郎左衛門佐栄は、瀧澤の苗字を改め、母の名字「三岡」を用いることにして、家紋も三岡家の紋章「三亀甲《みつきっこう》」（「三盛り亀甲花角」）を用いたという。元和二年（一六一六）の松平忠輝改易後、福井藩祖結城秀康《ゆうきひでやす》の二男で、忠輝の従兄弟にあたる松平忠昌《ただまさ》が、上総姉ヶ崎から常陸下妻そして信濃松代一二万石を拝領し、ついで同四年に越後高田へ移住の上、二五万石を領した。三岡次郎左衛門佐栄は、幸いなことに元和三年（一六一七）忠昌に知行二五〇石で召し抱えられた。

　このように、公正の先祖は、奥州藤原氏→鎌倉幕府→最上氏→松平忠輝家臣花井氏を経て、松平忠昌の家臣となり、やがて忠昌が北庄（福井）三代藩主となることによって、福井藩士三岡家が誕生したのであった。

2　福井藩士三岡家の成立と分知

福井藩士三岡家

　三岡次郎左衛門佐栄が、知行二五〇石で召し出されて、代々福井藩士となるのであるが、福井藩士の家臣団由緒録である「諸士先祖記」（享保六年成立、松平文庫蔵）によると、三岡家は「忠昌公御代信濃国松城（代）以来先祖御奉公之面々」という十九家の一家として挙げられている。同書に、「先祖之儀不相知、父滝澤勘兵衛ト申者、於信州河中島羽科郡森村之内領知仕由、主人不詳」とあって藩編纂の公的記録には、その先祖について多くを語ってはいない。

おそらく三岡家としての先祖の履歴はなんらかの憚りを感じて秘匿したのであろう。「系図」（『子爵由利公正伝』所収）によると、「元和三年松平伊豫守忠昌公ニ禄二百五十石ヲ以テ召抱ヘラレ、御使番役ヲ仰付ラル、翌四年主君ニ随ツテ越前北ノ庄へ移ル、寛永十二年十月三日卒、法名　鐵叟全闉居士」とあるから、忠昌の移封に従って北庄《きたのしょう》入りし、この北庄（福井）の地に眠ったのであった。

忠昌は、三〇〇騎を伴い北庄城に入った。三岡次郎左衛門佐栄は、忠昌代の「給帳」（松平文庫蔵）に、「貳百五拾石　三岡次郎左衛門」とみえ、士分では藩祖結城秀康以来の一〇五騎と忠昌入国に従った三〇〇騎をあわせた四〇五騎中で、二二八位であった。「由利家系」には、佐栄の子が、五男三女記載されている。まずこのうち女子三人は、藩士の太田安房守与力梅原五右衛門、池田郷広瀬（現今立郡池田町広瀬）の農家、丸山清兵衛に嫁した。子息は、長男助右衛門喜言が父佐栄の死去によって家督を相続した。四代藩主松平光通《みつみち》代の「給帳」に「百五拾石　三岡助右衛門」とみえる。一五〇石というのは、佐栄の知行が二五〇石であったが、弟新兵衛が新規に忠昌に召し出されて一〇〇石を分知されたことによる。「諸士先祖記」では、佐栄の嫡流としての助右衛門喜言家として、喜言→登教→成定の三代を記している。この家はその後も健在で、五代・長盛《ながもり》→六代・又蔵《またぞう》→七代・成庸→八代・成経と家督を継承した（「姓名録」）。

「旧藩制役成」（松平文庫蔵）によると、藩政時代最後の当主であった三岡斧太郎《おのたろう》は、慶応二年（一八六六）に父の隠居により家禄一〇〇石を相続した。本来この家は佐栄の嫡流であるので福井藩士三岡家の本家というべきであるが、「由利家系」では「三岡別家」としている。佐栄の二男は、病身につき越後高田の町人の子となり、末子の七郎兵衛は五代藩主昌親《まさちか》に一〇〇石で召し出されたが、病身のゆえをもって池田郷廣瀬村に引籠った。三男新兵衛は、忠昌に召し出されて、知行一〇〇石を分知した。新兵衛は、滝澤を苗字として分知されているから、一時途絶えた瀧澤の苗字を伝えたことになるが、この家はすぐに絶家となるのであった。

吉江藩時代

藩主松平家は、忠昌が正保二年(一六四五)に没したあと、嫡男光通《みつみち》が五二万五〇〇〇石を相続する。光通には弟が二人おり、次弟の昌勝《まさかつ》に吉田郡のうちで五万石を分知させて松岡藩が成立した。またさらにその弟昌親《まさちか》に丹生郡のうちで二万五〇〇〇石を分知させて、吉《よし》江《え》藩が成立した。当然福井本藩の家臣団も分けて出向させたのであったが、瀧澤新兵衛は、吉江への出向を命じられた福井藩四十六士の一人として挙がっていた。新兵衛は、吉江藩目付役の要職についており、高一〇〇石を給されていた(『越藩史略』)。

しかし、吉江藩士となった直後の明暦二年に吉江藩を除籍されている。そのことについて「由利家系」には、由縁あって新兵衛は江戸へ出、旗本齋藤忠右衛門と土屋忠次郎両人の勧めにより、本多忠《ただ》平《ひら》(能登守陸奥白河二代藩主)に三〇〇石で召し出されることになったが、その時に新兵衛の男助《むすこすけ》之亟《のじょう》が本多重益《しげます》(飛驒守、丸岡《まるおか》四代藩主)に召し出されて一〇〇石小姓役となっていたことから、助之亟のいる丸岡に移り忠平への仕官を断った。ところがその後倅・助之亟は、藩主重益の行状不届に端を発した丸岡騒動により改易になるという不幸に遭い、松岡に移ってここで没したようである。新兵衛は苗字を瀧澤と称し、その子は瀧澤姓を名乗っていないから、新兵衛一代で再興した瀧澤家は廃絶したのであった。

ところで、吉江藩主で、後に福井藩の五代・七代（吉品）藩主となった松平昌親は、自らの正義にきわめて厳格な人となりとして知られ、吉江藩への出向組藩士の中で、改易になった重臣は少なくなかったようである。昌親の伝記『探源公行状』などによれば、昌親の旧臣が、柳沢吉保《やなぎさわよしやす》の家臣となっていたのが、たまたま柳沢邸で昌親が再会し、非常に皮肉じみた言葉を発したとか、近松門左衛門の父、杉森信義は、吉江藩で知行三五〇石の上級武士であったのが改易されて浪人となったとか、その行状の厳しさが知られるのである。おそらく新兵衛も性格の激しい昌親の忌むところとなったのであろう。

瀧澤の苗字は、同家故郷の地名であり、公正も先祖の地を旅行する希望を持ちながら果たせない無念を次の和歌に詠んでいる。「瀧澤のむかしをきけは今もなほ露のゆかりにぬるゝ袖かな」と、公正の代になっても当家の先祖に対する思いはひとしおであった。

松岡藩時代

新兵衛の弟三岡幸庵《こうあん》は、「由利家系」の記するところ、その名が示すように医師を志し、片山良庵《かたやまりょうあん》（一六〇一〜六八＝福井藩のち松岡藩士、松平忠昌に三〇〇石で召し出され、のち昌勝付となる。医師・軍学者）の門人となって医師となる。昌勝は昌親による瀧澤家廃絶を聞き、不憫に思って幸庵を知行一五〇石で召し抱えた。幸庵は兄新兵衛の子で三歳であった権兵衛を養子に迎えた。権兵衛は長じて通称を新八郎、諱を義明《よしあき》と名乗った。幸庵は、松岡藩士となった明暦二年（一六五六）、医師より武士となり、七年間勤仕した。幸庵は江戸詰藩医であった師の良庵との縁もあ

松岡藩陣屋址
（福井県吉田郡永平寺町松岡葵）

って基本的に江戸詰であったとみられ、寛文二年（一六六二）八月十六日に死去し、江戸浅草新島越の理昌院に埋葬された。

幸庵の家督を継いだ三岡新八郎義明は、昌勝の「思召」により家督を継いだ。義明は三歳の幼年であったため養父の知行高より五〇石の御預けとなり、一〇〇石を相続した。義明は元禄三年（一六九〇）十一月九日に郡奉行に補せられたが、辞したため閉門となる。しかし後に免されて昌勝の男、昌純《まさずみ》に仕えた。江戸詰（定府）を務めたのち免ぜられて帰郷し、宝永二年（一七〇五）十二月に屋敷を拝領、同五年四月十八日に死去し、福井の華蔵寺に埋葬された。

義明の家督一〇〇石は、昌純の小姓であった数馬《かずま》（平八・又蔵）義武《よしたけ》が相続する。この義武の時代に再び廃藩に遭う。享保六年（一七二一）、本藩（福井藩）八代藩主松平吉邦《よしくに》が死去し、後継なきによって幕命により松岡藩二代藩主昌平《まさひら》が跡目となった。昌平は将軍徳川吉宗の片諱を拝領して宗昌《むねまさ》と諱を改め本藩二五万石に合併した松岡藩領五万石を加増して、三〇万石として九代藩主となった。前藩主吉邦は、七代（五代昌親再勤）吉品《よしのり》の養子で、松岡二代藩主昌平の実弟にあたる。弟の死去によって支藩の藩主であった実兄の昌平が、本藩を継ぎ弟吉邦の跡目となったのである。これによって松岡藩は廃され、昌平、つまり九代藩主宗昌に従って家臣団も福井城下へ移住することになったのであ

源姓由利・滝（瀧）澤・三岡家略系図

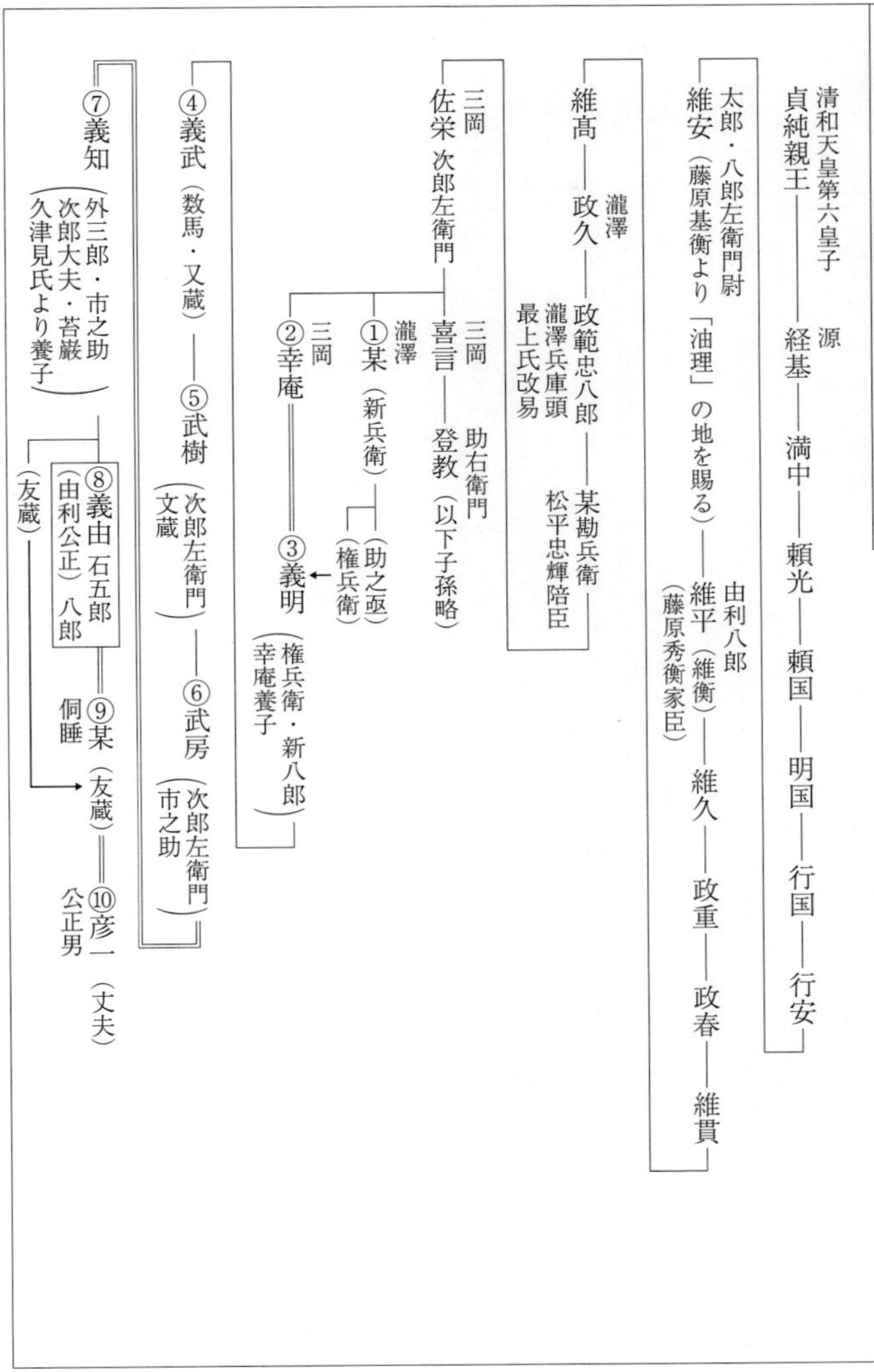

＝：養子関係　（　）：説明註　※代数は「姓名録」の記述順による。

越前松平家略系図

＝：養子　（　）：説明註　数字：藩主の代数　※当系図は越前松平家『家譜』（越葵文庫蔵）等による。

徳川・結城
①秀康　徳川家康二男
- ②忠直
- 忠昌→本藩へ（上総姉ヶ崎→常陸下妻→信濃松代→越後高田藩主）
- 直政（越前大野藩主）
- 直基（越前勝山藩主）
- 直良（越前木本藩主）

②忠直＝③忠昌
- ④光通
- 昌勝（越前松岡藩主）
  - 綱昌→本藩へ
  - 吉邦→本藩へ
  - 宗昌（昌平）→本藩へ
- 昌親→本藩へ（越前吉江藩主）

④光通＝⑤昌親　忠昌男＝⑥綱昌　昌勝男＝⑦吉品《よしのり》　昌親再勤＝⑧吉邦《よしくに》　昌勝男＝⑨宗昌　昌勝男昌平＝⑩宗矩　松平知清二男

＝⑪重昌　徳川（一橋）宗尹男―⑫重富　徳川（一橋）宗尹男―⑬治好―⑭斉承《なりつぐ》＝⑮斉善《なりさわ》　徳川家斉二十四男

＝⑯慶永（春嶽）　徳川（田安）斉匡八男＝⑰茂昭《もちあき》　松平直春男

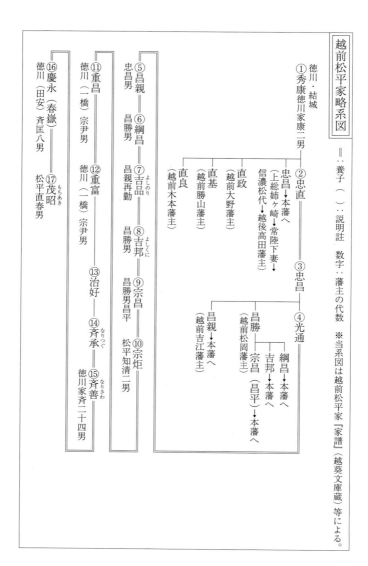

る。

ここで源姓（清和源氏、ただし公正は藤原姓をウヂとしている）としての由利→滝（瀧）澤→三岡系図と越前松平家歴代藩主系図を挙げておく。

「毛矢侍」三岡家

田辺利忠筆「寛政年中愛宕山（足羽山）から福井城下眺望図」（写）より「毛矢の家並」（福井市立郷土歴史博物館保管福井市春嶽公記念文庫蔵）

福井藩士に編入された旧松岡藩士の移住先は、上級武士以外の大半の藩士には福井城南を流れる足羽川と、足羽山麓北東部に位置する毛矢地域と、足羽川の北側、城の東にあたる百間堀のさらに東側、新屋敷の地に宅地が用意された。そのうち新屋敷の宅地は、屋敷の変遷によって松岡からの移住者の宅地ではなくなっていくが、毛矢の地は、松岡からの移住者の宅地として変わることがなく、その居住藩士たちは「毛矢侍」と呼称されたのである（三岡家も公正の曾祖父武樹までは「新屋敷」に住んだ）。したがって「毛矢侍」というのは卑称ではない。三岡家はこの毛矢の地に移った。足羽川を挟んで福井城の西南にあたるこの地は、「毛谷」「毛屋」「花谷」とも書き、いずれも「ケヤ」と発音される。地名の起源は、西方の足羽山山麓に鎮座する毛谷《けや》黒龍《くろたつ》神社から起こったとされる。正徳三年（一七一三）

頃の「御城下惣町間数帳」に、「花谷町　六拾五間、往還通ヨリ花谷口迄、但道幅ニ二間一尺」とある。現在の毛矢三丁目と左内町にあたるこの旧毛屋町の東に旧毛屋家中町がある。旧毛屋家中町は慶長年間（一五九六～一六一五）当時には、福井城初期からの侍屋敷町であったが、六代藩主松平綱昌《つなまさ》の改易による貞享三年（一六八六）の大法で、福井藩が半知《はんち》となり、侍屋敷が取払われて空地になった。その一部に毛屋新開町が誕生したが、松岡藩との併合によって再び侍屋敷が出来、毛屋新開町は姿を消した。旧毛屋家中町から福井城内に結ぶ橋は慶長十九年（一六一四）の「北庄古図」（松平文庫蔵）に、毛屋橋としてあるが、城郭に近い橋であるために軍事上取外され、両岸に綱を渡して人馬などで舟をたぐり寄せる「毛屋の繰舟」による渡しが行われた。貞享の半知で毛屋家中町が空き地となると、繰舟も廃止されたが、先に記したように再び松岡藩併合により毛屋中町が復興されると、天文四年（一七三九）十月に繰舟の復活が許可された。同年十二月武士の御用向・急用時・家中の扶持人と使用人の利用・町医・針立・盲人などの使用は認められたが、一般庶民と旅人の使用は禁止された。宝暦

由利公正筆「毛谷黒龍神社」の神号（毛谷黒龍神社社家山本家蔵）

九年（一七五九）には町人を乗せたため毛矢船頭が押込《おしこめ》の処分を受けている。

この渡しのある町は、舟場町と呼ばれ、現毛矢一丁目にあたる。舟場町は毛屋家中町から毛屋繰舟番所までに発達した町域であった。この舟場町は明治初年の堤防築造によって河川敷となって姿を消した。童謡に、「毛屋の大根飯、舟場の菜飯、ツヾく大名町ちゃばかり飯」というのがあり、城下南より毛屋↓舟場↓大名町と、城内に至る行程を上手に謡っている。さて、「新屋敷」に住んだ義武は御留守物頭に就いた。その跡目を相続したのが公正の曾祖父武樹である。先代義武は元文二年（一七三七）御留守物頭となるが、同五年正月十六日、眼病により隠居したため武樹が家督を相続し、相違なく大番組に入り、宝暦三年（一七五三）御金奉行となり、同九年には札所奉行、同十一年に郡奉行を務めたが、明和五年（一七六八）四月十六日遠慮の処分を受けている。また、同年七月一日に「支配下取扱」について命に従わず、そのうえ宜しからざる趣もあって、また城下町筋の騒がしき節も「不参届不調法」に付、役儀を取上げられている（『剝札』）。武樹は槍術に秀れた。武樹の門人に島津波静《はじょう》がおり、この人物から公正は厳しい武術鍛錬を受けたのであった。

武樹の跡目は、次郎左衛門武房《たけふさ》であった。「毛矢侍」となったのは武房からである。公正の祖父武房は、安永三年五月二日武樹が没すると、同六月二十五日に家督一〇〇石を相違なく継承し、大番組に入った。武房は御供御番皆勤を重ね、御紋帷子を数度拝領する働きぶりで（「由利家系」）、同八年三月五日には、末番外席に列せられたが、同年十月九日六十五歳で病死した（『剝札』「由利家系」）。

3　公正の家族

武房には男子がなく、武樹の継室モヨの実家である藩士久津見《くつみ》家より養子を迎えた。この人が、公正の父義知《よしとも》である。義知は、養父武房の家督を、文政九年（一八二六）二月五日に相続、一〇〇石はそのままであった。大御番組に入り、同十三年十一月七日御近習として御書院番組に入る。天保四年（一八三三）と同六年・同八年には江戸詰をしている。公正が生まれたのは、文政十二年（一八二九）十一月十一日であるから、父義知が家督を継続して四年ほどであった。天保九年（一八三八）、公正十歳の折、松平錦之丞（慶永《よしなが》、号春嶽）が十六代藩主となる。春嶽は公正より一歳年長であるからほぼ同世代ということになる。義知は同年十月二十五日の「御代替」にあたり、改めて御書院番組のまま御近習を命じられた。公正が誕生した折、義知は三十七歳であり、春嶽が福井藩主となった時は四十七歳であった。義知が初めて江戸詰を命じられた時、公正は七歳で、母の実家大越家へ預けられたという。『由利公正伝』には公正が次のように回想している。

父・三岡義知

伯父の大越猪左衛門は御祐筆で、手習いや書物の師匠だから、此方にて修業する趣意であつた。祖母も達者で作文も両人あつたから、十分の世話も届いた訳ぢや。それで大越の近所即御船町辺の手習子が友達であつた。

このように、幼年時代の公正は、母の実家大越家や次に詳述する父の実家久津見家と、毛矢の舟場町の子たちと育ったのであった。

父・義知の言

さて、公正が父の言動として伝えていることは、義知は藩にあっては、御近習番として財政の困難を訴え、家に帰っては公正に城中での見聞を語って激励したという。また文武の道を鍛錬するには血気旺盛の時にあるとし、一廉の武士たらんとする者は三十歳をすぎるまで室を迎うべきではないと言った（参考として『礼記』典礼上に「三十を壮といひて室あり」とある）。春嶽初入国後間もなく福井藩の厳重な節倹となり、衣服飲食まで制限があって、春嶽御側勤の父より春嶽の苦労が気の毒であるとして、「国（福井藩）の貧乏は残念なものであるといふ事は真に感じた」と公正は回想している。

また義知は、常に武士は藩のために扶持せられている者であるが其方（石五郎＝公正）は、何者になろうとしているのか。何をもって藩に尽すのであるかと問われたが、返答ができなかった。ある日公正は、庭の草取りをしていてフト考えたという。「河原に居る手品芝居は、小児でも、大人でも皆一人前の芸をして世を送る。百姓は労働を以て家を興す。士（武士）は養はれ、文武に挺んで生涯用に立たず、労力を較べれば百姓日雇の者に及ばず、これは何でも心の事ぢゃ心が忠孝の道に暗ければ、如何に文武を励むとも士道に疎からん心次第で国の用にも立つ事ぢゃ」と感づいたという。

義知の勤務

義知の勤務はその後も江戸詰が多く、その役職も御書物方のほかに、御裏役・奥御納戸役・御近習番頭取御膳番・御書院番一番之筆頭・御留守作事奉行・御先作事奉行と、藩主の近臣、藩の重役を歴任している。ペリー来航の年にあたる嘉永六年（一八五三）四月十三日に病死した。公正の父・義知は、十四代藩主斉承《なりつぐ》と十五代斉善《なりさわ》、そして幼君春嶽に仕え、真摯・堅実な奉公によって信頼を得て、累進したようである。

ところで、義知の知行高は一〇〇石であったが、その内情は厳しいものであった。そもそも福井藩では六〇〇石以上の上級武士に対して「地方知行《じかたちぎょう》」という領地が与えられた。しかし、六〇〇石未満の藩士の知行取は「代官附給人」と称し、藩の直轄地、つまり「蔵入地《くらいりち》」と称される領地内に、代官が指定した村々から「年貢米」を直接に支給されたのであった。義知は、六〇〇石未満であるから、足羽郡四ツ居渡り村（現福井市）と吉田郡野中村（現永平寺町）より各五〇石ずつの給与に預っていた（「御代官村附十四領分給人高附村別帳」）。このように知行高一〇〇石とは村高であり、農民の「取り分」を差し引いて納められていた。

『由利公正伝』に、「三岡家は、石五郎（公正）出生の頃は、秩禄《ちつろく》僅に百石にして、家計頗る困難なりき。当時の百石は、実給七拾俵一俵四斗六升なりしが、之を貯蔵すべき倉庫無ければ、三年間之を庖厨の一隅に累積し、常食には前々年の米を充てたり」とみえるように、年貢米は、直接農民より搬入され、これを日常の飯米として消費し、また生活費として換金して使用されたのである。また当時は藩の財政難によって、「御備米」と称して給禄の削減も行われることもあって一〇〇石取であっても家計はすこぶる厳しかったのであった。公正幼少年期の福井藩の財政事情が厳しかったことは後述するが、三岡家一〇〇石の実録は、三二石ほどと伝えられるのは頷ける範囲であった。

久津見家とその人々

義知の実家久津見家について『由利公正伝』には、公正が幼年の時の逸話を次のように回想している。久津見家の家族の中で育った公正の幼年期の原風景が彼の生涯において風化することがなかったことがわかる。

父は久津見から養子に来られたが、久津見家と吾家とは元来重縁であり、殊に曾祖父の妻は、久津見から来て、祖父は、幼年家督故、久津見が貢献で屋敷までも近くに移して、悉《ことごと》く皆の世話をしたものと見える。祖父は、年よつて子が無かつた、ところが或時、露西亜《ロシア》が攻めに来るといつて、全国騒いだことがあつたので、急に父を貰つたといふ事ぢや。久津見の伯父は、篤実方正の人であり、殊に吾を愛せられ、従弟も沢山あること故、子供の時から泊りに行つたりして、自分は久津見を吾家の様に思うて居た。或年十二月朔日、子供が打ち寄つて火燵に居ると、伯母が乙子の餅を買うて、さあおあがり、ほんに一つぢやと出された時、伯母さん澤山買ひなされば好いのにこの旨いものをと云ふたら、ほんにそうぢやと、家内大笑であつた。此一話は尋常の童児にすぎざるが如くなれども、諷刺の意を寓したるものにして、後年幾多の諧謔風刺は当事既に其萌芽を生じたるを見るべし。従弟久津見九左衛門といふのは、正直な人で思ひ附いた事があれば、夜中に門を敲いて相談に来た人であった。製造吟味役を勤めて、善く民情に通じ、民間に茶園を開いたのは、全く同人の功であった。

また、『子爵由利公正伝』には、

父は彼の五歳の時を始として、其後一年隔き位に江戸の藩邸勤務を命じられて居つたのと、そのうちに、彼の弟妹も生れた事業から、母の里方たる大越家に預けられたり、又父の生家（久津見家）に寝泊りに行くことが多かつた。

とみえる。公正の幼少年時において、久津見家と大越家がその人格形成を育んだことは明らかと言えよう。公正の父、義知は、久津見直賀と母内田氏の第五子であり、また義知の養父三岡武房の母は、久津見の娘モヨであった。このことから義知と公正の養父武房は実従兄弟ということになる。「重縁」の関係とはこのことで、両家はきわめて近い親族であった。母の実家大越家も義知が一年おきに江戸勤番であったため、幼少の公正は同家にて養育された時期があった。また、この伝記の記事から、公正は幼少から諷刺の効いた明るく聡明な性格であったことが垣間見える。従弟の久津見九左衛門直如《なおゆき》は、伝記の伝えるところ正直な人物で、藩に誠実に奉公し、公正の良き相談相手であったことがうかがえる。『福井藩士履歴』によると、久津見家は三家あって、三家とも三岡家と同じ松岡藩出身の「毛矢侍」であった。この久津見三家の祖は久津見三内であり、公正の親族はその本家にあたる。

久津見九左衛門直如は、天保十三年（一八四二）十二月五日に家督相続し、一〇〇石を禄した。はじめ通称を記十郎、安政三年十二月二十八日九左衛門と改名、御家流砲術所詰、制産方各御用を務め北国街道の難所木の芽《きめ》峠にかかる宿場、板取《いたどり》の御番所で「卒中切迫之思込」により「がさつの挙動」に及び、御役御免となったことがあった。

しかし、公正の働きかけもあったのであろう再勤を果たし、産物会所の吟味役、中領郡奉行を拝命している。明治維新後には民生局に出仕、明治二年六月二十五日に九門と改名した。同年願い出により屋敷の南に茶園地を与えられている。司計局少属、造営方、水利堤防往還道路主務、その後も治水事業で手腕を発揮し、明治四年六月二十四日には治水方として福井県権大属にまで昇進したが、またもここまで栄達して同年八月九日に何事かによって「役儀不似合之筋」ということで免官され、六十日間の閉門を命じられた。実に彼の事績は、公正とほぼ同じ路線にあり、先にも述べたが、その性格もなるほど〝公正の血縁〟とうなずけるのである。

公正の実弟三岡友蔵も兄公正、直如と同様に波乱の生涯を送る。

文雅の士・久津見晴嵐

さてこのような血縁の中にあって、直如の子、登志衛《としえ》は文人として名を残す。

久津見登志衛は、直如と、藩士杉田五太夫の長女柳を母として三男のうちの長男として生まれた。弟二人は、それぞれ野田・杉田家を相続した。そのうち杉田家は柴田勝家の北庄城址に屋敷があり、現在の柴田神社の前身となった勝家を祀る小祠を代々邸内社として奉祀してきたのが杉田家であった。杉田家は後に後嗣が無く登志衛夫妻が面倒をみている。登志衛は晴嵐《せいらん》と号し、明治六年に来福した山本竹雲（篆刻作家・文人画家）が風月楼に滞在中、吉川帰峰が誘った同好の士に加わり、

久津見晴嵐肖像写真
（姉崎素山氏蔵）

片山桃洲（大黒屋主人）・五十嵐香圃・岡崎鷺州らとともに竹雲に「文人抛入花」「文人煎茶」の手ほどきを受けた。なかでも晴嵐は最も熱心で、竹雲に師事して斯道を広めることを託されたという。竹雲のいう「文人抛入花」「文人煎茶」という名称を改め、文房流華道・茶道と呼称して一流派を興した。晴嵐は昭和六年十月、七十八歳で没したが、弟子の姉崎素山《そざん》らが後継し、三会派となって各々が代々継承し、今日に「文房流」は伝えられている。足羽山の龍ヶ岡（茶臼山）古墳跡の広場には、晴嵐の胸像（昭和四十一年四月、雨田公平作）と初代姉崎素山を偲ぶ石碑がある。剛直な武士の血統から、風雅な文人への転換を果たしたようにみえる久津見家ではあるが、その純粋で誠実な武士の剛直さは、道を極める文人の精神とはなんら異なるものではなかった。

公正の兄弟姉妹

義知夫人、つまり公正の母幾久《いく》は、藩士大越猪左衛門茂貞の女である。茂貞は藩の祐筆を務めた。公正はこの祖父から手習を受けたのである。義知が幾久と結ばれたのは、文政五年（一八二二）であった。この両親の間に生まれたのは、三男四女である。最初の三女（ミカ・セキは二歳で、三女は誕生間もなく早世）を亡くしたあと、公正が生まれる。義知三十七歳の時である。『由利公正伝』には、藩制として五十歳にして十五歳の男子無きときは、他家の子を養うて家を嗣がしめざるべからざりしが故に、石五郎は実に三岡家の一大慶事なりしなり。

とあり、石五郎（公正）の誕生は三岡家存続の救世主のごとく記されている。

このような修辞は別として、同家にとって待望の男子であったことは言うまでもなかろう。公正の妹には天保二年十二月生まれの重《しげ》がいる。藩士横井吉十郎の室となる。弟が友蔵《ともぞう》で、後に出家して侗睡と号した（後に詳細を記す）。末弟が母の実家大越家を継いだ外三郎である。はじめ三岡家の舎弟として、安政二年三月十六日、寒稽古での剣術では、多くの試合で御褒詞を受け、制産方御用で、信州

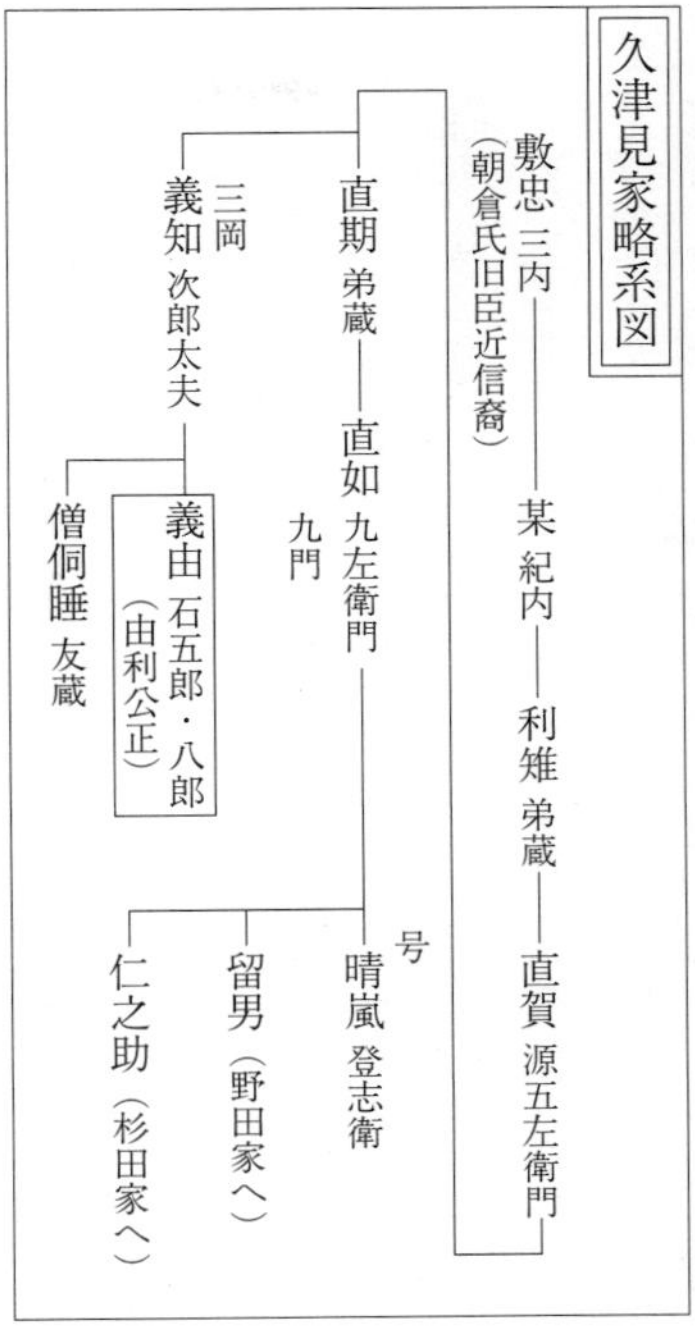

飯田へ出向いた。帰福後、大越家の養子となり、家禄二二石四人扶持を継いだ。元治元年上洛、その後長州への出兵に参加、十二月帰福、翌年正月実兄で公正の弟友蔵の士籍剥奪により実弟ゆえに遠慮、同年末免ぜられた。同年二月一日天狗党西上の後、敦賀《つるが》で投降したのを警衛するため敦賀に出張、同

九日帰福、同三年四月五日病身という理由で銃隊勤務を快気まで御留守番組に入れられ御広間当番を務めていたが、同十八日病死した（『福井藩士履歴』）。享年二十八歳。丹生郡立待《たちまち》村吉江《よしえ》（現鯖江市）の真宗（現本願寺派）福正寺に葬られた。大越家は、伊藤鍋太郎の弟銀次郎が相続した。外三郎は、三岡家の先祖が辛酸を嘗めた吉江の地で縁あって眠っているのであるが墓碑は特定できなかった。

さて、公正の兄弟のうちで特記しなければならないのが友蔵である。友蔵は、天保七年（一八三六）の生まれであるから、公正より七歳年少であった。公正や外三郎同様に武術に秀で、安政二年三月に、寒稽古の出精を賞され、藩主御持の扇子を下賜されている。学問にも出精したようで、同四年四月物産学と洋書をともに学ぶよう命じられている。同年八月六日願出により江戸遊学に発つが、修業中江戸で問題を起こした。兄石五郎（公正）が熊本へ出張して留守であったため母の実家大越猪左衛門が取り扱っている。

この時、友蔵は評議により「長々逼塞《ひっそく》」の処分を受けたが、万延元年六月二十日の大赦で復帰した。同年八月十日、軍艦操練修業として江戸へ出立、航海術を習得し、文久三年三月二十七日には藩が造った蒸気船に乗り込み、長崎へ出向いた。また同年六月五日測量方を命じられた。同年八月二十九日、兄三岡八郎（公正）の蟄居仰せ付けにより友蔵は藩命により家督を相続し、知行一〇〇石を相続した。

しかし、友蔵も遠慮を仰せつけられた。またすぐに免ぜられている。さらに元治元年三月七日八郎（公正）の咎により遠慮仰せつけられ、同十六日に免ぜられた。このように「遠慮」と「御免」をくりかえし仰せつけられたが、元治二年正月二十五日、「旧冬於出張先ニ苛察之趣相聞、且又御式之節上ヲ不憚挙動ニ及ひ重々不屈至極」（『剝札』）により、士籍を剝奪され「揚り屋」つまり投獄されたのであった。前年というのは、元治元年十二月の水戸天狗党（水戸浪士）の警備をめぐってトラブルを起こした罪であったようだ。

幸い三岡家の断絶は免ぜられ、友蔵は侗睡と号して出家し、通称下台と呼ばれる越前三国台（現坂井市）真宗（現本願寺派）の進学山勝授寺《しょうじゅじ》の住職になった。そして明治五年五月二十四日享年三十七歳で没し、越前松平家奥津城《おくつき》のある東京品川海晏寺《かいあんじ》の由利家墓域に埋葬された。墓碑は、鴻雪爪《おおとりきよのぶ》の撰により公正が建立している（同墓域には現在由利・三岡両家の墓碑が個々にある）。

公正とその兄弟は、父親義知の実家久津見家譲りの剛直で直言して憚らぬ性格であった。ゆえに武道に秀でて進取の気風に富んだ文武両道の俊英でありながら、その生涯を左右し、藩内において不遜傲慢なはみ出し者の兄弟というイメージを家中の藩士たちに齎したであろうことは疑う余地がない。

公正の祖母と母

ここで公正の祖母と、母の記述について紹介しておこう。いずれも『由利公正伝』にみえる。公正の祖母のうち、母の実家大越家の祖母について公正はこのように伝えている。

大越の祖母といふのは、勝山在矢戸口《やとぐち》村渡邊といふ豪農から來た人で、馬の十頭も飼つて置いた者ぢやさうな。然るに舅は禅学熱心の徳者で、財産は悉皆慈善の為に施し尽した人ぢや。而して、我世帯に成つてから、不幸にも夫には早く別れ、子供三人を育てゝ、重ね〳〵の不仕合には三度まで丸焼に逢うて非常に艱難の中で、子供を教育して家を起したといふ（中略）。常に云はれるのに、貧乏は苦しいものぢや、貧乏をせぬ様に心掛けよ、食物が無くてもまさか乞食もならず、子供に食はせる物が無いといふ時は、独りで泣いたとの話であった。気丈な人で長生して相応に金も出来たが、衣装も作らず八十七歳で歿した。

勝山の矢戸口村（現福井県勝山市鹿谷町矢戸口）は、鹿谷川《しかだにがわ》上流の村で、享保五年（一七二〇）鯖江《さばえ》藩領、文久二年（一八六二）幕府領となった豪雪地域の山村である。大越家に嫁した縁は不明である。また、公正の母は、こうした祖母の苦労の中にも家事諸芸は充分身につけて、常に曰く、「男は（加藤）清正の如き者に成れ、智慧働といひ、忠義といひ、人は心掛一で善き者とも悪き者とも成る、心掛が大事であると戒め」たという。このように三岡家の夫人は、貧窮の生活の中にも、プラス思考の精神を持ち続けたのであり、兄弟が幾度にもわたる艱難に遭遇してもけっして節を曲げ強きに属することのなかった公正の精神は、やや頑迷にすぎるところがあるにしても、育くまれてきたことは否めないであろう。母は、自ら炊事し、織機を動して怠らず、家族の衣服も皆手織を用いた。また食事も魚類は一カ月両度廉価の時を計って購い、野菜・乾物と自ら耕作した畑作物をもって、日常の副食に充てたという。また小遣銭はきわめて少額で足りるとし、質素倹約でけっして絹服を着けず、来客ある時は、破襖の陰よりわずかに面を出して応酬した。しかし、貧苦の人が来て請われれば必ず施した。家訓としたのは、毎朝神仏を礼拝し、偏に家名の興復を祈ることにあったという。

これらは『由利公正伝』の伝えるところによっているから、内容の鵜呑みには注意を要するが、公正の生涯、その原風景として参考となる記述かと思われる。

4　三岡家と由利家

三岡家の困窮

前述のように公正の弟、友蔵は、元治二年（一八六五）一月、士籍を剝奪され獄に下がったが、のち仏門に帰依し僧となる。その名跡を嗣いだのが公正の長男彦一、のちの丈夫であり、『由利公正伝』を編纂した人である。家名は存続できたが、家禄は、切米《きりまい》二五石五人扶持まで下げられて与えられた。当時まだ八歳という年少であったため、元服の年齢まで、いわゆる「捨扶持」として、七人扶持しか支給されなかった。切米は、藩庫の米から支給されるものであった。元服前という理由で捨扶持となった三岡家の困窮は想像に絶するものがあったであろう。これまでの一〇〇石は、実質三二石ほどであった。ただ、知行一〇〇石という名目は、藩士の身分上の特典として主要な役目に就くことができたが、切米取の藩士は知行取よりかなり軽く扱われ、士分としての家格の転落を意味した。

一〇〇石の時分でさえ、先に紹介したように三岡家の家計は厳しく、内助の功あっての生活であったが、名誉は与えられていたのである。それも剝奪されて、さらに切米二五石五人扶持も捨扶持となり七人扶持をわずかに与えられたのみであるとなれば、当時五人家族の三岡家は食うに食えぬ様子だったのである。一人扶持は一日玄米五合である。七人扶持は三升五合であるから、三岡家の福井藩での処遇は、ただ家名を残し士分をかろうじて存続し得たほどのものであった。このことは、新国家の招きによって故郷福井を足早に走り、その日を待ち望んだとみられる公正の生活面の事情として重要な部分であったことを指摘しておきたい。

公正、苗字の変遷

さて、ここで公正の苗字（名字）の変遷について言及する。公正の子息、三岡彦一（丈夫）は、友蔵の継嗣として三岡家の当主となったが、公正は「士族」（松平文庫）に、「由利八郎　三岡八郎　三岡彦一父」と記載され、慶応三年十二月十五日上洛し、明治改元を経て、明治三年八月十日の記事に、「立飛脚ニ、三岡事由利ト改正候儀御指図有之候段東京より申来ル」（改姓は八月八日）とあるから、公正は子息が後継した三岡家より別に由利家を立てたとみられるのである。

この頃公正は、既に三岡家の隠居の身であり、彦一（丈夫）が当主であった。もっとも彦一は、叔父友蔵の跡目相続であった。したがって実父公正は系譜上先々代となる。公正は晴れて、先祖の苗字「由利」を復姓し、その当主となったのである。これによって、由利公正の子孫は、三岡・由利の二家に分立されたのである。明治政府は、明治四年四月四日に戸籍法を改定し、翌五年五月二十九日に全国的な戸籍調査を始め、この年の干支の壬申《じんしん》にちなんで壬申戸籍と呼ばれる戸籍ができる。

これに先だって明治三年五月より新政府は戸籍編製の準備に着手している。公正という名については後に述べるが、「由利」家は藩庁への名籍届出の時期からみて、壬申戸籍成立過程のうえで復興したものとみられるのである。

この由利家は公正の後、四男公通《こうつう》（眞男）が相続した。また三岡家は彦一（丈夫）の後、鶴子、千代子、幸子《こうこ》の三女をもうけたので、長女鶴子に養子として中上川《なかみがわ》家の近親にあたる朝吹《あさぶき》家より捨治を迎えて当主とした。明治以降の二家の略系譜は次頁のようになる。

近現代の親族

近現代の子孫については詳細には記さないが、丈夫の夫人國子（「くに」とも）は、中津藩士、中上川才蔵と夫人・婉の三女であった。婉は福澤百助《ももすけ》の次女で、その実弟が福澤諭吉である。だから國子は諭吉の姪にあたる。公正と福澤との接点をみてみると、福澤の『西洋事情』が、公正の師、横井小楠の議会政治と経済振興策を主眼とする思想の影響を受けていた可能性があるとも指摘されており、公正草案の「五箇条の御誓文」に本書が反映されている可能性も否定できない。さらなる接点としては、大日本帝国憲法草案の起案に関与した福澤らの交詢社《こうじゅんしゃ》二十四名の参議院役員の一人として公正が参加していることである（平山洋『福澤諭吉』）。國子の実兄、中上川彦次郎《ひこじろう》（一八五四〜一九〇一）は、三井財閥の工業化と、三井銀行の不良債権処理を推進して、三井家の最高議決機関である三井家同族会を設置した人物で、「三井中興の祖」と称される。補足だが、中上川の肖像写真（明治二十六年頃）には福井藩出身の写真師、丸木利陽《まるきりよう》の撮影によるものがある。

他に工部卿井上馨の誘いにより工部省で井上の秘書官となり、井上が外務卿となると外務省に移った。退官後は福澤の勧めで時事新報社社長、また山陽鉄道（JR山陽本線の前身）の社長にもなっている。彦次郎の妻勝は、旧福井藩士江川常之助の長女であった。常之助ははじめ常三郎と称した二二石

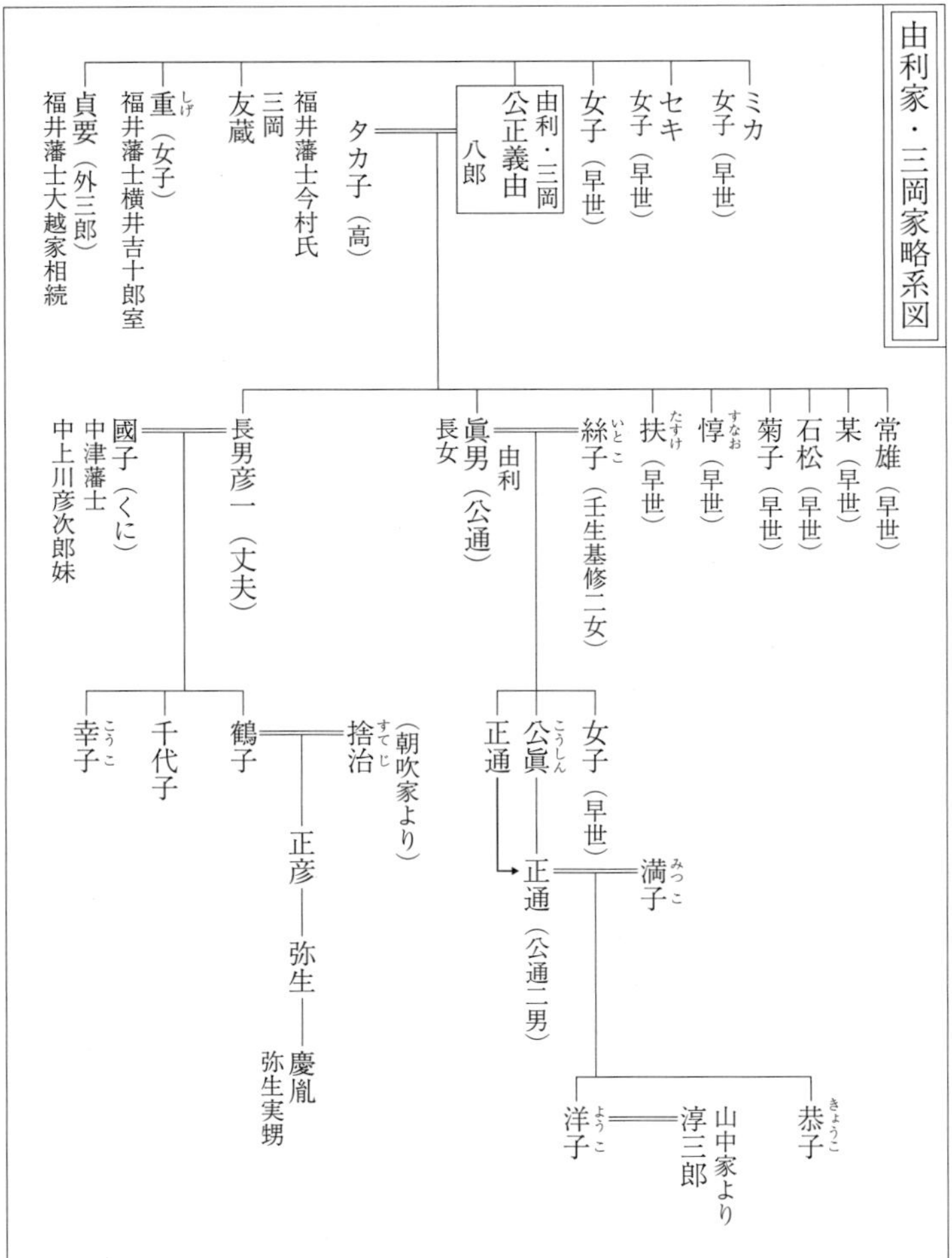

参考：「由利家系」（『由利公正伝』所収），『昭和新修旧華族家系大成』「系図でみる近現代第43回成毛滋・朝吹誠・朝吹英二，牛山・藤原家～朝吹真理子」，三岡家情報提供等。

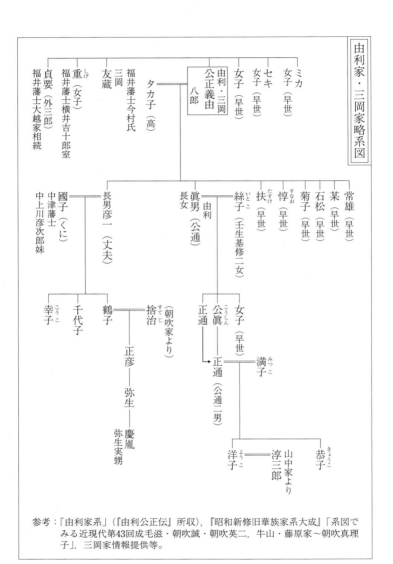

四人扶持で、藩主夫人方に近侍する奥向き勤が多く、御広敷御用であった。旧福井藩との縁はここでも繋がっていたのである。

公正の栄達

公正は、慶応三年十二月十五日、急遽の上京を命じられた。同十七日、思召によって隠居の身分とされ、さらに「在京中御勤役助、扶持方十人扶持、席末ノ番外同様」を仰せつけられたが、福井藩の待遇とは段違いで、公正は太政官より徴士参与職を拝命した。また、同二十三日に「御用金穀取扱」方を兼ねて拝命する。慶応四年閏四月二十二日、従四位下に叙せられ、同八月二十七日には明治天皇御即位式御用掛を拝命して式典に列する。殿上人となり、従四位下という高位を与えられた公正は、旧藩主松平茂昭の位階従四位上に一階の差位まで迫る破格の待遇を受けた。

地方の一藩主の家臣が、殿上人となったのである。明治二十年には特旨を以て、勲功華族に列し、子爵となる。由利家は子爵家となり、公正は同四十二年に八十一歳の天寿を全うした。

三岡丈夫

さて、公正の長子三岡丈夫は、慶応元年に八歳で三岡家の当主となった後、廃藩後の明治五年に父公正の洋行に従い、欧米視察団の一員としてともに洋行する。丈夫は当時十五歳であった。丈夫はボストンの小・中学両校を卒業し、同九年にマサチューセッツ工科大学に入って採鉱学を学んだ。明治十一年に帰国すると、高島炭鉱に勤務、同十八年は逓信省鉄道局に入り、以後は官吏となった。一八八〇年、音楽教師として日本に招聘されたアメリカ人ニューイングランドのルーサー・ホワイテング・メーソン（一八一六～九六）は、日本でのキリスト教布教の目的で、明治五

19歳の三岡丈夫
（『アメリカ「知日派」の起源』より）

三岡丈夫肖像写真
（ボストン美術館蔵）

年にボストンに留学していた丈夫とボストンの町中で、偶然会って声をかけた。丈夫は、帰国後、音楽取調掛に通訳として勤めることになる。丈夫と同時にメーソンから声をかけられた三人のうちの一人が、作曲家團伊玖磨《だんいくま》の祖父で、三井財閥の指導者（総帥）として活躍したが、血盟団事件で遭難した團琢磨《たくま》であったという（安田寛『唱歌」という奇跡十二の物語』、塩崎智『アメリカ「知日派」の起源』）。

丈夫肖像二枚の写真

また二書には、丈夫の若き日の肖像写真が、父、公正のそれとともに掲載されている。父子とも洋装の背広姿で、公正の写真は明治五年にボストンを訪れた岩倉使節団一行の一枚の他に、岩倉具視・木戸孝允・森有礼《もりありのり》・吉田清成《よしだきよなり》・西郷従道《つぐみち》などの写真がある。丈夫のそれは、裏書に丈夫の自筆で、「Jo. Mr. G. Attwood, with complimentary Takeo Mitguoka. Augb. 1875」とペン書があるから、一八七五年（明治八）八月六日、丈夫十八歳、ボストン中学生時代の初々しい肖像である。若くてボリュームのある髪をむりやりに七・三に分け、分け目をくっきりとさせた丈夫の背広姿は実にほほえましい。丈夫の顔の口や眼は、公正より小さめで細く、どちらかというと母親似なのであろう。

この父子の写真はともに、当時の日本人に関心を寄せていたボストリアンのギルバート・アトウッドの撮影によるものであった。丈夫は留学生の一人として、アメリカ人に興味と関心をもって迎えられていたのである。丈夫もまた写真裏書に「with complimentary tany」と記しているから、アトウッドとは「親愛なる・好意的な」交友をしていたのであろう。丈夫の肖像写真はもう一葉別のものがある。ボストン美術館蔵の画像データを検索すると披見できた。こちらの写真はさらに若く、渡米間もない頃の姿で、育ちのよい良家の少年という風貌である。

丈夫は帰国後の明治十五年（一八八二）から同二十一年まで、「宮城木道社」と称した人車軌道、後に馬車軌道の営業に関与した。同社は宮城県宮城村蒲生と仙台を結ぶ輸送路の人車軌道であったが、丈夫の発案で馬車軌道で敷設することを発表した。この事業は公正も関与していた。父譲りの斬新な発想に長けた丈夫の活躍がここにあった。

由利子爵家

子爵家となった由利家は、公正の七男公通《こうつう》（明治三年生、幼名は眞男）が継いだ。公通は公正の身辺で育てられ、とくに公正に愛された。東京帝国大学政治学科に入学し、卒業後は三井銀行に就職する。公家華族（伯爵）の壬生基修《みぶもとおさ》の令嬢、絲子《いとこ》と結婚し、公眞《こうしん》・正通《まさみち》の二男をもうけた。公正に愛され将来を嘱望されていた公通であったが、明治三十五年に享年三十二歳の若さで病死した。父公正に先立つこと七年、公正夫人高《たか》（タカ子）逝去の三年前であり、公通は両親存命中にこの世を去ったのである。その後妻絲子は由利家を離れている。

絲子の実姉麻子は、大阪府藤井寺市鎮座で菅原道真公等を祭神とする道明寺天満宮の社家南坊城家の良興に嫁した。南坊城光興宮司によると、現在も同社家には壬生家ゆかりの囲碁と碁盤が伝来しているという。明治三十四年の社務日誌に翌年斎行された菅原道真公千年祭の浄財寄進依頼に三井銀行に勤務する公通を訪ねて上京、公通に三井家を紹介してほしいと依頼し、本人不在中であったが公通は話を通したようで、後日三井家から寄進がなされたという。南坊城宮司によると三井家の菩提寺が享保から道明寺にあった縁（『三井家文化人名録』も参看）を頼ったものであろうという。公通の後は公眞、ついで公眞が大正十五年に隠居すると弟正通が継いだ。正通は『子爵由利公正伝』（昭和十五年、三秀舎刊）を編纂した。

なお公正の夫人高については、後章で記す。

家紋と墓所

由利子爵家の家紋は、「花角《はなかど》」紋（『旧華族家系大成』）、三岡家は「三盛り亀甲花角」紋である（藩政時代と維新後では少々意匠を変えている）。由利家旧蔵の「公正八十一歳時肖像画」（油彩。本書二七四頁）には、「左三つ巴」紋の紋付を羽織った公正が、徴士参与拝命時の腕組みの写真（カバー写真）にも「左三つ巴」紋が見えるが、現行使用の家紋との関係は不明である。墓所は越前松平家や他の福井藩士族も眠る東京品川の海晏寺境内墓地にある。公正の実家、三岡家の墓もここにある。公正の父義知（号は苔巌。公正両親の墓で一基になっている）までの三岡家の墓は、福井市の華蔵寺墓地（足羽山公園西墓地）にある。ちなみに海晏寺境内墓地には松平春嶽・茂昭や中根《なかね》雪江《せっこう》《ゆきえ》も眠っている。

5　「公正」の名乗りについて

名乗りの論争

本章の結びに由利公正の名乗りについて記しておきたい。由利公正ほど、福井藩関係の人物で名前の訓に論を生じた人物はなかったかもしれない。もっとも近年の論争の火つけ役になったのは誰あろう筆者であって、その責任は痛切に自覚しており、ここに記しておく責任がある（足立尚計「由利公正の名乗りをめぐって」『福井市立郷土歴史博物館研究紀要』五）。

結論から言うと、「由利公正」の読みは「ゆりきみまさ」「ゆりきんまさ」「ユリコウセイ」のすべてを採る。「ゆりきんまさ（「Kinmasa」）」は、明治初年に福井藩が招聘したお雇い外国人教師グリフィスの記述に見え、また「ユリ・コウセイ」という音読みは、近現代の政治家など一般に対して使用されることの多かった音読みによる「読み習わし」であって、いずれも正しいということになる。徳川慶喜を「ケイキ」、伊藤博文を「ハクブン」、木戸孝允を「コウイン」と音読みするのは、他人が諱（本名）を呼ぶことを避ける習慣を時代が下っても継承するものであって、徳川慶喜本人も「よしのぶ」と呼ばれるより「ケイキ」と呼ばれることを好んだといわれる。音読みは、諱の読みが不明な場合にも用いられる。公正の場合もこれまで訓読みが一般的に明確ではなかったことにもよるのであろう。

基本的な歴史辞典や大正時代の地方紙記事、人物事典、伝記類など、由利公正を記述したルビをみてみると、「コウセイ」（『福井新聞』大正九年十一月三日付、『人づくり風土記』、『福井県大百科事典』）、「き

松平春嶽筆「公正無私」の書幅（福井県立歴史博物館蔵由利公正家文書／岩永照博撮影）

んまさ」（『福井新聞』大正十年十一月四日付）、「きみまさ」（『福井新聞』大正十一年十一月三日付、『明治維新人名辞典』、『國史辞典』等）というように統一されていなかった。また『昭和新修旧華族家系大成』には、「義知《ヨシトモ》―公正《コウセイ》―公通《コウツウ》―公眞《コウシン》―正通《マサミチ》―淳三郎《ジュンザブロウ》」と歴代にルビが付されて明記されている。同書は、大正二年三月に刊行された『維新史料編纂会参考用華族略譜　稿本』を五十音順に改めて、昭和三年七月現在で再編集した『現代華族譜要』をベースに「可能な限り正確を期すため、宮内庁所蔵の勘校を行い、さらに不明な点などを各家に問合せた」（『昭和新修旧華族家系大成』上巻「序」）という編集方針によるものであったから、子孫の伝えた公正の訓は「コウセイ」だったことが明確であったとし、伴五十嗣郎もこれを根拠に「コウセイが正しい発音と思われる」とした（「維新の道」第六八号）。

「公正無私」の書

さらに『子爵由利公正伝』に、「蓋し公正とは公明無私なる彼の信念の発表であろうか、彼の幼時、父義知が主君松平春嶽公より拝領した「公正無私」なる書幅に取材したと推測する時に、往時の君臣関係が偲ばれて感慨深きものがある」と記されていることからも音読みであった可能性が高いと思われた。この書幅は、由利家より出て、現在は福井県立歴史博物館に所蔵されている。また三岡義知筆添書には、「天保十三巳亥年慶永公御十二歳ニ而　長安一片月ト　御筆成被成下置候處弘化三丙午冬月御認替相願　公正無私　御認被成下置候」とあり、天保十年春嶽（慶永）十二歳の折の揮毫を弘化三年冬認替（新たに揮毫）したものであることが分かることから、この春嶽の「公正無私」の書より名乗を頂戴したとすれば、公正を「コウセイ」と読むのは自然であろうと思われた。

しかし、歌人でもあり広く文人趣味のあった由利公正が、和歌短冊に「公正」の名を署名している際には、和風を尊び「きみまさ」と訓読みしたのであろうこともまた自然であり、公正は音訓使い分けて周辺や子孫も同様であったとみるべきであろう。『由利公正伝』等所収の彼の詠草名は「貴美満佐雑詠」と記されているのは、これを編纂した三岡丈夫も音訓両方を使い分けていた証拠である。

では、本書での統一は如何となるかであるが、先に結論を述べた通り、「きみまさ」「きんまさ」「コウセイ」いずれも可として統一せず、近年三浦直人が提唱する「名の読み方の複数性」という視座に準じたい（「由利公正の名に唯一の・正しい読みはあるのか」明治大学大学院『文学研究論集』第四五号）。

名の読み方の多様性

福井県その他では「きみまさ」で統一する向きがあるが、これは平成二十六年度に福井県の県都デザイン戦略に基づき、福井市中央公園の由利公正像を、公正の旧宅近くの現、幸橋南詰に移設して、その像を中心に広場を整備する事業の一端として公正の名の統一を図ったからである。県の調査により、明治四年（一八七一）九月十九日の「地券」に、ローマ字の筆記体で、「Ｙｕｒｉ　ｋｉｍｉｍａｓａ」と書かれていたことが確認されたからである。この「地券」の署名は東京府知事時代の公正の署名であり、東京都公文書館に所蔵されている。県庁では公文書の署名は大きいとして呼称を統一したのであるが、現代に至るまで戸籍には氏名の読みが記されないことからも法的に正しい読みが存在するわけではない。

『由利公正伝』によると、「公正」への改名は、慶応四年（一八六八）、四十歳の八月である。この八月二十七日、明治天皇御即位式御用掛を拝命し、式典に参列する。明治改元は九月八日であった。この明治改元を目前にして公正は改名したのであった。父義知が、春嶽より賜わった「公正無私」の書の精神を信条とし、新政府に参画する意図であったならば、彼は藩を超え、しかし旧主君の君命を継承しつつ、福井藩の代表としても公正・公明な公共の論をもって奉仕することを強調したとみるのである。ならばなおさら、「コウセイ」の音は彼の信条を示すものとして、名の記載の統一に訂正されたり、軽視されるものであってはならないのである。

先に徳川より慶喜の例を掲げたが、名乗りの読みについて公正の周辺をみると、中根雪江は、『旧華族家系大成』に「師質」と記され、注記に「靱負」「雪江」とあるものの、ルビは付されていない。「雪江」は号のようにみえるが、和歌短冊に「雪江」と署名したものがあり、通称の「靱負」の文字を変化させたものとすれば、訓読みして「ゆきえ」と読んだとみられるが、その一方で「雪江」の音を転じさせて「拙工」と作った自署も確認されているから、号にも諱にも通称にも使用した可能性が高く、「雪江」も「セッコウ」「ゆきえ」の両方の音訓を使用したのであろう。また関義臣は、『旧華族家系大成』に、「ヨシオミ」と明記されているが、芳賀八彌著『由利公正』の武生図書館本の自署識語に「ギ臣」とあり、彼も音訓両方を使用していたのである。

以上のことから本書の本文では「公正」にあえてルビを振らず記述することにした。三浦のいう「名の読みの複数性」を用いたのである。ただそういっても諸事情からあえて名乗りのルビを一つに挙げる必要があるならば「地券」の直筆署名があることからも「きみまさ」でよいであろう。本書カバー袖などにもルビは「きみまさ」と記した。なお、公正の号には「雲軒」「好々庵」「鋏牛」「方外」などが知られるが、その使用期間は不明である。これらの号は揮毫した書幅・扁額等に見えるのでこれらを多数書いた維新以後から晩年にかけてであろう。

第二章　福井藩士三岡石五郎

1　公正、藩重臣の目に留まる

『由利公正伝』には、公正が福井藩の中で上士に知られるきっかけ、つまりデビューしたのは、実に福井藩の正月の伝統行事「左義長馬威し《さぎちょううまおど》」によると伝える。「左義長馬威し」は、「馬威し」「爆竹調馬」などと称されたもので、福井藩の年中行事の特異なものとして広く全国に知れわたったものである。

左義長馬威し

この行事は、福井城郭内、または城下町人地内の指定された場所を、乗馬した藩士が、進行を妨害する禦手《せきて》（堰手《せきて》）または「威《おど》（し）人」と呼ばれた民衆（領民）を突破して、完走を目指すことを基本スタイルとした行事であった。後に初代福井市長となった藩士鈴木準道《のりみち》の著『福井市左義長馬威之模様書』には、馬威しの目的について次のようにある。

正月十四日ノ左義長ハ世ニ名高キ事ニテ、此福井ニ限リ他国ニハ無之、属ニ馬威シトモ云、藩士ノ馬術ヲ競ヒ、軍馬ノ練習ニ相成ルコトニテ、松平楽翁君ノ御著書ニモ、越前ノ左義長馬ヲ御感嘆御羨ミ被成レシ

と、かの寛政の改革で知られる松平定信（楽翁＝松平春嶽の系譜上の大叔父）もこの行事を高く評価したと伝える。

また松平春嶽が、天保十四年（一八四三）に、十六歳で初入国をするにあたって、徳川一族すなわち親藩諸侯のうち春嶽が最も敬して接した水戸徳川家の斉昭に、藩主としての心得九ヶ条を問うたその内の一つは「武道修練之事、家中之者武道ニ向ひ候様引立方心得之事」についての斉昭の返答に、「御家は、旧来馬おどし候之由に侯人ハ、尚更調練の意を御加へ、永続の御仕方有之ハヽ、天晴非常の御備も相立可申候」とみえ、福井藩の馬威しは、同藩の武道修練にとって絶やすべからざる行事であり、「非常の御備」にも有効な調練であることを指摘している。『由利公正伝』にも「福井の馬威の事」として項を設け、「是れ一朝有事に際し軍馬をして兵火剣戟騒擾の巻を何等の驚愕何等の恐怖な

菱川師福筆「馬威図屛風」
（部分。片山外吉旧蔵／福井市立郷土歴史博物館蔵）

く、自在に駆走するに馴れしめんとするにあり」と記している。また『追懐帖』（侯爵松平康荘編・発行）には、「此行ハ福井藩独特ノ尚武的競技ニシテ、所謂治ニ居テ乱ヲ忘レサル武士ノ嗜トシテ奨励鼓吹セラレ、士気ノ向上、馬術ノ錬磨、軍馬ノ訓練ヲ主眼トシ」、また士分と庶民の身分間の接近を図るということが期待されたものであった。つまりこの行事は、太平時代の尚武的競技として武士の鍛錬と、武士と領民の融和を目的としたものであった。

天保十四年に初入国した松平春嶽は、翌年正月十日（本来は十四日）に初めて馬威しを観覧した。その感想として『慎独斎雑録』に、大勢の民を治めることの非常なる決意をここに見出し、民の上に立ち、また天朝・公儀の有難い恩に報いるため、「上ハ下ヲ慈愛シ、下ハ上へ忠義ヲ存シ、治国ヨク治マルヲ以テ」あたることを誓っている。

公正と「馬威し」

『由利公正伝』の「福井の馬威の事」には、公正登用のきっかけとなったこの伝統行事を詳細に解説している。「由利公正といえば馬威で出世した」と今日までも語られるのは、『由利公正伝』の影響が大きいものと思われる。

我が越藩に於ける馬術は、大坪流、八丈流、神道流、柄田流等主として行われしが、何れの流派たるを問はず、之が練習を始むるに当りては、先づ燃え上る火を一周して然る後駆け出す慣習なりしが、後には之に加ふるに多く人々大声を放ちて馬を驚かしめんとするに至れり、とあって、馬術の流派を超越して行われたものであり、さらに「馬威し」の創始は明確ではない。左義長と結合して年中行事の一つとなり、正月十四日早朝より正午頃までの間に、あらかじめ定められた順序に依って、青年藩士が駆け、群集の中に突入、これによく突破した者は、その馬術を賞されて一門の名誉としたという。「馬威し」は、『越藩史略』の記事によって明和二年以前から毎年一月十四日に催されていたことが知られるが、その創始は諸説あって定まらない。

公正がその馬術を賞されて一門の誉れとしたのは、弘化四年（一八四七）一月十四日のそれであった。城内の桜御門から出発し、本町・呉服町を突っ走って、柳御門から城内の西馬場に戻るコースであるが、太鼓を合図に出発し、大衆の歓声の中で、悍馬を巧みに操り見事に突っ走った公正、つまり三岡石五郎は『由利公正伝』に記すところ衆目を驚かせるのみならず、時の家老職岡部《おかべ》豊後《ぶんご》の目にとまり、公正の偉器を認められたという。また維新後も、京都において癖馬を操り、福井藩士で、御軍事掛、軍事局掛、軍艦などを務めた大谷儀左衛門（一五〇石、号如水）を感服させたとも記している。

岡部豊後と中根雪江

ところで、家老職岡部豊後は、一五〇〇石の高知席《こうちせき》（福井藩の門閥・上級藩士）で、はじめ造酒《みき》（助）のち豊後さらに豊佐を通称とした。豊後は、弘化三年五月十一日、父左膳《さぜん》が命により免職となっており、また造酒助（豊後）も、「心得違之趣」があって、「御叱」の処分にあっていた（『福井藩士履歴』）。これは、春嶽を支えた中根雪江や浅井《あさい》政昭《まさあき》（八《や》百里《おり》）、鈴木主税といった改革派に対する守旧派藩士らの抵抗により一時失脚した中根ら改革派の理解者が左膳であり、中根が「良善にして決断あり」と評した（『奉答紀事』）人物でもあったために守旧藩士らの標的ともなり、左膳が城下の寺院浄得寺における花見の宴席で、倹約令に抵触する過剰な接待を受けたという理由で辞職に追い込まれたのである。豊後もまた父の免職に連座して「御叱《おしかり》」の処分にあったのだが、春嶽はその後側用人《そばようにん》の人選を自ら発令し、守旧派老臣を排除する目的で、家老と目付の一部を更迭した。

これが、弘化三年六月には中根が大御番頭、同七月九日御側用人見習、翌年三月七日御側用人本役と返り咲き、しかも重用されていることから、左膳の継嗣・豊後は、公正が活躍した弘化四年一月十四日の「馬威し」時には家老職として復職していたとみられ、皮肉にも後に挙藩上洛計画・新国家参画で、公正と路線を違える中根雪江の理解者左膳の子豊後によって、公正が登用のきっかけを摑んだということになる。

2　天保期における福井藩政の憂鬱

ここで藩政時代末の福井藩政について述べておこう。

困弊する福井藩政

天保九年（一八三八）七月二十七日、十五代福井藩主松平斉善《なりさわ》が十九歳で夭逝した。斉善は十一代将軍徳川家斉の二十四男であったが、幼少時より病弱であり、将軍の子ということで「大城驕奢の弊風を其侭にて移らせ給へば」（『奉答紀事』）と中根が記しているように、江戸の華麗な生活を好んだのであり、また上級藩士をはじめ藩士たちの危機意識も希薄だったようである。これらも影響して春嶽初入国当時には、福井藩財政は破綻寸前であり、年々二万六〇〇〇〇両の赤字を生み出し、返済の目処もつかない借財は九〇万両に達していた。斉善は、

御家風も夫につれて、斉善ハ大御所の御公達なり、御門閥ハ御嫡流なりと、執務をはじめ下から上まて、世に携はる際ハ負じ魂のミ盛りなれバ（以下略）　（『奉答紀事』）

と、「御国計」つまり藩財政は、ほとほと尽きるほどの勢いであり、士や民にその財政の不足を補わんとするものの、天保の大飢饉の後でもあって、下々の困弊は非常なものがあったというのであった。そのような藩を春嶽は十一歳にして襲封したのである。

幼君春嶽の襲封と改革

天保九年（一八三八）九月四日、十一代将軍家慶《いえよし》の台命《たいめい》により田安徳川家斉匡《なりまさ》の八男錦之丞が、斉善の養子となり同十月二十日に福井三二万石を襲封し、十六代藩主となった。同十二月十一日に元服し、諱《いみな》を慶永と名乗るが、号の春嶽は、ほぼ同時期に名乗り、生涯愛用した。

時に十一歳の少年であった。幕府の規則により、大名は十七歳になるまで領地に入ることが許されなかったが、春嶽は特別に許されて十六歳で入国をする。天保十四年（一八四三）六月十一日のことであった。厳格な田安家の質実簡素で、しかも学問を好む家風で養育された少年藩主を迎えた士・民は、前評判も高かったようである。後に春嶽が礼を尽して師事する市井の歌人で、公正の和歌の師で

もある橘曙覧《たちばなのあけみ》は、天保十四年六月十一日春嶽入国のその日に「大殿の初めて御国入りの御装ひを、見奉りてよめる歌」なる長歌を作り、藩主就任後、待ちに待った春嶽の入国に、「御国内の民等ことごと何時しかも到り坐さむと泣く子なす慕ひうめふれ天つ水うち仰ぎつつ待ちわびしかひこそ有りけれ」（『橘曙覧全歌集』）と諸手を挙げ、感涙のうちに、その入国を慶んだのであった。この長歌で「玉乗れの岡部の君は治まれる国のかためと弥はてにたたし給ひ玉鉾の道の長手をたもとほりい行《ゆき》きわたらし」とみえるが、「岡部の君」とは、春嶽に最近侍していた岡部左膳のことである。前述のように公正は「馬威し」で、左膳の子で後に実力者となる豊後にその名を知られたのであった。まさに春嶽の入国は、新しい福井藩の幕開けなのであった。

入国後の春嶽は期待通りの真摯にして精力的な行動をとる。まず、領内の巡視を行い、領民の生活の実情を見聞している。巡視の際は領民に献上品の禁止や一切の禁酒を申し渡している。越前海岸を巡視し、海岸の防備についても確認をしている。しかし、上級藩士は藩財政の疲弊と時代の変革に対

松平春嶽筆「元気」の書幅（十三歳試筆。福井市立郷土歴史博物館保管福井市春嶽公記念文庫蔵）

する危機意識が低かったという。

しかし、心ある藩士は、藩風の危機感を抱いていたのである。中根雪江や浅井政昭（八百里）は、春嶽が田安家にいる時から伺候しており、春嶽の才智と、人格に大きな期待を寄せていたことも彼らの藩政改革に向けた希望を非常ならしめたのであった。

「明君」への期待

中根は、『奉答紀事』に、幼君春嶽について「凡人とは見上げ奉らず、行末如何なる明君に成らせらる可き哉」と記している。

「名君」ではなく聡明な主君「明君」への大いなる期待であった。中根らは、春嶽に近侍する藩士を、学問や藩政について有能に教育する者を抜擢しようとした。もっとも、天保九年（一八三八）九月五日、春嶽が斉善の養子に決した翌日に早くも浅井は、大番組番頭秋田八郎兵衛に建言書を提出し、藩首脳層に、藩の衰退を憂い、少年藩主に近侍させる藩士の抜擢を申し出ている。

また、上級藩士にも稲葉正澄は、天保十年（一八三九）七月家老酒井外記に建言書「御政事向并御勝手向御厳重御締り」を提出し、窮乏した藩財政を救済するには自らの知行も省みないというものであった。

中根雪江の忠節

藩政復興を目指した中心人物は、中根というべきであろう。旧体制をよしとする藩首脳層が多くを占めている中、寄合席という上級藩士でもあり、さらに春嶽の襲封時より近侍していたこともあり首脳層に意見を申し入れることのできた中根は、藩政の建て直しに尽力するのである。『奉答紀事』に「此身は此君に致すべき事」と記しているように、中根は生涯、福井藩の繁栄・安全と主君春嶽を教育・守護・補佐することを任務としたのであった。このことは、後に公正との温度差を生じる源泉的姿勢となっていることは一貫して変わらなかったというべきであろう。中根は第一に福井藩であり、大政奉還後もひたすら春嶽あってこその天下国家への参画であった。藩から天下、つまり新政府に、奉職を移行していく転身の早い公正とは大きく違っていたと言えるのである。

さて、中根らの藩政刷新は春嶽近侍の藩士たちの人選により開始されたが、人事刷新は守旧派藩士の抵抗によって一時頓挫している。ただ、先にも述べたように、春嶽自ら側用人の人選をし、守旧派老臣の排除を断行することによって、二十歳になった春嶽の強い意志によって再び中根を中心とした体制が築かれたのである。

3　公正の登用

春嶽による人材登用

春嶽が結果的に抜擢・登用した藩士のうち、上級藩士は中根のみであって、大方が一〇〇石・二〇〇石の中級家禄か、または下級藩士であった。

彼らは、家禄以外に一〇〇石前後の足高《たしだか》や役高《やくだか》が支給されており、ほとんど三〇〇石程度の給禄を支給されていた。そして彼らに藩政の権限を与えたのである。このうち代表的な人物を挙げると、天方孫八が一五〇石の足高・役料を与えられて五五〇石に、浅井政昭が一〇〇石を与えられて三五〇石に、長谷部甚平《はせべじんぺい》・桑山十蔵が各一〇〇石を与えられて各三〇〇石に、そして橋本左内が一五〇石を与えられて一七五石五人扶持となった。とくに橋本は、家督相続時の石高二五石五人扶持をはるかに超え、一五〇石の役料を上載せされての抜擢であり、身分も中級の下より上級の下に三ランクごぼう抜きの抜擢であった。財政再建のため、第一には家老松平主馬が罷免され、天保十二年三月、天方孫八が側用人、中根が勝手掛となった。天方は、江戸詰で春嶽の教育に尽力し、ことさらの倹約を申し立てた。支出制減を最初に手掛けたあと、乱発してきた藩札の問題、九〇万両の借財と難題ばかりの舟出であった。天保十年（一八三九）二月、春嶽は藩士たちに半知の家禄とすることを命じた。

藩主自らの手許金を一〇〇〇両から五〇〇両に半減したことはよく知られている。また藩庁の諸役に対して人員削減や諸経費節減など「諸賄省略方」を通達した。このように藩士すべてに給禄や衣食住にわたる倹約が行われ、領民にまで及んだのである。この時期はひとり福井藩のみならず幕府においても老中水野忠邦《みずのただくに》が大節倹の大号令を発しており、全国の諸藩主より庶民に至るまで、著侈禁止、風俗取締りが行われたのである。

「節倹ハ武士の常行と相心得」ることを藩是として春嶽は家中に申し下し、「衣」は絹から綿に、自らも朝は香の物ばかり、昼は一汁一菜、夜は一菜と定め、家中一統も一汁一菜、祝宴でも酒肴は三品とする「食」をとり、「住」では障子や畳の張替えも汚れや穴のあいた部分だけ補修するのみといったありさまであった。この節倹は大奥にも及び、春嶽の正室勇姫もこれに協力した。『由利公正伝』に、公正の言として、春嶽様の御初入は、吾十五の年かと思ふが、御入国後間も無く、厳重なる仰出されて、奥表共渾て御改革、国中文武節倹の政と為り、衣服飲食まで制限があり、政事は総て御手許捌《おてもとさばき》といふ事で、国風は全く一変した。吾々善悪の如何は何の考も無く、父が御側勤故、御勝手向の不如意を御役人から申出て、日々御苦労なさると聞いて、御気の毒に思うて、国の貧乏は残念なものであるといふ事は真に感じたのぢや

と伝えている。中根が側用人に登用された弘化四年頃、公正の父義知は御近習番頭であり、嘉永元年九月十五日には兼ねて御書院番の筆頭を受けているから、義知も春嶽の藩政改革において登用された面々の一人であった。

体力と創意工夫の人

公正を「体力と創意工夫」の人と称したのは三上一夫であった。これは『由利公正伝』よりうかがえる青少年時代の公正の姿を見事に表現したのであるが、彼はその生涯一貫してタフで常時にとも言えるほど何かを思考しており、「創意工夫」に長けた人物であったと言えるであろう。『由利公正伝』によると、藩士が成年に至るまでの課業と言えば、もっぱら武術と読書であった。しかし公正は、読書をほとんどすることはなく、わずかに数カ月ほどしたのみで、普通の藩士なら十四、五歳までに済ますものを十七、八歳に至りようやく四書五経の書読を終えたという。しかし、剣術・槍法は、ほとんど免許皆伝を受ける域に達していたという。剣道の師は、真影流の師範出淵伝之丞であり、槍術は無辺流の師範・村田新八に、西洋流の新式砲術は西

尾十左衛門（源太左衛門）に学んだという。

とくに槍術について言えば、三上の言うように公正一流の「創意工夫」の実験が挙げられる。長槍を執って敵と戦うにあたって、槍は一人を刺すたびに手元にたぐりよせて時間を費やすのでは修羅場では間に合わない。公正はそこで槍の穂先を円錐形にしたのである。こうすれば一直線につき進み、敵に突破し、打撃して周辺の敵を払えば、一人で一〇〇人に当たると考えたのである。つまり一人を刺して倒すというのではなく多くの敵を突き進むだけで、傷つけて効果的に兵と時間と槍とを使う方法である。この発想は、公正の性格をよく表出しているとは言えまいか。それは既成の概念よりも、実をとる質実剛健の気風である。

こうした気風は洋式砲術に関しても同様である。春嶽親閲の際、師範西尾門下が、砲術の早撃ちを数回演じたところ突然野戦砲が炸裂して二名の即死、二名の重傷という事故が起きた。藩としてはまだ導入初期の洋式火砲の危険性が騒がれることになり門人も遠ざかることになったが、「偶然の一回の過失で、この新鋭兵器を見捨てるのはひきょうもはなはだしい」ことと、公正は逆に自ら先んじて西尾に入門したということである。

強健の人

公正が体力を重んじたことは、武術の古老島津波静の言によるという。波静によると、公正の曾祖父三岡次郎左衛門武樹は槍法の名人で、武樹は、門人に対し、朝早く稽古に来る者には『中庸』の講義を聴かせ、武道の心得を説いた。そして常に説き聞かせたのは「目前の人を対手にしては到底名人と為る能はず、総て対手無き所、即ち道理あり」と言い、弟子には山野を跋渉させて体格を錬磨させたら、沈思黙坐の間に自然と技術の妙境を悟らせたという。その逸事を聴いた公正が感動し、「武技を修むるに、気息の続かざるは心の治まらず、身体の鍛錬せられざるに困る」、つまり何より体力であり、武道上達の基本も身体の鍛錬が基本であることを公正自らも悟ったという。公正はそれから冬期・朝夕の鴨猟（福井藩士の嗜みの一つ、菊作りと共にさかんであったといわれる）や川釣りの際も往復数里の道程を疾走し、夜人通りがなくなると城の東に八丁ほど続く桜の馬場を八回駆走する（毎日七キロ）ことを日課とした。こうして気息の持久を図ったのだという。

石渡八幡宮（毛谷黒龍神社境内社）

またペリー浦賀来航の時、公正は五十余名の藩士とともに福井を出立したが彼はわずか三昼夜つまり三日で江戸に達することが出来たという（『子爵由利公正伝』では五昼夜の誤記ではないかと指摘している。後に触れるが、ペリー来航云々の証言は、それ自体創意である）。公正は波静を通して曾祖父の言を聴き、何時も体力を重んじ強健たるべく努めたのであった。

石渡八幡宮と公正

さらに公正は、「膽気を治めて事を為さば為し遂げ得ざるもの無く、苟《いやしく》も神仏に対して祈誓を立て得ざる底にては、何事も成功を期し難し」という信念であった。ここに神仏とあるが、武道・体力の向上・安全・必勝に彼は石渡八幡宮への信仰が篤かったとみられる。石渡八幡宮は、三岡家など毛矢侍の氏神、毛谷黒龍神社の境内社であり、石渡一郎右衛門が勧請した祠で、公正はこの社頭に参詣してひたすら体力気息の継続のみを祈願したところ翌日一方的に仕掛けられた好まぬ剣術試合で、神助を得て剣術技術が、公正より優れた者との太刀打ちもことごとく勝利したというのである。

書物から得る知識よりも、実際の生活体験に基づく現実の社会への凝視が、公正の生涯にわたる生きざまを形成したことは疑いない。

第三章　安政期までの公正と福井藩政

1　公正の師と学問

公正が後に経世家として成長し大成した源泉は、公正の自由な発想・体力気息の継続といった独自の気風があるが、これらを発展させる大きな要因となったのが、師・横井小楠との出会いであろう。

横井小楠の来遊

横井小楠（一八〇九～六九）は熊本藩士である。天保十二年（あるいは十七年）、藩庁の時代錯誤を批判し、「節倹の政を行ふべき事」「貨殖の政を止むる事」「町方制度を付ける事」の三件からなる『時務策』を執筆し、学政一致・経世済民を主張した。後に福井藩の藩士たちを感化し、福井藩に招かれて大きな影響を与えた人物である。小楠は、かねてから機会をうかがっていた自らの諸国来遊に、嘉永四年（一八五一）二月十八日（黒船来航の二年前。公正の家督相続前）、熊本を出立して私塾小楠堂の門

横井小楠銅版肖像画
（松平春嶽筆由緒書とも。福井市立郷土歴史博物館保管福井市春嶽公記念文庫蔵）

弟である徳富熊太郎と笠左一右衛門《りゅうさいちえもん》の二名を連れて二十一藩を遊歴した。この旅の途中、六、七月には福井藩に滞在して『大学』を講義したが、福井藩との関係は、それより二年前に遡る。

福井藩士で、崎門《きもん》学者であった三寺三作《みつでらさんさく》（一八二一～九五＝のちの大木本弥）は、藩主松平春嶽に政教刷新に関する五カ条の建白を呈したが、その文中「天下の大儒を聘《め》し学校を興し教育を盛ん」にすべきという意見に注目した春嶽が、逆に三寺に下命して「真儒」を捜し求めさせた。そこで三寺はその旅に出て他藩へ赴いた。三寺は、同じ崎門学者で、山崎闇斎《やまざきあんさい》の直系的学統に連なる小浜《おばま》藩の梅《うめ》田雲浜《だうんぴん》を訪ねる。雲浜は、熊本藩の家老、長岡監物《ながおかけんもつ》の見識深いことを三寺に伝え、雲浜より長岡の家臣笠隼太《はやた》を紹介された。その笠がさらに小楠を紹介して、三寺は嘉永二年十月小楠と面会したのである。三寺は小楠の人物・識見に感服し、同年十月十九日から十一月十日までの二十日間、小楠堂に入塾した。『子爵由利公正伝』では、三寺の小楠入塾のきっかけは梁川星巌《やながわせいがん》の勧めにあったと記している。この頃の小楠は自らの「実学」を構築していた時期であった。

「小楠堂」を後にして帰福した三寺は、小楠の講義内容を国許の藩士たちに伝え、小楠の名は福井において急に高まったという。そうした下地があっての小楠来福であった。それにしても、三寺の小楠面会に至るまでの人脈は見事に崎門学の学統繋がりであったことは注視されるべきであろう。つまり幕末期の人物の繋がり、親交は学統学派の信頼によるところが大きいのである。

生涯の師・小楠との出会い

嘉永四年の小楠来福は、公正二十三歳の夏であった。三寺より小楠の評判を聞いていた藩士たちは小楠を歓待し、稲葉家の別邸「遊仙楼《ゆうせんろう》」に滞留すること二十日あまりに及んだという。この間、福井藩を代表する大儒で、崎門学者吉田東篁《とうこう》は、自ら門下生を率いて講演に列した。多くの藩士は東篁の門下に連なっていたので、公正もその場に同席したのである。

小楠の講義のうち『大学』の「三綱領」（治世者が学ぶべき学問の目的を示したもの）については、人々に天性の能力を発揮させ、民心を安定させて善世を行うものであり、その手段として正しい順序によって八条目を踏まねばならない。格物致知《かくぶつちち》（真理を究明するために己れの知識を磨くこと）を行えば、誤りが明らかとなり、家が治まる。つまり「修身・斉家・治国・平天下」が得られるのであると。学問は徒《いたずら》に字句の解釈にこだわり、暗記することではないことを悟ったと思われるのである。実際に役に立ってこそ儒学の本来の目的であるということが「実学」なのであった。その自発的な実学的行動により藩財政の調査を心掛けつつあった公正にとって、小楠より受けた感動は蓋し非常なものであったとみられる。

学問を「経世安民」のために役立ててこそあるという考えは、公正のみならず福井藩の心ある若い藩士に大きな影響を与えたことは推測に難くない。小楠がいったん金沢へ行き、再来福した折に、公正は敬慕の念禁じがたく、笈を負って小楠に付き従おうとしたというが、藩庁の許可は得られなかったという。その小楠は、のち七年を経て、晴れて福井藩に賓師として迎えられるのであった。伝記類に公正の経済・財政に対する開眼は、実に小楠の啓発を享受したこの嘉永四年であるというのは、およそ妥当だと思われる。

2　藩政改革と制産

藩主春嶽自ら絹衣を排して綿服に替え、率先して節倹の模範を士分と領民に示したにもかかわらず、財政窮貧は追い込まれたままであった。この藩の貧困に心を煽った公正は、勘定所に赴き藩の歳入・歳出その他の生産額および消費高についての調査を行うこととし、村々を歴訪して当ったという。草鞋ばきの公正がイラストなどで描かれるのは、『子爵由利公正伝』などの伝記に記されているからであろう。

藩財政を問う

これは公正が二十歳より二十四歳の間のことであるという。二十四歳の時に公正は、勘定奉行長谷部甚平に藩財政について質問をする。公正が、藩内の米の収穫・出来高を悉皆調査した結果、年々二万両ほど不足していることが判明した。そのためどのように倹約しても追いつかず、充分に「倹約に倹約して貧乏になった」というのが、福井藩の現状である。ここに倹約は財政再建には非効果的であるという自論を持ったというのである。

そこで、勘定奉行の長谷部甚平への面会を希望していたが、当時家督相続前であり長幼の違いもあることからか、なかなか藩首脳に面会できるわけもなかったが、「佐々木の叔父」というから佐々木《ささき》長淳《ながあつ》の親族を通じて長谷部に面会した。残念ながら長谷部は酒を勧めるだけではぐらかし、応答できなかったという。しかし、公正に難問を突き付けられて以来、長谷部は多くの記録を藩庁から取り寄せ、毎晩勉強し、就寝時間になっても夫人に通読させるので迷惑ひとしおであったと、夫人は公正に後日述懐したという。この記述をみても、公正の質問によって藩財政担当のトップが問題意識に目覚めたということであるから、公正の行動は不遜で型破りながら意義深いことであったとみられる。

家督を相続

嘉永六年（一八五三）四月十三日（十二日とも）、藩主名代騎馬行列で先駆を務める中、父義知は馬上にわかに脳溢血のため六十一歳で急逝した。石五郎つまり公正二十五歳の時である。『剣札』（松平文庫蔵）には、同六月五日家督一〇〇石を相違なく相続し、大御番組に入れられたとある。同月三日にアメリカのペリー提督が率いる黒船が来航した。不思議にも公正の家督相続と同じ年月から世に云う「幕末」が始まったのである。江戸幕府の瓦解・近代国家・近代化への開始が、この時に始まるのである。いわば公正は、幕末維新の申し子とも言える。

『剣札』には、同年七月二十日、「比度思召を以支度出来次第江戸表へ罷出」とあり、家督相続後の藩士としての最初の奉公は、実に太平の眠を醒ましたペリー来航後（六月十三日にはペリーは江戸湾から去っている）の対応であった。

役名は砲術調練修業を命じられたのであった。これが公正最初の出仕・辞令であった。「黒船来る」の一大警報は、福井城下にも早飛脚で伝えられたであろう。辞令を受けた五日後に生まれて初めて江戸に至ったと『由利公正伝』にはいうが、これは公正一流の表現であろう（『福井藩履歴』では福井出立が五日後となっている）。

翌七年一月にペリー艦隊が再度江戸湾に現れた。藩は非常出勤命令を発し、五十余名がこれを受けた。公正は五十余名の派遣先発隊の組長に選ばれる。昼夜兼行の一隊はすべて剛健血気の盛んな青年藩士である。道中を疾走せんばかりに各自は先頭第一を競ったという。

公正の強肺・脚力の強さは、一四五里を三昼夜（五昼夜カで）で踏破したと伝えることは先にも紹介したが、『子爵由利公正伝』に当時の健脚家の猛烈な歩行速度は、たとえば胸前に蓋せた編笠が、その速度のために手を支えずとも落ちなかったということを古老が語ったというから、あるいは三昼夜というのもあり得たかもしれない。しかしこれは公正の創意であろう。

福井藩の警備は、最初芝と下命されたが、春嶽の求めにより、御殿山警備となった（『昨夢紀事』）。湾岸警備は大部分が火縄銃であり、各藩とも「蟷螂の斧を振って龍車に対ふ」の感があったというが、正月再来港したペリーは、三月に神奈川で日米和親条約を締結すると、四月には箱館に、五月に下田に、そして六月初旬には日本を去っている。

公正は黒船を観たか

公正は、七月五日未明より、中根雪江・高畠與五郎と共に、品川鮫洲近辺で警備した（『奉答紀事』）。だが先に述べたように、もちろんこの時は黒船は日本を去っている。後に公正はこの時の観察所感を「観て来たことのように」次のように述べているが、これは公正の創作であろう。公正の記憶の曖昧さと個性を知る史料でもあり、当時の公正の世情に対する視点として参考までに転記しておく。

浦賀まで一人で探偵に出掛けた。行着いた時に丁度黒船が蒸気を焚いて、何処か測量にでも出掛けるのか錨綱を捲いて居る。一寸見たところでも偉いもので側へ行つても寄りつけそうになし、小銃位で撃つことは勿論出来ぬ。軍艦の大砲も大きく厳重だ、それに対してこつちでは火縄銃で備へを立て丶居るのだから、向ふの奴の目から見たら可笑しからうと其の時気が付いた。そうして蒸気を焚いて行くのを見ると、その速いこと却々追付けるものではない。其側を通る苫船や帆前船は木の葉の様にしか見えん、これ迄の様な迂闊な考で騒いでも役には立つまいと深く感じて帰つた。

それから先輩に就いて時事に付いての考案を聴きたいと思ふが、警固中だから出て行く事が出来ぬ。然し成るたけ調べようと種々申立て佐々木権六に逢うて聴いても判らん、其時分幕府に献策した種々の書付を借りて見たが、皆世界交通の事情を知らず、一途に鎖港攘夷の説ばかり、軍艦を見ての所感に照して考へると如何しても役に立つものがない。そこで始めて攘夷の空論たるを知つて、彼国が如何にしてかういふ精鋭な武備が出来たか其原因を研究せねばならぬと思ひ付いた。当時の志士論客といふ者の議論は誠に立派であつたが、さて其実行手段ときたら何の考案もない。一事を起すにも一物を改めるにも必ず財政経済が伴ふものだが、彼等の念頭には更に浮ばなかつた。

（「実話」『子爵由利公正伝』）

と、ペリー来航によってあからさまとなった防衛の貧弱さ、世界交通の無知、議論理屈よりも、軍備・経費の必要性を切実に感じ、当時の幕府、攘夷論者等の批判を回顧している。家督を継いだばかりの青年藩士の目には、厳しく情けない現実が目に映っていたことが窺える。由利正通は、生気に満ちた青年時代の祖父の姿に憧憬して、『子爵由利公正伝』の編集時に削除することを躊躇したのであろうか。

軍制改革と大砲の鋳造・銃の生産

藩は天保十四年（一八四三）閏九月、藩主自らが坂井郡吉崎浦から南条郡河野浦までの領内の海岸線を巡察し海防の意識を高め、弘化年間に「越前国浦々ノ図」を作成して、領内の大筒台場つまり砲台の設置場所を決め、また藩独自に大砲の鋳造も計画し、三国の豪商の資金援助を受けて、江戸より洋式砲鋳師を招き鋳造された大砲は各台場に据え付けられた。

次いで嘉永三年（一八五〇）四月に蘭学者市川斎宮《いちかわいつき》を招いて洋式兵書を翻訳させ、兵学も教授させて軍備・軍制の近代化が図られた。

これまでの刀・槍・弓矢などから、近代的な様式兵器の使用法を学ぶ教育や調練が必要となってきた。藩は、江戸に派遣されて洋式砲術を学んだ西尾源太左衛門を中心に「御家流砲術」が制定された。これは藩の射撃術を洋式に統一したものであった。このような流れにあって嘉永七年（一八五四）十月、佐々木長淳、村田理右衛門と公正ら六人が後に「製造方」と呼称される「大小銃幷弾薬御製造掛」に任命された。このとき公正はアメリカ艦隊退却とともに各藩が軍備の任を解かれたことによって、公正らも同年五月一日に江戸を出立して帰福し、しばらく間をおいての任命であった。福井藩では異国との一戦をするや否といった攘夷論ではなく、まず福井藩においての軍備増強を急ピッチで行ったのである。

まず、福井藩主の別邸である御泉水邸内の空き地に、銃製造のための工場を設置した。しかし資金不足と製法技術の未熟により、三年間で一〇挺ほどの生産しかできなかった（『由利公正伝』）。公正はこの時のことを回顧している。公正は家老本多修理より製造方を仰せ付けられた。本多にも直接面会して話を聞くと、「西洋銃を兵士になるだけ多く打たせるため余計に製造せよ。また一大隊に大砲が何挺なければならないか、海岸の備えに大砲をどれ程備えなければならないかまたそれに相応する火薬もなければならないか、いろいろと大変であろうが充分にやってくれ」と下命された。公正らは、手帖を持って命を書きとめる。委細かしこまりましたということで、調べ上げて見積りを報告したら頭を抱えたきり、詰まってしまったという。これは何十万両の見積りだと問うとさらに一向に返答がなかったという。公正の性格らしく理詰めで数価を明らかにしながら理路整然と軍備出費の容易ならざるほどかかることなどを篤《とく》と述べた。後に同席して笑っていたという中根雪江は、「あの時は酷くいぢめたなあ」と言ったという（『子爵由利公正伝』）。

このように当時の性急な藩の軍備増強には先立つものがすこぶる足りなかったのである。とはいうものの「鉄砲製造方」と改称した安政二年頃から、人員は増加され、大砲と台場、鉄砲、弾薬、艦船等の各部門にそれぞれ分かれて作業が盛んとなった。この結果大砲と台場は、同三年三月に三国湊《みくにみなと》に近い泥原新保浦《どろはらしんぼうら》（坂井市三国町新保、既に宝暦十年大砲射撃訓練を行っている）・宿浦・米ヶ脇浦の三カ所に砲台場の築造を開始し、同五月には一三貫七〇〇匁筒などの大砲六門を国許で鋳造できた。艦船は佐々木長淳（権六）を中心に洋式コットル船の建造を開始し、安政四年五月に雛形が完成し、同六年には竣工をみて「一番丸」と名付けられ出航をみた。

問題は先にも触れたように、鉄砲生産が成果を得られないことであった。そこで公正の登用となる。安政四年一月十八日、藩は公正（三岡石五郎）と佐々木権六（長淳）に「製造方頭取」を命じた。そして洋式小銃製造の生産に尽力させ、「不虞之変被備」るべく戦闘に必用な器機（小銃等）を他藩に先立って用意するように通達をして製造方の面々を励ました。同年三月、城下に九頭竜川《くずりゅうがわ》から水を送っている芝原用水の近くの志比口に移した製造方の役所に、いわゆる銃器製造工場を設けた。「井の本川」と呼ばれた芝原用水の清水とその水力を利用した水車を動力として用い、大規模な製造所には細工場をさらに設けて城下の鉄砲職員を集めて洋式小銃の製造を行ったのである。鉄砲は工場内でしか取り扱いをしてはならなかった。鉄砲製造とともに当然火薬の製造も進められた。これは吉田郡松岡（現永平寺町松岡）で作られた。

このようにして銃の製造は製造方の体制が確立したことにより、同年十月頃から軌道に乗っている。この背景には公正らの活躍があったのである。

当時の藩財政では、製造所規模の拡張も、火薬製造機械の購入も不可能で、実行に移せない藩首脳部に対して佐々木長淳は愛想をつかしていたという。蘭書の鉄砲製造ならびに小隊・大隊の演習法は市川斎宮が訳し、佐々木がこれを筆記して、その習得と研究を急いだ。翻訳筆記は二十巻に達し、歩兵・小銃の使用法など理解するのに難しいものは図解して明示するなどしたという。事業開始より三ヶ年を過ぎたが小銃製造事業は技術進歩もなく、製造数も微々たるものであった。また見積っていたより経費が大幅にかかることが分かり、公正らは種々改良意見を上司へ訴え、安政四年一月十八日公正と佐々木は、御製造所頭取を命じられた。しかし、公正は趣意を伺ったうえで納得して拝命しないと受けることはできないと主張し、上意を承らないとは何事かと割腹騒動まで発展したというが、鈴木主税の周旋によりことは収まり、ついに拝命することになったと、公正一流の駆引きを伝えている。

これが藩庁において公正の意見が全面的に採用されたことの最初であったという。上司と争論してまでも非常事態に対応しようとする気魄が感じられる。安政四年十月十四日付橋本左内宛公正書翰では、公正らが小銃製造をきわめて精力的に進め、中根の相談を待って決断が遅れてはならないから橋本に中根への了解をよろしくと頼んでいる。

志比口の製造工場

志比口の製造工場は、本多修理の別邸地を開放させた。志比口には本多と同じ上級藩士の山縣家の名園志比口園（御泉水邸・三秀園と共に三優園と呼称されていた。山縣牧夫記「志比口園写真由緒書」）など、芝原用水沿いに広く開けていた敷地があり、その本多家の敷地一四〇〇坪のうえに、工場および職工監督役人の詰所等総建坪三〇〇余坪の建設を実現させたのであった。安政四年十一月十六日に工場の完成をみたので、職工を募集した。職工には「御用職工」の名誉を負わせ、相当の優遇をもって扱ったから約一二〇〇人の職工が集まり一致協力したとい

由利公正夫人高子肖像写真（『子爵由利公正伝』より）

う。最少の経費で最大の効果をいかにして上げるべきか、労力をもって資本に代らしむる必要を痛感し、「上下心を一にして」各々の得意の技術の分業を採用したのである。

このために小銃生産は増大し、最初小銃一挺の価格は二十五両という高額なものであったが、宣伝もあって、新式西洋銃を求める購入者は先を争い、先着順による販売をするという繁昌振りであったという。他藩からも注文があり、二十七両で取引した。大量生産してゆくと当然として一挺のコストは下がる。下がりに下がって一挺五両から二両二分にまでの廉価となったとまでいわれる。公正自ら製品の鑑査を行い、外部から銃口を覗きみるだけでその製品の不備を鑑査できたという。工場が後に閉鎖されるまでに、七〇〇〇挺の洋式小銃が製造された（『由利公正伝』『子爵由利公正伝』『奉答紀事』）。

室を迎える

ここで公正の慶事について記しておこう。

安政三年六月、公正は藩士今村伝兵衛の長女タカ子（高）と結婚した。夫人タカ子は、天保八年（一八三七）三月十五日生まれであるから、結婚した時は二十歳、公正は二十八歳であった。かつて公正に対して父義知が、三十歳まで室を持たず武道・学問に励めと語ったというが、ほぼ三十歳に彼は妻を娶ったことになる。

タカ子は明治三十八年（一九〇五）三月二十五日、六十九歳で逝去。品川海晏寺の由利家の墓に葬られている。法名、貞操院徳善寿高大師。公正より先に逝くことほぼ四年であった。実家今村家は、『福井藩士履歴』に、同姓が二家みえる福井藩士の一家で、伝兵衛は高一五〇石、大御番組、近習番江戸詰を勤めている。

二人が結婚した安政三年は、公正が、同僚の佐々木長淳と、大・小銃や弾薬の製造掛として奔走多忙な年であった。ただし、その甲斐あってか、翌年には兵器製造所頭取となっている。またこの年、藩校明道館の兵科掛を兼帯するといった超多忙とも言える時期であった。

福井藩火薬製造所址地（福井県永平寺町松岡）

火薬工場爆発事故

苦労の末、小銃生産の実を上げた公正らであったが、火薬製造には大きな事故が伴った。芝原用水の河口、九頭竜川との間に火薬製造所を開設、安政四年四月二十七日より着手したことは先に述べた。ここにはもともと貯蔵火薬と機械類を倉庫に用意させていたのである。着手すぐの当日午後、火薬庫が爆発した。着工前にして出鼻を大きく挫かれたのである。急報を聞いてかけつけた橋本左内が水車場所へ到着すると、前日の面影もない惨状で、左内も「愴惻に堪えず計らず感慨之涙」を流したほどの被害であった。

頭取（公正）が東西奔走して応援を求め、大方の片付けはした。死者は、関藤太夫・関小善太・岩城豊太・渥美辰之助・東条八十八等数名の藩士と、北野村の猪兵衛・甚三郎、原目村の佐右衛門・佐三郎等であった。とくに関藤太夫等の遺体の損傷は激しく五体が飛散したほどで、その惨状は目を覆うばかりであった。藩は彼らについて「戦場討死の体」つまり殉職とした。左内自ら立合い、検死、その他負傷者の手当ても早急に行った。

この子細を同五月十一日付中根宛書簡に記している。結局出火の原因は不明であった。

この頃、火薬製造所の頭取は公正のみであった。公正は、この事故による事業への非難を排するため自らが再興に着手することを申し出たという。この背景には、死者、重傷者を出す事故が起きても、目下、火薬の製造は急務であり、事業を進めていかなければならない事情があったことは察せられるが、この理解者として有力な後押しとなっていたのが、橋本左内その人であることは疑うべくもない。

犠牲者を出した火薬庫の跡地には記念碑が建立されて今に伝わる。後に福井藩明新館の御雇米国人教師として招かれたグリフィスが、この碑の存在について触れている。彼は、「釈迦の像と爆破で死んだ五人の霊を祀る祠がある。火薬と仏教の組合わせが妙である」と語っている（『維新時代の福井』）。福井藩の火薬は明治に入っての会津・箱館戦争、つまり戊辰戦争の際には「越前火薬」として著名であったという。

製造方の慶事としては、「一番丸」の竣工であろう。安政四年十月公正と佐々木が軍艦造船掛を命じられた。軍艦は佐々木の方が専門とするところであり、佐々木が主としてその製作を担当していた。三国宿浦の海浜に製作場を設置し、第一回の竣工船を「一番丸」と命名した。その竣工は安政六年であったが、これは全国的にみて早い部類に属するという。鉄砲・火薬・造船の三大軍備事業は佐々木と公正の主導による成果とされ、その功績は実に大きいものと言えよう。

松岡合薬所の再爆発

火薬製造所の爆発は、福井藩の中央政界における敗北を予兆するような惨事であった。松岡合薬所と呼称された火薬製造所は、公正らの尽力によって工場の再建がなされた。しかし悪いことに、明けて翌三月十一日再び火薬の爆発が起こった。爆風は遠く離れた福井城下の家々の障子までも強く振動したほどであったから、松岡人家の被害は相当であったとみられる。

話は逸れるが、この月、城下山町（現福井市照手町）に居住する柄屋藤右衛門の飼い鶏五羽のうちに四本足のヒナが生まれた。上級藩士の一人、山縣（旧笹治）三郎兵右衛正俊のスケッチが残っており、「稀代ノ怪鶏ナリ」と記す（市歴博蔵「山縣家文書」）。山縣がこの怪鶏の出現を、この月に起こった火薬の再爆発や安政六年後半期にわたって急展開する将軍継嗣問題による一橋派の敗退、松平春嶽の隠居・謹慎、藩主の交代による藩内政の大変革、安政の大獄による橋本左内の刑死など、凶事の連続連鎖を予兆していたものと思えてならない。

この間の公正の任務・行動はいかなるものであったか、藩の命脈に注視しつつ追ってみたい。さて、再爆発の原因について公正はこう分析している。

兎角火薬の発火は春暖の候にある、この時は麻、木炭を大桶に貯蔵したが自然と中から火を出し

て一面の火となつたが、幸に近くに人が居て消し止めたので大事にならずに済んだ

死傷者は出なかったものの一時閉鎖に追い込まれていく、安政五年三月二十二日付京都出張中の左内宛村田《むらた》氏寿《うじひさ》書簡には、今回の火災は職員の過誤によって生じたものではなく、自然発火したものに間違いはない。早速再開すべく職員を励ましつつ尽力して、火薬製造の志は理解できるが、たびたびの変事（二回にわたる事故）は見逃せないことであり、このうえは、事故がまったく発生しないまでに精密に調査研究しなければならないので、再開はしばらくの間見送るよう藩命が下った。公正の工場復興の歎願は容れられず、公正と佐々木は、海外諸国に渡って見聞を広めたい旨、つまり海外に渡ってまでも、斯業を研究しようとした志はまことにすばらしいことである、と村田は評価しながらも、藩庁としては復興は承認しなかった。

3　橋本左内と公正

橋本左内との出会い

公正の生涯にとっての大きな人との出会いは、横井小楠と橋本左内がまず挙げられるのだろう。個性が強く、ややもすると藩内では協調性に欠けるとみられる公正の性格を、左内が最も寛容に受け入れ、逆にその個性を尊んで、公正の行動力と創意工夫の天才的な能力を活用・登用したというべきであろう。左内は政治思想家として著名ではあるが、近

代的価値感つまり個性と能力を第一に採るすぐれた教育者であったことは、言うまでもない。

安政四年（一八五七）十一月二十八日付の左内書簡村田氏寿宛は、世に「日露同盟論」の書簡と称されてあまりにも著名であるが、その書簡の内容は外交においてロシアと同盟を結び、国政では国中を一家とみなして個々の利害を超越し、世界の中の日本という近代的な国際視野で、外国論を展開しているのである。

人材登用の理念

そしてそのような国家を創設するために、もちろん人材登用が必要であり、その人物発掘の根幹について、

人間自ら適用の士有り、天下何ぞ為すべきの時無からん（人は必ず職務に最適の任務がある。誰でも天下に自分が活躍せねばならぬ機会がある）

という句を村田に示している。村田は大いにこの句に感じ、後日改めて、左内にこの句の揮毫を求めている。ちなみにこの左内が揮毫した書幅は、村田に贈られたが、その後孫千代が海軍大将加藤寛治夫人となったため、加藤家に伝来し、現在は福井県立歴史博物館に所蔵されている。

島田墨仙筆「橋本左内肖像画」（複製。原本は福井空襲で焼失。福井市立郷土歴史博物館蔵）

さて、このような人物主義の能力・個性を重んじた登用は、明道館学監同様心得となった左内の対人物観にほかならない。公正の個性が、左内によって見出され、大いにその活動の場を与えられたのである。公正は文政十二年（一八二九）の生まれであり、左内は天保五年（一八三四）の生まれであるから、公正の方が五歳も年長である。福井藩きっての俊秀橋本左内と、実践家・行動家としての公正の存在感が、ともに藩内にあったとみられる。二人は、各々「適用の士」として職務の上で、互いに協調しあう仲であったとみてよい。

左内と公正が藩政において直接関わっていくのは、安政四年（一八五七）二月二十九日、これまでの兵器御製造所頭取に加えて兼務として明道館兵科掛として藩校への出仕を命じられたことに始まるとみられる。命には「御製造方頭取其儘兵科掛被仰付、折々明道館へ相詰到二修行一候様」とあり、明道館に出任して兵科掛として学生の指導にあたることが職務であり、「兵科教授」の立場の責任が負わせられたのである。これまでの各種武道の鍛錬のよろしきと、兵器製造に尽力した功績と経験が教官としてふさわしいと評価されたからであろう。

ちなみに舎弟友蔵も館学生となり、安政四年四月十三日には「物産学心得候様」を命じられている。また「年若の義に候へば洋書をも相学び、広く到二修行一候様」と洋学の奨励を受けている。

福井藩校の変遷

さて、藩校明道館とは、これまでの福井藩の学問所を再興・改称されたものである。そもそも福井藩の学問所は、文政二年（一八一九）に、城下の東方、公正が体力増強に走ったという「桜の馬場」に創設された。

学問の中心は儒学であり、藩の儒官前田雲洞がその運営にあたった。学問所建設にあたっては、城下米町の商人内藤喜右衛門が資金一〇〇〇両を献金したことで開設できた（「内藤喜右衛門献金碑」文）。この時の藩主は十三代松平治好《はるよし》であった。しかし、その後前田雲洞が老齢のため休校状態となり、吉田東篁が預ったままとなっていた。この学塾とも学舎とも呼称されていた学問所は、天保二年（一八三一）三月に、好学の藩士二〇人が句読師として任じられて再開され、塾頭として渥美新太郎・中根石熊《いわくま》（平本平学良載＝中根雪江の実弟）ら四人が塾頭となった。同年三月十九日、側用人見習であった中根雪江が空席だった学塾掛に任じられた。しかし藩内での句読師に対する理解不足などから衰微状況となっていた。同年五月、清田丹蔵・高野惣左衛門の二人の儒者が運営担当となる。

正義堂

六月には「正義堂」という名額が掲げられ、清田・高野による四書などの質疑が行われた。正義堂や句読師宅での指導を受けた者は二五〇人ほどとなったが、正義堂が城下の外れにあること、講師陣・蔵書も充分なるものとは言えず、同年十二月に閉鎖されたのであった。松平春嶽の襲封によって、嘉永二年（一八四九）三月、春嶽は家老の本多修理へ「文武勧誘取調」を命じ、教育改革を開始した。同四月来福した横井小楠は、福井藩が当時「学業に必死に修業最中」であると述べて、翌五年に藩有志の諮問に応えて『学校問答書』を著している。

ここに福井藩の学問所再興の気運が高まってきていたのであった。安政二年（一八五五）正月には、平本平学（良載）・鈴木主税ら五人と高野進（真斎）・吉田東篁・前田万吉の三人の学者が学問所開設の取調掛を命じられた。このうち平本は中根雪江の実弟で国学者、吉田は山崎闇斎の崎門学の系統に連なる碩学で、小浜藩の梅田雲浜とも近く、橋本左内・公正らの師である。学問所は、城内三の丸の大谷半平屋敷を建設用地とし、運営費用は蔵米《くらまい》一五〇石を充当。講師陣・職員も整えて、諸規則も定め、六月初旬に「明道館」と改称、六月二十四日に開館式を挙行した。講堂の床の間には春嶽謹書の「孔子神位」（現存：市歴博保管福井市春嶽公記念文庫蔵）が奉祀された。

藩校明道館

明道館には、十五歳以上の藩士の子弟で、身分の低い者は吟味の上で入学が許されることもあった。開館後に充実された学科目は、経書・兵書武技・史・歴史諸子・典令・詠歌詩文・習書算術暦学・医学・蘭学であり、日割り、休日が定められている。入学者は多数集まったが、創設に深く関わった鈴木主税が翌三年二月に病没したため、成果が上がらなかった。春嶽は「政教一致」「文武不岐」に基づく「永久之御規定」を立てるため本腰を入れた。春嶽自らも視察し、学業に従事するための「御規則」を定めた。しかし、中枢となる人物を選任しなければならなかった。

鈴木主税の大任を引き継ぐことになったのが橋本左内である。まず、明道館幹事に就任した左内は「明道館之記」を自撰して教育理念を示し、翌四年一月、御用掛として学監同様心得となった。明道館には城下の四カ所に外塾も設置された。また四月には洋書習学所が置かれている、履修にあたっては洋学に偏らぬよう注意が払われ、算科の新設のほか、物産科や大砲科が増設された。このような流れの中で、同年二月に公正は兵科掛に任じられたのである（「明道館諸役輩名簿」）。左内が家老へ呈上した「学制に関する意見箚子《さっし》」において、左内は有用の大材を育成するには教化の道しかないとし、学校での教育を重視した。「人材を知り」「之を養ひ」「之を成し」「之を取る」の道が確立されなければ大材は育たないが、人材を活かすも殺すも教官次第であると教官の覚悟を強く求めた。

安政四年七月、江戸へ出府を命じられた左内は村田氏寿を後任とし、安政五年四月には熊本藩から横井小楠を招聘して教育にあたった。春嶽の教育理念は、学問と武芸を修めることが「政道の基本」「士たる者の専務」であり、藩士に文武両道の研鑽を義務づけた。また小楠招聘により「学政一致」を掲げて藩政を任うべき人材の育成に力を注いだ。また一貫して蘭学や数学、物産、兵科を学ばせても「和魂洋才」を重視したのである。しかし左内らによる明道館の開設・運営には、因襲的な藩首脳部の一部や、改革に付いていけない旧来型の教官によってその改革が妨げられることが多かった。

公正の登用と期待

左内が公正を重用した背景には、このような改革に反対あるいは懐疑的な保守派による抵抗に立ち向かうためには、公正の実践を重視した行動や発想が必要であったことは言うまでもなかろう。一方公正は左内の改革を強く支持した。福井藩の両雄といわないまでも、左内と公正を中枢とする教育をはじめとする藩政改革は、互いに相乗効果となって、利点を伸ばしていくようにもみえたのである。安政四年四月の公正が責任者となっていた松岡火薬製造所の爆発事故が左内によっていち早く負傷者の手当や死亡者の収容を行ったのも、人命重視はもちろんであるが、公正の小銃造産を期待していたからであろう。

しかし、この良好な流れは、そう長くは続かなかった。左内の出府、外交問題と将軍継嗣問題に深く関わった春嶽の懐刀として活動した結果、一橋派の敗退となり、春嶽は隠居慎み処分となり、いわゆる「安政の大獄」において、左内は斬刑に処せられてしまうからである。

ところで左内との逸話についてこのようなものがある。ある日明道館において同僚たちと会議の席上、家老から「当今の時勢に適するやう兵事をいかに革新すべきか」の問題が出され、各々意見の開陳を求められた。公正は福井藩の武道奨励は他藩よりすぐれているが、実地の応用に至っては不充分である。実用に適する訓練を旨とすべきである。たとえば鉄砲火砲等の発砲準備はいかに立派であっても、馳せて気息の続かないようでは実戦では役に立たない。実際の訓練を旨としなくてはならない。形式よりも実地を優先しなければならない。そのためには君主以下山野を跋渉して各々身体錬磨を計るのがよろしい（『子爵由利公正伝』大意）と、席上益なしとの反応に、隣室にいた左内は「明道館開設以来未だ嘗て斯様な活潑愉快なる議論を耳にしたことなし」と声を上げ、其席へ飛びこんできたという。公正の直言して憚らぬ豪胆さは左内の慧眼に触れ、公正を左内が知るきっかけとなったというのである。『子爵由利公正伝』の「直話」にはこうある。

左内が駈けて来ては之は愉快な話である。己を交せてくれといふことで、それから兵制の話をして、何處へ話しに行つても無駄である、御家老さんであるからといふて兵事を吾々に命ぜられた以上は吾々に任されたが宜い、橋本もそれに限るといふ話しで又寄り会はふと云ふて日を定めて帰りかけると、橋本がチト己等の處に話しに来んかと云ふから（中略）二三日して橋本の家へ出掛けた。そして橋本と土蔵の中に這入って二人で話した。

そして、その内容は、(1)虚飾は止めて実に就くようにすること。(2)空の御用箱に若い者を連れていくことは止める。そんな暇があれば若い者に本の一冊も読ませてやるのがよい。(3)家老が槍を従者に持たせるが、槍の使い方も分からぬ者に持たせても仕方がないから槍持ち役は止めるように。(4)武芸所で皆勤者に褒美をやるのはよろしくない。戦争の時は逃げる者に相違ない。(5)役職に就く者が格式や家柄で決まっているのがよろしくない。用をなし得られる者を用いるべきだ。と、このように現状では役に立たぬ者ばかりであるから、いくら明道館を開設しても役に立たないと、この五カ条を左内に事前に書いて申し入れたというが、これが後の「五箇条の御誓文」の萌芽に連なるものだと『子爵由利公正伝』では指摘している。

この時左内は、笑い出して、「人の嫌がることばかり持つて来た。之はヒドイ」と言って笑って帰った。これが、左内と懇意になった初めで、その後会うと「又嫌がることを持つて来たのではないか」と言って笑っていたという（「直話」）。左内に対してズケズケと何でも申し入れた公正は、真に左内を信頼してのことであったとみられる。

公正の左内宛書簡

このような公正の申し入れを裏付ける一次史料がある。公正の左内宛書簡である。七通伝存しているが、その最初が安政四年九月九日付である。江戸着後間もない左内に、左内に随行した五人の若侍の中に、公正の弟三岡友蔵のいることにまず触れ、舎弟が厄介になっていることの謝辞を述べ、よろしく御指導を頼む。次いで、砲術家・下曽根が主催する鼠山（板橋と池袋目白附近）での調練に、福井藩から人数を差し出すことについて公正は、「甚不心服」

であることを述べている。おそらくその内容が、月並の調練であり、兵学者の立場から評価できないものだったのであろう。この調練は軽挙なるゆえ見合わせるべきことを執拗に述べている。

次に同二十五日付の書簡では、明道館内兵科局の内情を語っている。そこで、西尾十左衛門に反感を持っていることが分かる。西尾は、下曽根系の兵学者であった。西尾・下曽根の関係等、公正がよろしからず思っている兵学者の事情や行動についての探索を左内より中根雪江に依頼してほしいと公正は言う。左内をして上級武士を動かそうというのである。

実に公正らしい直言と言える。十月二十三日付では鼠山調練についての左内からの返伝を受けとったようで、左内の高論に敬意を表し、感服の至りとして異存なきことを答えている。左内による調整が見事になったという証明である。また公正は大砲についての意見を述べる。コロニャールの山砲半砲台を新規に導入したいが、分からないこともあるので、調査してほしい旨を依頼している。注目すべきは、この後、勝麟太郎（海舟）のことに触れている。海舟はこの頃長崎の海軍伝習所で修業の身であった。早くも勝の存在を知り、その知見が、先日自らが兵科局で論じたところと符合していると自賛している。

薩摩藩での騎兵調練

この書簡では次に薩摩藩での騎兵調練について言及する。これは村田氏寿によると製薬や武器製造に彼の藩が抜きん出ているということだから、あますことなく習得したいものだと公正は希望する。また弟の友蔵が薩摩藩の川本幸民《かわもとこうみん》の弟子になったことは、左内の高配のたまものであると礼を述べている。さらに福井藩が建造中のコットル船が六月頃に完成するので、いよいよ乗組党の人選をしなければならないという。

十一月二十二日付の書簡では、市川斎宮・坪井信良・真下宗三らが蘭書の大珍書の翻訳に取りかかっていることがたいへん悦ばしいことであるという。また御製造方普請が来る二十六日に開館する心算であるというのは、松岡の火薬製造所のことであろう。この火薬庫は先に言及したように再度爆発を起こして閉鎖になっている。

十二月十二日付の書簡には、蘭書の翻訳がはかどっていないと思われると述べ、次に日米修好通商条約が具体化しつつあることを左内が公正に報じたようで、逆に左内の意見などを求めている。最後は、この頃横井小楠の福井藩招聘を、熊本藩が難色を示しててこずっていたらしく、小楠門下であり、左内と親交が深かった柳河《やながわ》（川）藩の立花壱岐《たちばないき》や池辺藤左衛門等に、小楠招聘の周旋を沼山津（小楠隠棲地）への手紙も同封しているのでなるべく早く柳河へ届けていただきたいと懇願している。小楠招聘のため、村田氏寿が肥後に安政四年四月に旅立ち、公正らもそれに尽力していたのであった。

4　松平春嶽の隠居と安政の大獄

将軍継嗣問題

安政四年（一八五七）の秋頃より条約勅許と将軍継嗣問題という朝廷にとっても幕府にとっても最重要課題がもちあがり、これが国家の安危に繋がるものとしてその解決が急がれた。福井藩主松平春嶽は、この二大議題については、実に「身命を賭す」（『昨夢紀事』）

松平春嶽肖像写真
（福井市立郷土歴史博物館保管福井市春嶽公記念文庫蔵）

というような重大問題として受けとめ、水戸の徳川斉昭をはじめとする一橋派の中核的存在として国事に奔走するのであった。

とくに将軍継嗣問題では、水戸藩の徳川斉昭の子息で、一橋家の当主だった徳川慶喜の将軍擁立を、大奥工作によっても果たさんとし、春嶽が、諸侯の中で最も高く評価し最も敬愛して信頼していた島津斉彬《なりあきら》と呼応し、斉彬の養女篤姫《あつひめ》（天璋院《てんしょういん》）が将軍家定《いえさだ》の御台所《みだいどころ》であったので、水戸嫌いの将軍生母本寿院《ほんじゅいん》に対抗して将軍への入説《にゅうぜい》を計画したのであった。春嶽の絶対的信頼のもとでその懐刀的存在として主命を帯びて大名や公家方に入設するため奔走したのが、橋本左内（景岳）である。左内は西郷隆盛と大奥工作を行った。天璋院と御台所付老女・幾嶋《いくしま》、その連絡を中継する江戸薩摩藩邸老女の小の嶋に伝えるため、小の嶋より西郷隆盛と伝え、西郷は斉彬の命を受け、また大奥の情報を伝える。斉彬の懐刀・西郷は、左内と親交して相談を重ね、情報を交換しながら慎重に進展させた。また左内は主命により京都公家間へ、将軍継嗣を慶喜と推挙するよう入説した。条約問題に関して日米修好通商条約締結については、攘夷で占められていた朝廷には老中主席、堀田正睦《ほったまさよし》と同様に左内の運動も効を奏さず、朝廷は調印を承認しなかった。将軍世子に関する内勅でも、一橋派が主張していた条件である「英明」「年長」「人物」

のうち「年長」の字句が削られた。こうして一橋派は厳しい立場に立される局面を迎えた。

失意の左内は大坂に下り、横井小楠の福井招聘が決まったことにより出迎えに来ていた公正と会う。安政五年六月十九日、ハリスの意見を受け入れた大老・井伊《いい》直弼《なおすけ》は、ついに無勅許で条約に調印した。春嶽は、京都公家衆のごとき攘夷論ではなく、原則として勅許は得なければいけないが、朝廷の論議が定まらぬまま泥沼化し、それが長期にわたればかえって危険であると感じ、調印の時期に至っても勅許が下りない時はいたし方なく、勅許を待たずに調印に踏み切らねばならないと考えていた（『咋夢紀事』）。

条約に調印すべきとの意見は春嶽とて井伊と同じ結論であったが、必ず勅許は必要だという立場であった。この違勅調印について水戸・尾張両公とともに江戸城に登城日ではない日に登城して、大老井伊への専断抗議をするのであったが、井伊はそれをふり切って動じることがなかった。

井伊暗殺計画

こうしているうちに家定は逝去し、七月五日の不時登城を罪状として、水・尾両公と春嶽に対して、隠居急度慎みの厳罰が下されたのであった。薩摩藩士の有馬新七《ありましんしち》の日記によれば、左内が公正と共に井伊大老暗殺計画に関与していたらしいことが記されている（『都日記』）。公正はこの時、水戸藩士に対する幕府探索方の手配が廻っていることを知り、水戸と近しい関係にある福井藩も当分外出を慎しむべきであるとの情報を横山猶蔵宛書簡（八月二日付）に述べている。横山は左内の側近であったから、左内への警戒を呼びかけたものであろう。

しかしその予感は適中し、十月二十二日、左内は幕吏の取り調べを受け始め、約一年近く審問に応答する。ついに安政六年十月に伝馬町《てんまちょう》獄舎に繋がれ、安政の大獄第二次断罪（第一に水戸藩士らへの戊午《ぼご》の密勅による断罪、第二が将軍継嗣・条約関係、第三がその他の反井伊・幕府の分子たち）のうち最厳罰者として左内が同七日斬首に処せられた。享年二十六歳の秋であった。左内の罪状は主に、主命とは申しながら、京都において高位の公家（鷹司・三条家）衆に軽輩の身で、将軍継嗣問題という憚るべきことがら（慶喜擁立）を入説をすることは幕府を憚からぬ不届至極だというのであり、その致し方（所業）について死罪に処すというものであった。

左内亡命計画の幻

『由利公正伝』には、まさしく小説の題材になるような興味を引く逸話や「実話」が紹介されている。とくにここに記す「左内亡命計画」は、公正の無念が伝わる内容である。

石五郎（公正）は是より先き計る所あり万一の場合には、左内をして外國に脱せしめんとし私かに準備する所ありしかども、東西相隔りて緩急明ならず、終に其志を果さゞりしは、遺憾極り無しと云へり
（『由利公正伝』）

とあり、公正の子息丈夫の言として、公正が江戸にあった時、堅牢なる長持《ながもち》を新調し、試に小銃および軍具を納れて福井に送ってみたが、偵吏もこれを怪しまなかった。道中無事に送ることができたので、万一の時には左内を長持に入れて江戸を脱出させ、長崎の越前蔵屋敷に潜ませ、そのうえで外国

に逃れさせようと企て、瀧勘蔵・高畠與五郎の両人に内意を言い含めてあった。このことは明治三十三年、新宿より芝高輪の由利邸に移る時、丈夫がこの長持を見て不思議に思い、父・公正に質問したところ往年のことを聞き、公正の用意周到なることに感服したという。

公正らが左内を海外へ亡命させようと企てたこと、また先の井伊暗殺計画については、もとより一次史料はなく参考までに紹介するに留めておく。この逸話は同じく一橋派有力諸侯の懐刀として活動した西郷隆盛が主君斉彬の安政五年七月十六日に急死により失脚し、奄美大島に流されて一命が助かったことを参考にして、後世に公正が創意したものとみることもできる。ちなみに西郷隆盛は、とくに維新後公正の後ろ盾となる。太政官札発行、東京不燃化計画等での協力は尋常ではなかった。また明治に入って敬神家の版元、中西源八を西郷が公正に書簡で紹介している（県博「由利公正家文書」）のも、二人が敬神尊皇思想の面でも共鳴するところがあったのであろう。

公正の明道館出仕や兵器・火薬製造について理解を示し支援した左内の死は、公正にとって相当にショッキングな出来事であり、こうした創意がなされても自然のことと思考するのである。公正が左内より受けた恩と影響は計り知れないものがあった。とくに生産や海防論・政治思想は公正の中でも生き続けていったのであろう。

第四章　殖産興業と公正

1　師小楠の経済論と学問

横井小楠の経済論

山崎益吉は、公正の経済論は「単純明快、自然的自由な発想」に基づいており、それは物事の本質をよく捉えていると評価する（『由利公正のすべて』）。公正は、人間と、労働、そして生産物から商品、貨幣という流れとサイクルの中で、山崎のいう「単純明快なる経世済民の学」を展開した。それは実に自由でありきわめて近代的であって、日本が目指す近代化の根幹となる理論であった。

公正がこの理論を形成したのが師としての横井小楠の人間学・経済論に基づいていることは、これまで多く指摘されてきたところである。横井小楠は朱子学者であるが、その学問を時代に適合するように発展・清廉した思想を提唱した。それは人が主であり、物質がそれに続くという論である。もっともこれは『大学』の「徳は本質なり、財は末なり」に類似する。人が本、物が従、人間力がなければ生産はなされないというのであろう。

小楠が天保十二年（一八四二）に書いた『肥後藩時務策』では、厳しい藩政批判を展開する。陳《の》ぶるところ彼は、藩財政再建のために藩士に融資することについて、これはまったく本末転倒しているというのである。これは一見したところ藩士の救済になっているようであるが、藩の貸し付けは高利であり、逆に藩士を苦しめているからすぐに止めよというのである。これを苛政とし、「苛政は虎より猛」とまで言い放っている。

旅立ちの像（福井県庁前内堀公園）
左：三岡八郎，右：横井小楠。

この『肥後藩時務策』は国許肥後熊本では受け入れられなかったが、これを起草してから実に三十年、この論は越前福井で華開き、実践されることになったのである。その実践者が公正であった。小楠は構想を提唱し、実践は弟子の公正が行ったのである。小楠の『肥後藩時務策』は、越前福井での経済政策、すなわち万延元年（一八六〇）の『国是三論』に活かされる。ここで述べられる「民富めば国富む」の「富国論」は「民富論」であり、「庶民は子」であり、子は、信用ある大人の至誠に信頼して生活するのである。あくまでも民あってこその藩であり、民が富んでこそ国が豊かになる。

『大学』論に感化される

藩財政の建て直しは、むろん人によって行われるのである。不況を脱して人に職を与え、そこで人材が育つ。しかしまず金がない。そこで公正は、藩札発行による金（資本）の調達を考えるのである。藩札発行による殖産・貿易については後に記す。公正が受けた小楠からの影響は民富論と並んで、小楠の『大学』論であった。嘉永四年（一八五一）、福井を訪れた小楠の講義がまさにそれであった。小楠の『大学』論は、章句の研究ではなく、実生活と実社会に向けられた。『大学』の三綱領である「明徳」「親民」「至善」と、「八条目」（格物・致知・誠意・正心・修身・斉家・治国・平天下）である。小楠は、治国・平天下（国と地方を治めること）者は、「誠」つまり心を正した者で、物の道理、人間の心理を正しく深く理解し、己を高度に修めた人格者である必要がある。己を究極まで修めた者こそが、家を斉え、ひいては地方や国家を治める資格をもつというのである。この小楠の『大学』論の影響は民や天下への「誠」を為政者が持たねばならないことを公正は根底に置いていたと考えてよい。

藩札発行についても後の太政官札発行においても常に「誠」が伝わらなければならないのであって、その「誠」こそ信頼・信用そのものであったことは言うまでもないだろう。「誠」の伝達、つまり「信頼」「信用」の構築は公務に携わる者の最も重要とするところであった。

朱子学と崎門学

小楠の学問は、実学ではあるが、当然として朱子学からの理論であった。公正は、小楠の実学の影響を最も受け入れて実践した人物であるが、わが国の国体に対する信念は少壮時の恩師・吉田東篁の崎門学に培われたものである。

公正の国体論は、明治十四年五月稿の「愛国卑言」に顕著に現れている。儒学というのは、荻生徂徠の例のようにとかくシナ崇拝に陥ることが多い。朱子学もまた君臣の分を説くから封建社会の秩序維持には好個の学であるが、この「華夷の別」は中華思想による自虐風潮がある。福井藩家老府中領主の本多家陪臣、後に福井藩士となった関義臣は、福井藩に招聘された小楠の家に寄宿して師事した十人ほどの学生の一人であった。その彼が小楠の許を去った理由として、小楠の天皇論があったという。小楠は「天皇は国家に属する」と説いていたという。関は、天皇に「統治権がある」と考えていた（「履歴と冤罪記」『明治維新と関義臣』）。関と公正は激しく対立していくが、関の国体論は小楠よりも公正に近いと思われる。

ただ公正は、正直すぎる関とは違い、人との親交に柔軟性や寛容性があっただろう。小楠の民富論・国富論は、最も公正の生涯の活動の根底となっているが、国体論に関しては関同様に小楠の国体論とは温度差があったのである。とはいえ、小楠が維新後に遭難し、兇刃に斃れる要因となった嫌疑に、「廃帝論の提唱者という流言」があったが、これは坂本龍馬が訂正し、公正も真に師がそのような論を吹聴していれば門下を去ったはずである。わが国における幕末維新動乱期の抗争は、尊皇攘夷か尊皇開国か、倒幕（排幕）尊皇か佐幕尊皇であり、第三極を提唱した福井藩などの尊皇敬幕も公議政体論も、すべて「尊皇」において一貫しているのである。晩年に公正は、

西東みちはかはれとかはらぬは君につくししやまとたましひ

と詠んでいる（「史談会にて殉国諸士の霊を祭れる時よめる」明治三十九年六月二十三日）。実にわが国不変の価値観を明瞭で的確に表現している。

2 「民富論」の実践

倹約から制産へ

一橋慶喜の将軍擁立運動と、条約問題は、安政五年七月三日、日米修好通商条約の無勅許調印を批判するため不時登城をした春嶽が逆に他の諸侯とともにそれを理由として処分を受けることになり、春嶽は藩主の座を追われ、隠居急度慎みとなった。そこで、新しく支藩糸魚川の直廉（茂昭）が継ぎ、藩内の体制が大改革した。この頃には春嶽―左内ラインによる藩政改革に対し、家臣団の中に不服の声も上がっていた。家格を無視した人材登用や、明道館等への出向、西洋式兵器の購入の強制、そして調練等への反発であった。公正が尽力した松岡の火薬所がそんな折から事故を起こし、火薬所の再建が見合わせられて、公正は江戸へ行き左内の許で兵科の学習に打ちこむことになった。

このような改革の挫折に遭遇したが、公正は春嶽隠居謹慎後の十月に帰福の命を受け、十二月には外国貿易の現況と関西における貨物集散と運輸方法調査のため長崎への出張を申し出て、藩議により下命された。これより先の十一月十六日に製造方から新規に見習五人が任命され、制産方が設置され活動を始めた。改革路線から藩は財政強化策に移行していこうとしていた。

安政五年四月より福井で明道館教育にあたっていた横井小楠は、これまでの「文武節倹」を強調する「弊政」を批判し、福井に根づき始めていた民富論の発想を根幹とする制産方の役割と意義に注目していた。そもそも「制産」というのは橋本左内が、明道館に関する「学田之事」において、「制産之儀は厚生利用之一端」としているのが最初かと思われる。安政四年五月頃の「制産に関する意見書」の中で、左内は外国貿易の必要性を説く。

それは、福井藩領内で生産される呉服物・漆器・和紙および器械類等、こうした福井藩内での製品を増産して外国貿易をすると、民も富み、国も富むという内容であった。これについては春嶽自らも藩政の重点七項目に「農工商諸政之事」「物産之事」の二項を挙げて、民政の安定・物産振興を命じている（『奉答紀事』）。物産については、福井領内のそれは良質であり、長谷部甚平が「奉書紙《ほうしょ》と漆は第一之国産」と述べるほどであった（『橋本景岳全集』）。この「制産」路線は左内が提唱したものの、小楠の民富論・国富論と相乗し公正らが実現したのであった。

福井藩財政の建て直しは、このように、倹約（節倹）から、制産へと方針を変更していったのである。公正曰く「倹約をして金を拵えるのは、恰《あたか》も自分の肉を裂いて飢凌ぐようなもの」と、もはや公正の頭に「倹約」の二文字はなかった。

公正は、制産に関して、これまで武器製造に関与してきたが、左内のもとで研究を進めていくうちに、武器以外の政治や経済についても興味を持つようになっていく。

小楠のもとで

公正は、弟逝去のため一時熊本へ帰省することになった小楠に従って、平瀬儀作等と共に九州へ遊ぶことになった。九州は長崎・佐賀・鹿児島を廻った。同地において諸士と交わったが、公正の見聞研究する主眼は、器機産業等のことと、長崎・下関では交易の事情であった。とくに長崎交易の見通しも充分この遊歴で身に付けたようである。

すなわち安政五年十二月から翌六年五月の半年間に、公正は実に充実した見聞を得た。十二月には同行した榊原幸八・平瀬儀作らと公正は、途中で小楠と別れ、下関で物資集散状況や両取引の実情を調べた。明けて一月には、熊本の小楠宅で約二カ月過ごし、小楠より指導を受けた。そのかたわらで、熊本藩の奉行らや惣庄屋と称される大庄屋たちと談じて多くの知見を得た。また諸物産の集散状況についての視察も行った。

同年三月には長崎に赴いている。福井藩御用商人の小曽根乾堂《こそねけんどう》の斡旋で、オランダ商店と国産の生糸・醤油などの輸出について特別契約している。藩との取引貿易であり、いわゆる官貿易の先鞭をつけた。小曽根側も福井藩との連携による長崎貿易に大きな利益を算用した。そこでこの年、浪ノ平、下り松といった現在の長崎市小曽根町の港岸の埋築に着手している。これは翌万延元年に完成をみた。この地に越前蔵屋敷が設置された。森永種夫によると、この埋築工事では、多額の資金援助を福井藩より受けているという（『幕末の長崎』）。

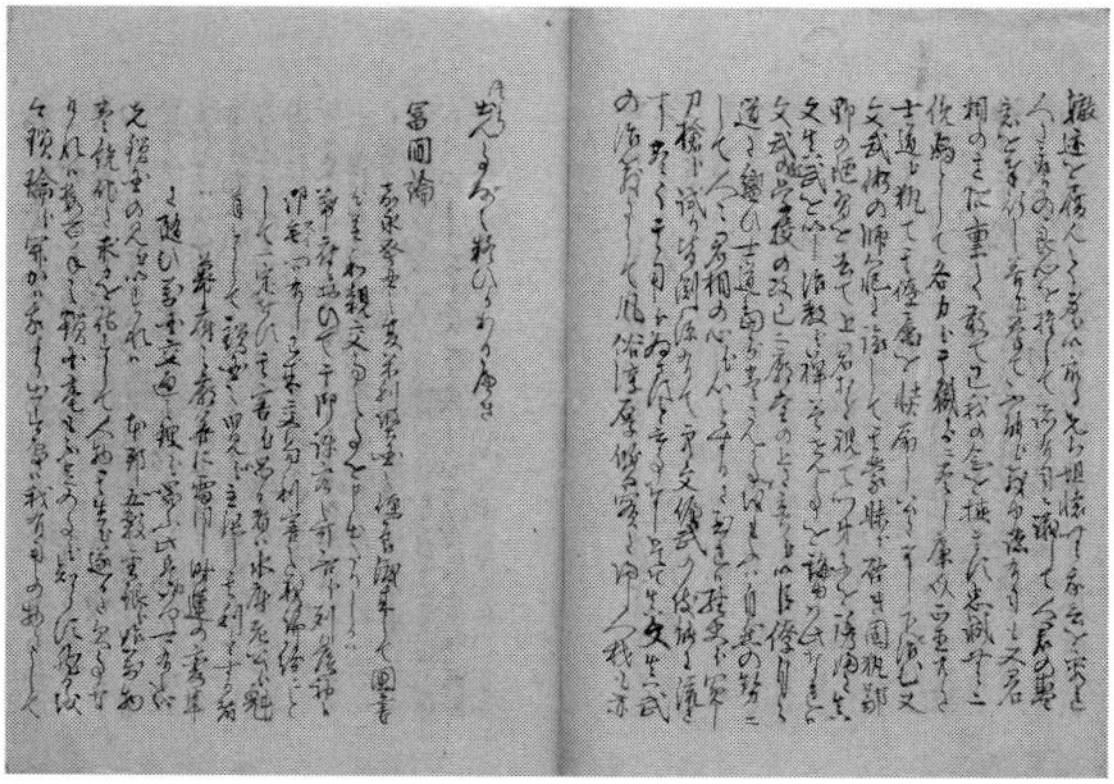

横井小楠『国是三論』写（部分。個人蔵。岩永照博撮影）

さらに安政六年九月より万延元年閏三月にかけて、公正は二度目となる九州遊歴に出る。長崎交易を実現させることを目的とし、その途中で、大坂や下関に立ち寄っている。

経国安民

小楠は、万延元年（一八六〇）『国是《こくぜ》三論《さんろん》』の「富国論」で次のように説く。三上一夫によるとその大要は「糸・麻・楮・漆の類をはじめ、民間で生産されるものは、従来すべて商人に売り渡されるため、その価格は安く、とくに『姦商』の悪徳商人に遭うと、いろいろと欺されて、その半額しか生産者のふところに入らないことが多い。そこで物産は直接官府（藩）に収めるようにすべきである。その価格は、民に益ありて官に損なきを限として、藩庁が利益を求めなければ、利益は民の方にまわる筋合いのものである（中略）また資金難にあえぐ生産者には官金を融通するが、すべて官府の貸出しは元金が損をしない程度にして、利息はとらないようにする。官府の利益はもっぱら外国からとるようにせねばならない」（『横井小楠――その思想と行動』）。つまり小楠は、旧来型の藩専売制とは違い、物産の生産流通に、特権があったり高利貸商人を介入させたりしてはならないと説く、自由な商品生産を促し、資金に不自由を覚える生産者へは産業資金を融通するというものであった。

生産者の利益が護られ、民が富めば貿易によって海外の正貨が得られ、ひいては国（藩）が富み、富国策が実現するというのである。産物を海外に輸出して殖産興業の〝実〟を上げるのである。公正は「当藩内物産を拡張すべしとは、即ち民を富ますの術で、民富めば国富むの理である」（『由利公正伝』）と、「民富」による「経国安民」の富国論を実践する覚悟を定める。藩政改革によって福井藩では、領内に活発化してきた「国産物奨励による産物（生糸・麻・蚊帳布・茶など）」の生産が健全であることに目を注ぐ。

しかし、その活性化のためには、産業資金の融通措置が重要な探題となる。そこで〝藩の信用〟において「切手」を発行し、農民にこれを貸し付け「労力を基本として物産を興し通商貿易する」という殖産興業の実効を目指すことにした。公正は説く。切手発行は五万両がまず必要だとする。これは、力役者二〇万人と見積り、一人一分の資本を貸付けてすべて人民の随意に任せ、二〇万人で一日一〇文あてに稼げば一日二〇〇〇貫文、すなわち三三〇両の富をなす。三〇日にして九九〇〇両、一カ月ほとんど一万両の富が得られるとの算用であった（『子爵由利公正伝』）。領内物産の商品化を進め、生産者の利益も多く見込まれるこの考えは、なかなか藩庁内で理解を得るのは困難であった。この異論は改革派、つまり身内の藩士からも出て、約一カ月協議を経たうえで、ようやく切手発行の藩議が定まったのであった。

これを受けて、先に記したように公正らは九州へ遊歴する。安政六年五月下旬に帰藩するが、切手は発行されてはいなかった。そこで、公正の経済政策の理解者である勘定奉行長谷部甚平と協議をして藩札五万両の増発に転換した。その長谷部は、同八月五日に制産（製産）・方掛・頭取同様（『剝札』ただし十月十一日に、寺社町奉行になる）となり、同十一月には、見習二名、吟味役一名が任命された。見習のうち一名は、「合薬方」として配置された、火薬は制産方が関係した。

3 産物会所と他国会所

制産方の活動

制産方の活動は、春嶽より新藩主茂昭《もちあき》に移行する側近の体制確立が難航したため滞りがちであった。また公正自身にも安政六年八月九日に制産御用のため、中国・九州地方への出張を命じられたものの向かう途中府中（現越前市武生）で、母の急病の報に接し、引き返して看護する。母は薬石効なく、同二十七日にコレラで病死。享年五十六歳であった。公正は、ようやく遅れて九月十八日に長崎へ出張する。なお十月七日には橋本左内が江戸で刑死している。

公正にとっては心労の極まる時期と察せられるが、けっして公正の制産に関する活動は停滞してはいない。万延元年（一八六〇）閏三月一日、二度目の中国・九州地方からの遊歴から帰福した公正は藩内がいまだ交易について具体策・具体案を見出していない状況下にあることを知ることになる。藩内の制産に対する必要性、意識の高まりは継続していたものの、藩内の衆議は一決を見ず意見対立が続いていた。制産方進展のいらだちは人事での強化に現れる。同年八月十四日、制産方には、岡嶋恒之助・平瀬儀作・加藤藤左衛門が新たに頭取となった。くわえて公正は頭取であったので計四人の頭取が制産方に存在したことになる。

これより先、松平春嶽の「急度慎」が四月に一部解除された。同年三月三日の井伊大老暗殺（桜田門外の変）以降幕閣内の体制が大きく変化しつつあったことによる。これは、井伊亡きあと一橋派の復権を切望していた島津久光《ひさみつ》が、幕政改革を求めて率兵《そっぺい》上洛したことに対する幕府の布石であった。久光が上洛すれば朝廷側から幕政に圧力がかかることを予測しての配慮である。六月に江戸へ下向した勅使は、春嶽の大老（職名は幕府として政事総裁職《せいじそうさいしょく》とする）と一橋家徳川慶喜の将軍後見職就任を求めた。この時、江戸の福井藩邸に呼び寄せられたのは、本多飛驒・松平主馬の家老二名と長谷部甚平（寺社奉行）・村田氏寿（目付）であった。彼らは、小楠の影響下で藩政改革を進めていた人たちで、しかもその改革の中心は制産であった。ここに挙げた改革派には公正も当然重要メンバーの一人として位置づけられる。

保守派と改革派

これに対し、春嶽の少年時代から側近として仕えていた中根雪江らは、保守派というべきであろう。春嶽の側近として苦楽をともに歩み、春嶽第一のことに身を挺して守護してきた雪江にとって勅命とはいえ、主君の大老相当職の急な就任要求については、慎重に「あるじ」の進退を考えたようであるが、春嶽は進退を小楠に相談し、自ら政事総裁職を拝命したのであった。

小楠を必要とした春嶽は、熊本から福井に向かう途中であった小楠を江戸に呼ぶ直書を届けた。この時公正は小楠と同行中であり、一報を受けた小楠は敦賀あたりで江戸に向かい、公正は小楠と別れて帰福したという。こうして改革派が台頭し、江戸では小楠が、国許では公正が藩政改革を進める形となった。改革派が勢いづくことは同時に制産方が勢いづくことであった。保守派と改革派は、同年十月十五日藩内での大激論となり、結果的には「君臣合体」し、「十分之開明」に落ち着いたという。改革派が主導権を握り制産方の改革路線は藩是となり、殖産興業を推進していく（『横井小楠遺稿』）。

産物会所の開設

安政六年十月、領内の物産の集荷をする機関が城下九十九橋《つくもばし》北詰め、札所元締の駒屋方に設けられた。これが「物産惣（総）会所」である。三上一夫によると、藩領内諸物産に関わる在方・町方の豪農商層をその元締にあてることにした（三上「幕末における越前藩の富国策について」）。ただし物産惣会所の成立を安政六年とするのには今日異論が提示されている。本川幹男は、「物産惣会所」を「産物会所」と読み替えて、万延元年末の成立とした方が妥当であると述べている（『由利公正のすべて』）。たしかに『由利公正伝』は、公正の遠い記憶による「実話」によって編集されている。公正は大方が触れているように、出来事の年月日が曖昧な記述が多い。松浦玲のいう「老人の記憶」（『還暦以後』）なのであり仕方のないことではあるが、本川の指摘は充分にあり得るものと考えられる。

さて惣会所の機構や事業内容について伝えられているものがある。万延二年（一八六一）正月四日、福井寄留中の小楠から国許熊本の荻角兵衛・元田伝之丞に宛てた書簡である。それによると「大門屋」つまり物産惣会所の主たる職掌は、寺社・町奉行および福井藩でいう御奉行、これは他国の勘定奉行にあたる。それに郡奉行、この三奉行が「製（制）産方」のトップである。そして実際は公正の実権をもって運営された。公正の抜擢・期待は非常なものがあったことが知られる。この製産方の下部組織には、町方や在方の豪農豪商層が「元締役」として置かれた。この元締役は当初一〇名だったが、その後に増員・強化されていく。元締役は、町方・在方の資産家五〇名ほどを選出し、領内における諸物産の集荷や購入を担当させた。

三宅丞四郎

惣会所の元締として知られるのは三宅丞四郎《みやけじょうしろう》である。三宅は絹織物の元締となった。彼は織物問屋で機業場を経営していた。三宅は天保三年（一八三二）生まれの機業家、城下にあたる後《のち》の照手下町に住み、藩より絹織物の元締つまり機業総代＝物産惣会所長（文久二年任命）を命じられ織物生産機械の開発・増産・販売を図り、福井県機業家の草分けとなった。福井における殖産興業の重要な功労者である。松平家の菩提所瑞源寺《ずいげんじ》（福井市足羽五丁目）に墓があり、功績碑がある（「三宅丞四郎機業功績碑」碑文）。その三宅のもとで、領内物産の集荷にあたる業者には、惣会所発行の「買付け票」の木札を常に携行させた。これはその他の商人の介入を防止して、健全なる藩内取引きを推進するためであった。惣会所では、生糸・布・苧・木綿・蚊帳地・茶・麻・藁製品（縄・ワラジ・ムシロ等）等であった。

このように生産資金を融通し、産業を活生化する方法は、大きな成果を収めた。惣会所には各地から諸物産がどんどん集まってくることとなり、倉庫のスペースが不足するようにまでなったという。

小楠はこの成果を先の荻・元田宛の書簡に、町・在所を問わず、生産者は奮起し、（惣会所には）年の明暮などに物産が大量に集荷され、活気はすこぶるある。元締らは、日夜惣会所に出勤して役人たちと相談し、すべてが民の立ちゆく姿を考え、藩つまり「我家の事」は一切忘れ去った格好であることを伝えている。「民富めば国富む」の方針は、実現されつつあったのである。三宅以外に元締役に加わった有力商人に、三国の豪商内田惣右衛門や・府中（現越前市武生）の松井耕雪《まついこうせつ》がいる。松井は、越前打刃物商人で府中蓬萊町の人。打刃物の輸出奨励に貢献した。後に彼は私財三〇〇両を投じて府中藩校立教館を創立する。

殖産興業のみならず、人材育成にも努めた。のち自由民権運動に挺身した杉田定一《すぎたていいち》は彼の門下である。耕雪は明治十八年病没前に春嶽の見舞状を受けた。春嶽の「聊昔吾旧国ニ偉積アリ、何ゾ嘗テ一日モ之ヲ忘レン（以下略）」の文面に感泣したという。こうした領内の豪農・商八名の元締役が任命され（『御国町方』『御国在方』）、彼らの協力により軌道に乗る。慶応期（一八六五〜六八）には二〇名前後にまで増加した。文久二年正月、越前和紙の紙会所も今立《いまだて》郡五箇《ごか》（大滝・不老《おいず》・新在家・岩本・定友＝現越前市）も産物会所扱いとした。今立郡の五箇は、武生盆地の東に位置し、近世を通じて福井藩領であった。佐藤信淵は、五箇の和紙を「日本第一トス」（『経済要録』）と評している。全国に知られ良質であった越前和紙は、看過されない重要な「売り物」であった。十月、三国湊では三国の問丸を「産物方御用掛」に加えた。十二月に、その「産物方湊会所」は三国湊の名刹性海寺の正智院（現廃絶）をあて、そこが福井奉行衆の宿舎を兼ねた。

国許の産物会所で集荷した産物は福井藩外へ販売されたが、交易上、他国（藩外）での販売拠点も他国会所として設けられた。最も早く手がけられたのが長崎である。福井藩は、万延元年八月十四日、小曽根六左衛門（乾堂）を「長崎表御用達」に任命した（松平文庫「御国町方」）。同年三月、公正らが長崎に赴いた際、小曽根の斡旋で、オランダ商館と国産生糸・醤油などの輸出を約束することに成功し、「官貿易」を開いた。小曽根はこのように福井藩御用達商人であるほか、長州藩取引商人、篆刻家・書家として著名であり、明治四年五月、御璽と国璽を篆刻している。

他国会所の開設

さて福井藩よりの融資によって、長崎の浪ノ平海岸を埋め立てて小曽根町を造成した。ここに設置された小曽根の「越前蔵屋敷」で、海外貿易を推進した。文久元年七月九日、福井藩から長崎奉行に対して国産販売のための商人派遣許可願を提出した（越葵文庫『家譜』）。それが認可されて、長崎江戸町に福井屋が開設された。福井屋は福井城下の商人、片屋助右衛門が開設した。後年三好波静（「波静」の号は公正より贈られたもの。『三好波静伝』）で知られるこの人物は、福井城下栄町の商家に生まれた。代々助右衛門を襲名し、十八歳の折に京・大坂へ出て、砂糖・染料を仕入れ、越前・加賀で業務の拡大を図った。万延元年の藩命が波静にもたらされたのは、彼のこれまでの販売手法が、藩の方針と合致したからであろう。長崎江戸町の福井屋は、彼が創業し、弟市太郎が運営した。文久元年長崎への生糸輸出を担い、この功績によって同二年三月二日に産物会所元締役差添となり十一月、元締役に任じられた（『三好波静伝』）。文久元年に波静が輸出した生糸は「越中八ツ尾物・勝山引込大野細工物」計三八個であった。とくに生糸は、制産方内養蚕方で生産に尽力していた。ちなみに波静は、明治十三年、福井商工会議所の創設に参加し、会計を務めている。公正は波静の晩年に、「波風のたゝぬうきせをわたり来て静に老る身こそ安かれ」という詠歌を贈っている（『三好波静伝』）。

長崎に次いで横浜にも出店が設けられた。安政六年、藩は開港したばかりの横浜村の名主石川屋徳右衛門を召し抱え、商館「石川屋」を設立、国産・諸国物産を扱わせた。この時に制産方下代として派遣されたのが、藩士岡倉覚（勘）右衛門である。ちなみに、かの東洋美術を世界に紹介した偉大なる美術指導者岡倉天心（角蔵のち覚三）の実父である。覚右衛門は、生糸等の販売に努めたとされる。文久元年十二月十四日には、越州屋小左衛門代金右衛門が横浜出店を福井藩名で神奈川奉行に申請し翌日横浜商館が認可された（『家譜』）。福井藩の生糸は需要が高かった。ゆえに正金の獲得には大きな効果を上げた。養蚕を奨励し、生糸を増産し、輸出品として外国にまで知られたのは公正らの着眼がすぐれていたからである。しかし、この時代蚕業国として知られたイタリアやフランスでは蚕病が蔓延し、生糸生産が激減したこと、金銀比価の海外相場との差異で、日本産生糸が外国に非常な需要を引き起こしたことがその背景にはあった。長崎に次いで設置された横浜商館は、本町五丁目（現本町一丁目）にあった。表間口六間・奥行き一五間の店舗で、跡地は現在の横浜開港記念館である。

第五章　藩から天下へ

1　挙藩上洛計画と公正の幽閉蟄居

春嶽の理想

文久三年（一八六三）四月から七月にかけて、福井藩では一藩を挙げて軍兵を率い、京都に上る計画が進められた。これを「挙藩上洛計画」と呼んでいる。簡略的にこの計画を表現すれば、将軍家茂上洛中に福井藩と連携諸藩が率兵して上洛し、京都を固めて、朝幕両方に攘夷は亡国を導くとして中止させようとした計画である。この計画の発端は、文久二年四月二十五日に春嶽が慎御免となり、さらにこれまでとは一転して幕政の表舞台に引き出され、幕府大老格の政事総裁職を引き受けたことである。その就任にあたって政治顧問としての横井小楠を江戸に招き春嶽近侍の相談役として働かせた。小楠は文久元年初めまでに『国是三論』をまとめ、福井藩の改革路線を定める形を整えたが、三上一夫は、この路線を春嶽との話の中で、幕政においても実現する方向であったに違いないとみている（『由利公正のすべて』）。

この『国是三論』の幕政への実現方針は、殖産興業のみならず軍事においても同様であった。小楠の論を実現せんとする推進者こそ公正であったということは言うまでもない。公正は、文久元年三月時点で、御奉行見習、同十一月には郡方に関わるよう命じられた。その発言権・影響は日増しに強くなり、これまでの制産のみならず財政・民政にも影響力を持ったとみられる。しかも、同二年四月二十四日からの長崎出張より帰福（六月三十日）した九月には、御奉行職本役にまで徴用される。公正はこの時期の福井藩藩政において重要なポストにあり、藩政を担う首脳部にまで立身していた。公正の軍事増強政策は、同二年九月七日に農兵取調掛に就任し、その後農兵の取り立てを布告した。農兵の初めての活躍は元治元年（一八六四）七月の禁門《きんもん》（蛤御門《はまぐりごもん》）の変の動員（出兵）であったが、同年十月にこの農兵たち一六八人が「新組同様」と認められた（「家譜」）。農兵は慶応二年（一八六六）頃までに約千人に達した（「給帳」）。

農兵導入により兵士が増加した藩では、同時に文久元年八月の軍制改正において兵器が不足しないように講じ、制産方頭取岡嶋恒之助に兵器製造の増産を促した。これらにより、停滞していた制産方は活気づいた。海防策においても米国から蒸気船「黒竜丸」を約八万両で購入した。「黒竜」の号は越前の大河九頭竜川の異名であるが、公正の氏神毛谷（矢）黒龍神社の社号にもちなむものとすれば公正の関与が推測される。このように万事順調に推移し、春嶽もこうした国許の動向に満足であった。春嶽はそのことを文久二年九月二十日付の茂昭宛書簡に「大慶不過之」と至極喜ぶのであった（「越葵文庫」書簡)。政事総裁職松平春嶽は国許の殖産興業と軍事力増強を期待しつつ、幕政改革に取り組んでいた。

春嶽の理想は、『虎豹変革備考』にも記されているように、倒幕・佐幕でもなく、公議政体論・公議公論による英国型の議会政治を倣った国家形成であり、基本的に流血を生じないように議論によって二極が歩み寄る場を構築する第三極の立場であった。文久三年二月春嶽は将軍家茂に先立って上洛し、公家衆に入説し解決策を模索するが、依然として朝廷は攘夷一辺倒の頑迷な態度で対応した。春嶽は激怒・失望し、三月九日に突然、幕府(公儀)の許可を得ないままに一方的に総裁職の辞表を提出して同二十一日京都を出発し、同二十五日に国許へ帰国した(春嶽の重臣会議で公正は、本多修理・狛《こま》山城《やましろ》・中根雪江・村田氏寿らとともに辞職の決意は動揺すべきでないと結論づけた)。

挙藩上洛計画

公武合体を推進し、第三極の政体へ導こうとする春嶽の希望と期待はかえって公武の対立を生む方向に進み、しかも激化する。こうした中で国許福井では、挙藩上洛を横井小楠が改革派藩士に呼びかける。この計画はまさに「福井藩の決起」である。小楠が文久三年五月二十四日と二十六日に故郷熊本の横井久右衛門他十名に送った書簡よりうかがい知ることができる。その内容は次のようであった。

攘夷論である朝廷に対し、まず英・仏・米・蘭の四ヶ国が大坂湾に艦隊を差し向けてその上で朝廷と談判しようとする動きがあった。それを待つことなく春嶽・茂昭父子を核として一藩挙げて上洛する。

次に在留各国公使を京都に呼び集め朝廷（関白以下）・幕府（将軍以下）の列席で談判をし、公使らの意見にまず耳を傾けて充分聴取し、「道理」によって鎖・開・和・戦が決議すれば、そのうえで、隣国の加賀・熊本・薩摩に特使を立てて同意してもらい、なるべく三、四藩が一致上洛すれば必ず目的が達せられよう。しかし、福井藩は開国論を堅持するものと諸藩から知られているだろうから、どのような「暴発の変」に遭遇するかもしれない。そこで四千余の兵と農兵を大挙出動させるのである。

また、その出陣は五隊とし、一番が家老本多飛驒、二番手が家老松平主馬、三番手が当侯（茂昭）、四番手は老侯（春嶽）・五番手家老岡部左膳と側用人酒井十之丞《さかいじゅうのじょう》である。

この計画は、小楠の影響下・門下にあった改革派の松平主馬・牧野幹・長谷部甚平・公正・村田氏寿・堤正誼《つつみまさよし》・青山小三郎《あおやまこさぶろう》（貞《さだむ》）らの藩政の首脳部が賛同していた。五月二十六日には上洛の藩議が決定して、六月一日に春嶽と茂昭、つまり老・当双侯が家臣団を集めて気勢を上げる勢いであった（『文久三亥雑記』）。ところが、春嶽に随従し、春嶽の身上を守護し続けてきた中根雪江は、いちはやく五月七日に上洛し、まず朝・幕の要人や諸雄藩の重臣に面会して情勢を探索し、同月三十一日に帰福した。中根の判断では挙藩上洛はまだまずい、時期尚早である、という慎重論を展開した。六月四日に藩の重臣首脳会議が開かれた。席上小楠はこうした中根の報告を受け、福井進発の期日は再度、人を上洛させて好機を確認したうえで決定してはいかがかと主張した（『続再夢紀事』）。このことで上洛期日決定は延期となった。そこで上洛することになった牧野幹・青山小三郎が四日に、追って六日には村田氏寿が出立した。彼らは薩摩・熊本・加賀・小浜・尾張など諸藩の在京要人に福井藩の計画を知らせて協力を求めたのである。

将軍家茂の帰還

国許福井藩では彼らの帰藩を待っていた。そのうえで挙藩上洛の期日を決めることにしていた折もおり、上洛中の将軍家茂が急遽江戸に帰るという情報が入った。将軍が江戸へ帰ることになれば、福井藩が兵を率いて上洛し、朝廷と幕府に福井藩論を伝え公武ともに一つとなって、対外交政策を一気に解決に導くという計画が進まなくなるのである。しかも藩主茂昭自身が参勤の時期にあたっていた。

実は同年七月に茂昭は参勤すべきところであったが、将軍が異例の上洛中であったこと、挙藩上洛計画にあわせて、前年からの参勤交代制度緩和により見合わせていたことであった。小楠ら挙藩上洛を唱える改革派はもとより、参勤交代制度には批判的な立場をとっていた。改革派が藩の首脳部であったこれまでは、藩公父子もまた改革派に合わせていたのである。

一方中根は、上洛計画に批判的であったのみならず、将軍を推して朝廷に奉ずるのが親藩である福井藩のとるべき態度であり、将軍を軽んじて参勤の義務を怠たることはできないこと主張する。六月七日ついに参勤賛否の大激論が藩首脳部において繰り広げられた。その結果は「延期」である。参勤はならず中根ら保守派は敗退した。翌日より中根は屋敷に籠って出任しなかったので、罪を受け同月十四日付で謹慎処分となった（『剝札』）。

六月十八日に公正は、家老岡部豊後とともにかの黒竜丸に乗り込み九州へ向かった。これは改革派が京都の状況を調査しつつ、出兵準備を進める一方で、公正らは、肥後・薩摩の協力を得るためである。熊本では慎重論により賛同されないが、鹿児島は賛同してくれた（公正筆水俣の小楠門下徳富多太助宛書簡）。この書簡でその感触が「十分」であることを述べている。しかも薩摩藩は京都に向けて九月中旬に島津久光の出発を決定させている。

藩論の逆転と改革派の敗退

七月六日、京都から帰福した村田氏寿は、驚くことに中根と同じく挙藩上洛は時期を得ないと報告した。その後も藩議は何度も開かれつつ決着をみなかった。ついに七月二十三日、藩論は逆転し、藩主茂昭は参勤で江戸へ、上洛計画は中止の沙汰となる。公正と行動を共にした改革派は藩政の首脳部から退けられた。御奉行勝木十蔵は郡奉行兼勤を御免（七月三日付）、家老松平主馬・本多飛驒は御役御免（七月二十三日付）、目付千本藤左衛門は御役御免（七月二十三日付）寺社町奉行長谷部甚平は御役御免（七月二十三日付さらに蟄居八月三日付）、村田巳三郎（氏寿）は御側物頭への転役（八月一日付）を命じられた。公正は、九州にいて挙藩上洛の共同行動を雄藩にて説得していたが、帰藩した八月二十八日の翌日二十九日に蟄居を命じられた（『剝札』）。

公正が改革派の敗退と師小楠の帰熊を知ったのは、熊本に帰る途中の小楠とたまたま公正が出逢ったからであった。小楠は改革の失敗により、帰熊することにしたのである。これは春嶽茂昭両公からの福井逗留の懇請にもかかわらず、八月十一日に福井を去った。改革派には批判的であり処分を行った春嶽ではあったが、小楠を手放すことには躊躇したのである。小楠は岡部豊後に書簡を送り、「従容《しょうよう》」の二字を心得て励むように述べた。「従容」つまり堪忍第一のことである。

公正蟄居　帰福した公正を待つのは蟄居の沙汰であった。挙藩上洛計画の中止決定により藩首脳部から転落し、蟄居を命じられたのである。公正は「近来我意ニ募り、専ら自己之取斗に既ニ人心を害ひ、其の上品々御政道ニ相触候儀共達御聴」が「不届」であるという沙汰であった（『福井藩士履歴』）。この当時の様子について伝記では次のように記している。

八郎帰って敦賀に着す。越藩御目付松原孫七郎出でて迎う、その挙止常に異なり、八郎これを察していわく、憂うることなかれ、予すでに情を詳にす、縛すべくんばよろしく縛すべしと。松原安んずる所ありいわく、否縛するに及ばず、予ただ同行せよと。相伴うて帰るや、ただちに幽閉蟄居を命ぜられぬ。（『由利公正伝』）

これにより文久三年（一八六三）八月二十九日に公正は蟄居を命じられ、家督は実弟の友蔵が知行一〇〇石のままで相続した。

そもそも挙藩上洛計画の中止は、春嶽自身が批判的だったことにもよるであろう。側近の中根らはそうした主君の心中を十分察していたことも確かであろう。春嶽は、制産方から発展した公正ら改革派のいちじるしい成果には目をみはり、期待を寄せていたことは先に述べた通りであるが、それが軍事力にまで及び、挙兵することには懐疑的であったということであろう。高木不二によれば、文久三年八月八日付春嶽の茂昭・在藩家臣宛の覚書書簡（「越葵文庫」蔵。『松平春嶽公未公刊書簡集』）より察すれば、公正ら改革派は春嶽の目からみて「君臣の名分を重んじる事なく、幕府をないがしろにし、藩主を軽んじ、他方で富国策を進めて奢侈の気風をあおり人心を害する、許しがたい元凶」と映っていたとみる（『由利公正のすべて』）。また同氏は、先の春嶽書簡より改革派のうち、長谷部甚平と公正の復権が遅延したのは、『由利公正伝』においては「守旧派の嫉視」が指摘されているが、本当のところは春嶽が彼らをいちばん警戒していたことによるものと捉えている。たしかに同書簡において春嶽は、公正が鹿児島等西国から帰福し、出勤した折は即時処罰する。あるいは帰宅したら出勤差し止めのうえ、即日または翌日に処罰するとして、その命を下している。そして春嶽の公正への評価は、公正は長谷部甚平（恕連《よしつら》）と同罪であるが、公正の奸計は長谷部より甚大であるから、屋敷替えは仰せ付けられるであろう、というほどの酷評であった。

しかし、春嶽とすれば公正は「危険人物」であるから帰藩すれば活動を停止させなければならないが、その一方で国許の茂昭や重臣に対して、公正の人材としての価値を認め、過酷な処罰が行われないように公正保護のために先手を打ったのであろう。春嶽の繊細な人命・人材重視の平和的な配慮が感じられる。春嶽が世に明君と呼ばれ、藩政のまとまりを常に回復してきたのは、春嶽の寛容な資質と個性によるといっても過言ではないだろう。こうして公正の生命は保たれたのであった。また家督を継いだ友蔵も三岡家の百石・大番組入のままという身分は保たれたのである（『福井藩士履歴』）。

殖産興業の停滞

さて、この後の藩の指導的立場となったのは、軍事技術に秀でた佐々木長淳（権六）・西尾十左衛門（十門《つづと》）・岡嶋恒之助・平瀬儀作らであった。しかし、春嶽主導となった福井藩は、改革派のなした殖産興業は停滞し、制産方は郡役所に付けられ、解体していった。産物会所も郡奉行で事業を続けるが、大きな成果は得られなくなった。慶応三年五月二日に藩は産物会所と他国会所を統合して総会所とする。そこに会所奉行を置いて事業を行った（『家譜』）。いわずと知れた事業のスクラップである。

公正による経済政策の多様性

公正の制産つまり経済政策の一つとして、明治の太政官札発行ともリンクする産業の進展に強化されたものとして越前和紙がある。

越前五箇の和紙産業については、紙会所イコール産物会所ともみるべきほど期待されたのである。文久二年一月には実にその方向性が明確にされている。他国移出の荷のすべてに産物会所の荷札を用い、荷札の無いものは一切取り扱わないという徹底ぶりであった。荷札には各「漉き屋」の名称を記し、不良品を見つければ、罰金つまり過料を課した。またそのような不良品を取り扱った商人も罰せられるという規定であった。また文久二年十一月には、さらに強化され、「漉き屋」に対して六カ月期限の貸付銀を許可し、それを仕入銀とする。その質物として奉書紙を会所へ提供させ、一割の利息を定める。また紙の売却の銀額と月日を記入した文書を毎月会所へ届けさせる。同様に仲買いも同じく買い入れた紙の銀額と月日を会所へ届けさせる（『岡本村史』）。

このような流通統制がなされたのは朝廷の攘夷論に対する配慮があったと考えられている（高木不

二『横井小楠と松平春嶽』)。制産方の交易は春嶽が政事総裁職であり、朝廷に崇敬の念を示す立場にあることから攘夷論に配慮せねばならず、結果として海外交易を遠慮し、そのかわり国内交易に期待せずにはおれないことから、奉書紙の国内交易を強化するしかなかったのであろう。

文久二年九月二十三日、奉行見習いの公正が奉行本役に昇進するのは、春嶽の幕政改革とリンクして、藩内での交易方針の転換を柔軟に推進するため、改革派の公正の手腕が必要とされたものとみてよいであろう。すなわち、制産方の経済政策はその時々の藩の立ち位置、強いて言えば春嶽の立場によって、国内・海外交易とたんに国内交易との柔軟な転換と推進がなされたのである。現に横浜の石川屋も、文久二年九月には人員整理を行い、国内交易での再出発をしている。

2 坂本龍馬の推挙と新国家参画

坂本龍馬と公正

挙藩上洛計画頓挫による公正の謹慎は、慶応二年六月二十三日、「格別之御憐愍を以て」「御咎御免」となり、蟄居は解かれた(『剳札』)。しかし他国人との面会は藩庁により監視されていたようで、慶応三年十月末の龍馬来福の折の面談では、目付として松平源太郎(正直《まさなお》)を同伴させられている。龍馬はこのとき公正に面談し、新国家の財政担当として参朝するよう求めている。これまで、この内容については、『由利公正伝』を主に『坂本龍馬関係史料』・『坂本龍馬会見顚末』(公正自筆、福井市・丹巌洞主蔵)などに詳述されているが、いずれも公正の回顧録であり、二次史料としての評価を与えられていた。すなわち龍馬との会見内容は多分に公正の創意に飾られているとみられたきらいがあった。たしかに本多修理の『越前藩幕末維新公用日記』などにみえる龍馬再来福の日月とは異同があり、その他にも公正の記憶違いが指摘できる。

ところが近年、NHKの番組取材によって偶然発見された龍馬直筆の「越行之記」（草稿カ）と、暗殺五日間の中根雪江宛書簡（俗に「新国家」の書簡と呼称されている）、という一次史料が相次いで発見されたことにより、その内容が大筋で、先に挙げた『由利公正伝』等の史料と一致しており、龍馬が「新国家」構想の中で、春嶽を核とする福井藩の参画、とくに公正を財政担当として上洛させることを希望していたことが明確になったと言えるのである。

さて龍馬と公正の出会いは、いつの頃からであろうか、それについては、『由利公正伝』『子爵由利公正伝』と、公正直筆の「坂本龍馬三岡八郎会見顚末」によると、龍馬は勝海舟によって横井小楠を知り、熊本にも越前にも往来したので公正とも知り合いとなったという。さて、ここで逸話を紹介する。大正初年に、福井新聞記者森恒救（紫南）が同紙上に連載した「福井城の今昔」に次のような記述がある。

公正が龍馬に出会ったのは、公正が自ら商人に扮装して、門司馬関の間を往来して、商業取引状態を調査していた時が最初であったという。龍馬はこのとき長州にいた。
公正が馬関の旅館に滞在していると、どこか備わる人品骨格より、あれは商人ではなく武士の化けたものという噂が立った。その噂とはたぶん長州の様子を窺う隠密だろうということになっていた。またあるいは、土佐の龍馬を殺そうとする刺客であろうということにもなっていた。長州藩士の中にはこの怪しい男を斬るべしという者が続々として現れた。そこで龍馬は、長州の面々を制して刺すも刺さるるも時の運命と、自らが出掛けた。

公正を訪ねた龍馬は、其許は商人を装ってはいるが武士であろう。どうしてそのように姿を変えているのかと問うた。そこで公正は何も隠さず正直に福井藩の三岡八郎であると明かし、商業上の関係で当地にあるが、武士の姿では堅苦しいから商人の姿でおると答えた。そこで、龍馬も自らを名乗る。公正は龍馬と聞いて言葉を改めた。龍馬も公正が最初より隠さず本名を名乗り、ことに他意のないことを認めたので、自ら刺客を疑ってここへ乗り込んだことを正直に語り、大いに天下の形勢を論じて公正と相倶に国家の為に尽力奔走せんことを誓った。(要約)

この逸話は、公正と龍馬両人の出会いが、福井藩外においてであったことを示唆するものであるが、もとより史料性は低く、実際の出会いについては、文久三年五月十八日頃福井城下においてとみるのが無理がないとみられる。

坂本龍馬の来福

さて、龍馬来福の目的は、海軍奉行勝海舟の使者としての任務であった。勝は文久三年四月十三日、大坂湾岸の防衛状況視察の目的で、「順動丸」に乗船した将軍徳川家茂に、神戸海軍操練所設立を献言し、即決させる。この時春嶽は、三月九日に政事総裁職の辞表を提出し、許可されないまま同十一日いきなり国許へ帰り、免職の上、逼塞を命じられていた。同五月十七日に春嶽が逼塞を解かれる前日（十六日）に勝は龍馬に対し福井行を命じるのである。同年五月十八日、中根雪江が勝を訪ねた際、勝は中根に「将軍の命によって神戸村に海軍所を創建する、公家国事参与として摂海防衛巡検の朝命を奉じた姉小路公知も承認し、朝幕とも正式に認可したので着手したい。しかし用途金が不足している。坂本龍馬を十六日福井へ遣わし相談に及ばせた」という内容を話した（『枢密備忘』『続再夢紀事』）。

また、勝も日記の十六日条に、「龍馬子を、越前へ遣わす。村田生へ一書を附す。これは、神戸江土着ニ被レ命、海軍教授之事ニ費用不レ備、助力を乞ハむ為成」（『海舟日記』）とあり、用途金、すなわち設立資金の不足分を福井藩に支出してもらおうというのが龍馬派遣の目的であった。「海軍所」「海軍教授之事」という文字より、それが、幕府公用の施設である海軍操練所と勝塾（「海軍塾」）の創設・運営等に当てられたのである。とにかく勝は福井藩側の窓口担当とも言える藩士村田氏寿宛に書簡を認め、それを龍馬に託して福井へ向かわせたのである。

坂本龍馬肖像写真
（平井煉次旧蔵／今井義和氏蔵／東京龍馬会提供）

しかし村田は、五月十三日に加州表つまり御用向きで金沢へ出立し、帰福は二十三日であったし、また中根も五月七日に御用向で福井を出立し、六月朔日「早駈」の帰福であった（『福井藩士履歴』）。このことから、龍馬が折角来福した五月二十日前後は龍馬と親交があった村田、中根の両名が福井不在であったことが分かる。また春嶽にも、福井城下で拝謁していない可能性が高い（『御側向御用日記』に記載がない）。あるいは二十三日に帰福した村田を待って面会しえたかもしれない。中根には同月二十七日京都福井藩邸で面談している（『続再夢紀事』）ことをみれば、このタイトな双方の予定の中で龍馬が高額の金子融通を福井藩に申し出たというのは無理がある。

これについては吉田健の指摘がある。当時すでに春嶽と勝の間で、通常の事務ルートによって龍馬来福前には話が成立していたとみるのである。横井小楠の福井藩士長谷部甚平ら宛書簡の中で「昨夜忝奉存在」と鄭重な表現で記しているのは、中根・村田・長谷部らといった藩士ではなく、春嶽からの伝聞があったのではないだろうか。龍馬来福の時に対面した横井小楠は、この頃の長谷部と公正宛の書簡に、「勝拝借高」として「千両程」を願い奉りたいと、龍馬が申し出たと記す（『横井小楠遺稿篇』）。

維新後、元志士たちによって形成されていた瑞山会編の『維新土佐勤王史』（大正元年）や千頭清臣《ちかみきよおみ》（土佐藩士千頭清雄の二男）著『坂本龍馬伝』では、福井藩よりの借財は五〇〇〇両であったと記す。いずれにしても高額であり、この借財について元治元年（一八六四）暮に福井藩士の本多（府中領主）家陪臣、関義臣（山本龍二・龍次郎）が勝に報告した内容では、福井藩からの金子の残金とみられる五〇〇両ばかりについても、これは大坂町奉行に預けてあるが、国許福井では最初から返済してもらう当てはないはずであることを述べている（「風説書」松平文庫蔵）。このように福井藩としては、返済予定を持たぬまま、借財に応じたということになる。福井藩からの借財とは別に、龍馬の来福目的の一つには、小楠や公正をはじめ福井藩士らとの交流を求めたからであろう。公正は、龍馬が、勝海舟の紹介によって小楠を知り、熊本にも越前にも往来したので、公正とも知り合いになったと記す。

小楠の福井城下居留地は、公正の家と足羽川を隔てて向かい合っていた。ある日親戚の招宴で遅く帰ったところ、夜中で大声で戸を叩く者がある。出てみると小楠が龍馬と一緒に小舟に棹して来た。そこで三人が爐を抱えて飲み始めたが、龍馬が愉快きわまって、

君が為め捨つる命を惜しまねど心にかゝる国の行末

と自作の歌を謡ったが、その声調がすこぶる妙であった。翌朝龍馬は勝と大久保一翁に会いに行くといって江戸に向かったと伝えている。このように龍馬と公正の親交はこの頃より深まったとみてよいであろう。

龍馬の「越行之記」　近年発見された龍馬の二通の書簡は、いずれもその主たる内容は公正の新国家への参画を推薦し要請するな内容であった。

まず、「越行之記」全文を口語訳で紹介し、書誌も記しておこう。

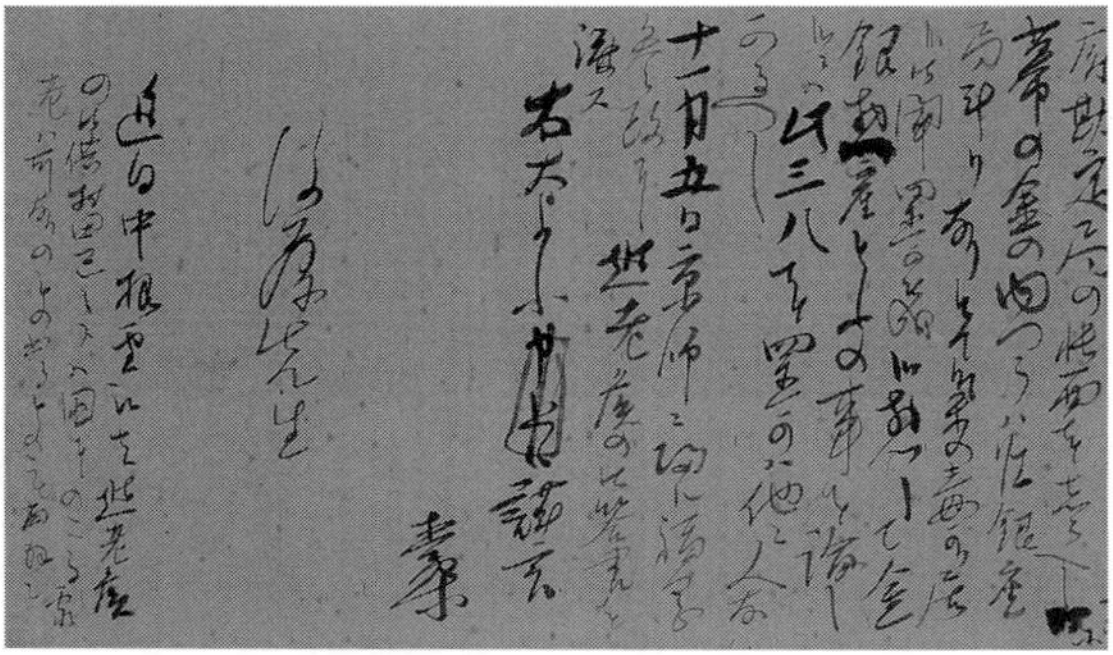
「越行之記」（部分。個人蔵）

越行（越前福井）之記（記録）

十月二十八日、福井城下に到着しました。福井藩の奏者役である藩士伴圭三郎（習輔・閑山）が訪ねてきたので、持参してきた（山内容堂より松平春嶽宛カの）手紙を渡しました。

伴が私・直柔（龍馬の諱）の肩書きを聞かれたので、「海援隊惣官」でありますと答えました。

同日夜、福井藩の大目付であります藩士の村田巳三郎（氏寿）が来ました。

村田が龍馬に、「用向きは無いのか」と問うたので、私は「近頃のことなどを（春嶽公）にお知らせ、ご相談申し上げて、それに対する御指導を承りたい。だいたい明白な国論を海外までも聞かないことを恐れております。さて、この度こそ福井藩の国論を拝承したいという心からのお願いがあります」と答えました。それに対して村田は、「先代の主人である松平春嶽の上洛も来月（十一月）二日に決定しており、いろいろとその準備など多くの用事があり、（春嶽が龍馬に会うことは）難しいので、先ほどのお尋ねの件は、私村田から（春嶽公に）申し伝えます。ところで、先代の主人、春嶽公は、上洛した後いろいろと手順もありますが、将軍家が（朝廷）へ（政権とともに）軍事権もお返しにお成りにならなければ、とてもご反省なさったと言っても天下の人心は折り合わないのであるという国論がここ越前福井藩にはあるのです。云々」と話しました。この（二十九日）夜、奏者番の伴圭三郎がやってきました。（そして、彼より）御答書（春嶽より容堂宛カ）を受け取りました。（十一月）一日朝、三岡八郎（由利公正）と松平源太郎（正直）がやってきました。ただし三・八（三岡八郎）に面会することを昨日の夕方に村田巳三郎に依頼しておきましたが、三・八（三岡八郎）との（面会の）ことは、（三岡が）先年押し込め（罪を得て蟄居）られ、これまでは他国人との面会を堅く差し止められていました。だから（福井藩）政府の議論により君側（近臣）の中老役である松平源太郎を（福井藩側は）さし添えたのであります。だからでありましょう、三・八（三岡八郎）が来ました時、松平源（松平源太郎）を（三岡が）目くばりで（私どもに）「私は悪党ですから、君側から番人が参りました」と言いましたら、源太郎もまた共に笑っていました。それより近頃の京師（京都）の情勢を前後残らず談論しました。

この談論を尽くしたので、深くお察しくだされたい。三・八（由利公正）が言うには、「将軍家が真に反省すれば、早く何かの容で天下に示されなければなりません。近年来幕府は失策ばかりでありまして、其の上無策であるということは、天下の人々皆の不信を招くことであります。と云々」と言いました。これより金銭国用（新政府の財政）のことを論じました。かつて春嶽公が（政事）総裁職にあった時、三・八（由利公正）自ら幕府勘定局の帳面を調べましたら、幕府の金の内面は唯銀座局ばかりでありました。と言って、（三岡は幕府を）気の毒がっておりました。御聞き置きくだされたい。すべて金銀・物産といったことを論じるのは、この三・八（三岡八郎）を置いてほかには人材がいないでしょう。

十一月五日、京師（京都）に帰りました。福岡参政《ふくおかさんせい》（土佐藩士福岡孝弟《たかちか》）に越老侯（松平春嶽）の御答書を渡しました。

右にだいたいの要旨を申し上げました。謹しんで申し上げます。

直柔

後藤（象二郎）先生

追伸、中根雪江は越老侯（春嶽）の御供（京都へ）、村田巳三郎は国（福井）に残ります。家老もかなりの者が（京都へ）出るとのことです。再拝再拝

（書誌）本紙：縦一九・五センチ　横一〇四・〇センチ。紙本墨書。巻軸仕立、外題は題箋で「坂本龍馬直柔書翰老信題簽　印」とあり。表装は明治期カ。箱在。箱表書「松菊公遺愛、坂本龍馬先生書翰、対嵐山房清玩珍蔵」。

本史料はメモ書きが紙背にあること。本文に見消や消去が散見すること。運筆・書体が通常の龍馬の文字より崩れていることから、草稿とみられる。また、本文の冒頭がいきなり「越行之記」と題して、いわゆる「復命書」の体裁であることから、実際後藤に送付された折には、別に書簡文があり、

「越行之記」は、添付書簡であった可能性があると思われた。

龍馬、莨屋に止宿する

　さて、「越行之記」と『由利公正伝』を中心に慶応三年十月末の龍馬来福時の公正との会見についてみてみよう。龍馬は十月二十八日福井城下に着いた。奏者役伴圭左衛門（諱は習輔。福井藩で藩儒高野真斎・吉田東篁の門人、小楠来福によりその学問に傾倒した。漢学者として知られ閑山と号す。足羽山に顕彰碑がある。『福井藩士履歴』によると、慶応三年当時四十七歳。寺社町役所調役であった）に山内容堂より春嶽の親書を渡し、「海援隊惣官」と名乗った。近時につき村田巳三郎（氏寿）と会談、春嶽が十一月二日に上洛のため福井を出る予定であることを聞く。次いで伴より親書に対する答書を受け取る。

在りし日の莨屋旅館写真（『福井繁昌記』より）

　公正と会ったのは、翌三十日の朝であった。龍馬が止宿していたのは、「たばこや」（煙草屋・莨屋）なる旅館である。この旅館は、明治二十年代に「諸国御定宿　福井元紺屋町　和木本久右衛門」として『福井縣下商工便覧』に記載されている。また外観の写真も残る。城下山町（旧照手中町）の名旅館であり、龍馬来福の折もけっして粗末な寝宿というわけではなかったであろう。龍馬は公務としてここに止宿していた。

　そこへ、公正と松平源太郎（正直）が面会に来た。「但シ三・

八ニ面会の事を昨夕村・巳に頼置し」とあるから、面会は龍馬の要望であった。

公正はこの時挙藩上洛計画関連の余波で、先に記したように、すでに蟄居は解かれていたものの、藩より目付として源太郎が添えられ同席したのである。龍馬は、公正が莨屋へやって来たとき彼が、「松平源を目にして、私しハ悪党故、君側より番人が参りました」と言ったので、源太郎も共に笑ったと記している。会談では、京都の状況を残らず話をした。「此談至り尽シタリ」と龍馬は記している。『由利公正伝』にみえる公正の記憶は次のようであった。公正に同行したのは源太郎の他に出淵伝之丞もいたという。

烟草屋（莨屋）に入って龍馬と呼んだら、ヤー話すことが山ほどあるという。その顔を見るとすぐに天下のことは成就と思われた。自分は罪人であるから立合いの役人を連れて来たと断れば、おれも同様の付人がおる。健三来いよと呼ぶ。

岡本健三郎

この健三とは、土佐藩士で岡本健三郎《おかもとけんざぶろう》その人である。龍馬のいわばボディーガード役を担っていた。この岡本健三郎は維新後も活躍し、民撰議院設立建白書に公正等とともに署名している。この時岡本には、龍馬の健三宛、慶応三年十月二十四日付書簡に、

唯今は御使被下難レ有、然ニ越前行は今日出逢仕候よふ。後藤《ごとう》参政（象二郎《しょうじろう》）より昨日申被聞候。是

も、もののついでに鳥渡聞候事故、今日四ツ時（午前十時）ニ彼是取遣候為、私より後藤の方参り候はずニ致候。大兄御同行のことは、まだ不申候得ども、今日は申出ン必御同行と存居申候

とあり、龍馬が身の安全を健三郎の腕に託し信頼していたことが分かる。とにかく薩長同盟締結の立役者であることなどから日に日に身の危険が迫っていることを感じた龍馬は、寺田屋事件のこともあって健三郎の同行を強く求めた結果であったとみられる。

これは土佐の下役で岡本健三郎という人だ、共に聞けよとの事で、土佐・越前の役人を左右に置き、坂本と私と両人は炬燵に入って、徳川政権返上の次第、朝廷の事情等、具《つぶさ》に聞いた。今後の計画は如何じゃと尋ねると、これはまだ決せんが先づ職は為ぬ積りぢゃ、といふ、然らば不虞に備へねばならぬ、龍馬曰く、金も無く、人も無くて至極難義である。私の言ふのに、天下の為に政を為さる、天下の民は皆天子の民である、天下安寧の為に財を散す、財則安寧の具なり、何ぞ財無く人無きを憂へんやだ、坂本曰く、われそんなことを云ふと思ふて態々《わざわざ》来たは、皆云へと、夫から名分財源経綸の順序まで、予て貯へた満腹の意見を語り、夜半九つ過ぎるまで、我を忘れて咄した、則金札《きんさつ》を発行せざれば、今日天下の計画は出来ぬといふ事も委しく語り、常時自分は幽閉人なれば、飛び立つ如く思ふても出京はならず、全く坂本に依頼した事だ

（『由利公正伝』、『子爵由利公正伝』）

とある。

会談の内容

会談は夜半九ツ（〇時）過ぎるまでというのであるから、朝からという「越行之記」の記述と合わせると、少なくとも十五時間以上の長きにわたったのである。この「越行之記」の出現により、会談内容のもう少し具体的なことが明らかになった。公正は、龍馬に対し、将軍慶喜が真に反省をしている姿を形をもって天下に示されなければ天下の人は納得しないということを福井藩では申しているというのであった。幕府に対する社会の不信感を払拭するような行動を将軍がとらなければならないというのである。

そこでまた公正は続ける。「近年来幕府失策」と批判、「天下の人皆不信さるなり」云々と、そのあとは、会談の主旨である「金銭国用の事」、つまり新国家の国家財政について、公正より意見を徴収するのである。公正は幕府の勘定局の帳面を、春嶽が政事総裁職時代に調べたことを告げ、その内情がきわめて厳しいことを報じた。公正は幕府財政を「気の毒がっていた」という。

そこで龍馬は、「惣して金銀物□産とふの事を論し候ニハ、此三・八を置かハ他ニ人なかるへし」という自論見解を認めたのである。公正をおいて新国家の財政担当者・指導者はいないということであろう。龍馬は、十一月五日京都に帰り、福岡孝弟に春嶽からの返書を渡す。この大要を後藤象二郎に報告している。また追書には、中根雪江は、春嶽の「御供」として上洛し、村田氏寿は国許に残るが、家老職の者はかなりの者が出ると書き添えている。なお「越行之記」箱書により、木戸孝允遺愛の品で明治前期まで活躍した文人、山中静逸《やまなかせいいつ》（一八二二～八六）の旧蔵書であることが分かる。

龍馬の公正評

さて龍馬が公正を高く評価したことは、福井藩士下山尚が『西南紀行』の慶応二年八月条に記している。龍馬が、「越藩ノ内、民政会計ヲ托スル人アリヤ」と下山に問うたところ、下山は「三岡八郎ナラン、然レトモ今ヤ寡君ノ忌諱ニ觸レ幽閉年久シ、余等密ニ往キ叩クニ、當事ノ事ヲ以テスルアリ、余爰ニ来ルニ際シ送ルニ一篇ノ詩ヲ以テス、請フ之ヲ見ヨ、氏見テ大ニ感シ手ヲ拍テ其名ヲ記ス」とある。「大ニ感シ手ヲ拍」の氏とは龍馬に他ならない。また『佐々木高行日記』にも、龍馬が、八月二十八日夜止宿した際の内話に、「是ヨリ天下ノ事ヲ知ル時ハ会計尤モ大事也」として「幸ニ越前藩光（三）岡八郎ハ会計ニ長ジ候間兼咄合モ致置候事有之候。其御含ニテ同人ヲ速ニ御採用肝要ト申シタリ」とあることから、新国家の経済財政策は、龍馬の頭の中ではすでに公正の起用を切望して諸士に語っていたことは明らかである。

この時の来福に関しても、龍馬が、小松帯刀《こまつたてわき》・西郷隆盛・後藤象二郎らと謀議の結果、危険を冒してまで公正と「商議セント」岡本健三郎を伴って入越したことがみえる（「坂本龍馬及び中岡慎太郎遭難記事」）。『海援隊始末記』にも、春嶽の入京を促すために、岡本と共に龍馬が福井を来訪、公正の来宿を得て財政のことを議論したことがみえるが、これらの記事は『子爵由利公正伝』所引のものである。いずれにしても龍馬の来福目的が、春嶽の上洛・公正からの経済策聴取・公正の召朝についての本人の意志確認が主なる目的であったことがうかがえる。

公正はその後の十一月十三日、岡部豊後の別荘に招かれた時に、龍馬から贈られたという写真を、龍馬との会見顚末を報告した帰りに落としたと伝える。京都からの便りを待っていたが龍馬から連絡のないまま、実は暗殺されたことを知り、下山尚らと追悼祭を行ったという。公正は「誠に千秋の遺憾であった」と述べた。

「新国家」の書簡と公正の評価

龍馬は十一月五日に帰京しているから、その日より暗殺された十五日の間に、岩倉具視に公正の起用を奨めたと考えられている。帰京の五日後の十日に認められた書簡が、「新国家」の書簡である。この書簡については今日あまりにも注目度が高いので、その全文を掲げよう。

まずこの書簡の伝来と発見であるが、平成二十九年（二〇一七）一月十三日「志国高知幕末維新博」開幕記者発表会（東京国際フォーラム「ホールB7」＝土佐藩上屋敷跡）にて、記者発表という形で公開された。伝来は、福井藩上級藩士の子孫が、他の資料とともに伝存・保管していたものを、ゆえあって手放して美術商が所持、その後この美術商よりさらに個人が見出して求めたものである。その現所蔵者より、坂本龍馬自筆書簡を多く所蔵している京都国立博物館の研究員宮川禎一が中心となり複数の研究者が筆跡・内容の検討にあたり真筆とされたものである。本紙は縦一六・三センチ横九二・五センチの紙本墨書で、封紙在の未表装である。

先の「越行之記」とは、まったく伝来・所蔵者・発表経緯が異なるものであったが、不思議にも連続・関連した内容であることから驚くべきものであった。「越行之記」は、その内容が『由利公正伝』などにみえる部分が主であるが、「新国家」の書簡はその多くがこれまでに知られざる内容であり、その注目度は高かった。原文の翻刻を挙げておく。

（原文・翻刻）
一筆啓上仕候
此度越前老侯
御上京相被成候段
千萬の兵を得たる
心中に御座候
先生ニも諸事
御尽力御察申上候
然るに先頃直ニ
申上置キ三岡
八郎兄の御上京
御出仕の一件ハ急を
用する事に存候得ハ
何卒早々御裁可
あるへく奉願候、三岡
兄の御上京が一日
先に相成候得ハ

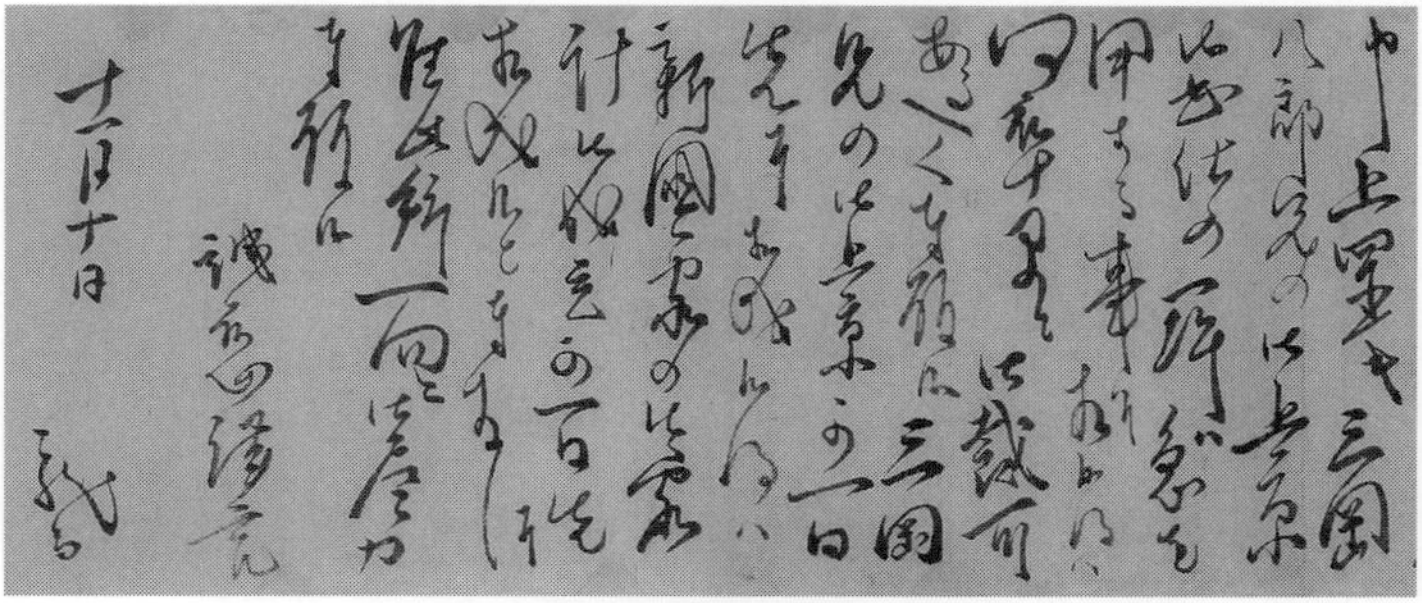

坂本龍馬書簡中根雪江宛
（部分。いわゆる「新国家」の書簡。個人蔵）

新国家の御家
計御成立が一日先に
相成候と奉存候、
唯此所一向ニ御尽力
奉願候
誠恐謹言
十一月十日
龍馬
中根先生
左右
追日、今日永井玄蕃
頭方ニ罷出候得とも
御面會相不叶候、
談したき天下の
議論数々在之候ニて
明日又罷出候所存ニ
御座候得ハ

大兄御同行相叶候ハヽ、
実ニ大幸の事ニ奉存候
再拝

とあり、封紙には「越前御藩邸　中根雪江様　才谷楳太郎　御直披」、また封紙には附箋が貼られており、それは朱筆で「坂本先生遭難直前之書状ニ而、他見ヲ憚ルモノ也」と記されている。

春嶽は、「越行之記」でみえるように十一月二日に福井を立ち、八日に上洛する。八日・九日には参内して、議定職を拝命した。春嶽の上洛は、龍馬らにとって「千万の兵を得たる心中」であった。このことに関して、まずは、春嶽最側近で、藩最高の実力者であった中根雪江にその尽力を察し感謝の意向を示している。龍馬にとって雪江は、龍馬が福井藩と関係を持った最も初期からの知人であり、しかも理解者であった。龍馬は雪江をして、春嶽の上洛を強く促し、朝幕間の調整をするキーマンとしてその活躍を期待していた。果たせるかな春嶽は上洛早々、徳川慶喜を訪ね、政権返上の英断を賛美する。次いで老中、板倉勝静を訪ねて慰撫した。さらに会津藩の説得にあたり、混乱が生じて武力衝突や対立の動きがないように尽力していた。このように龍馬の期待通りに春嶽は動いていたのであった。

それこそ雪江ら藩保守派の軋轢が容易に解消されなかったからであろうことは言うまでもない。

3　福井藩の公正評とその変化

挙藩上洛計画の頓挫以降、改革派の中心であった公正は、雪江と対極の立場にあった。「先頃御直ニ申上置キ」と書いているように、龍馬は公正の出仕上洛を少なくとも最後の来福以後、とくに春嶽・雪江が上洛した十一月八日以後には要請していた策である。なかでも龍馬遭難の十一月十五日夕には、雪江が永井尚志《ながいなおゆき》を訪ねて対話をしており、後藤象二郎評を談ずる中で、龍馬も参上している。龍馬の「秘策持論」と記す中に公正の召命も含まれていた可能性もある（『丁卯日記』）。しかしながら、公正の上洛が遅延したのは、ひとえに福井藩内の事情によるものと察しがつくのである。

雪江と公正

この時期における福井藩内での公正の立場は、すでに、慶応二年六月二十三日に「格別之御憐愍を以後咎御面」（『剝札』松平文庫）となっており、赦免はなされていた。しかし文久三年八月二十九日の蟄居下命理由には「近来我意ニ募り、専ら自己之取斗に既ニ人心を害ひ、其の上品々御政道ニ相触候儀共達御聴」、それが「不届」だとするものであった（『福井藩士履歴』）。つまり、かの挙藩上洛計画の首謀者というのみならず、身勝手な主張や振る舞いが多く、また他の藩士たちをも洗脳しているといったところであろう。この当時福井藩は老公春嶽を核として雪江らが首脳部を握っており、いわば列を乱す不届き者として白眼視されていたであろう公正を、龍馬の要請（その背後には岩倉ら朝廷の内意がある）が強くあったとしても守旧派（保守派首脳部）の重臣たちが、公正を相当危険視していたことによりそうやすやすと上洛を認めなかったのであろう。

春嶽もかつて挙藩上洛計画の首謀者として危険視していた公正について、公正が薩摩より帰郷する二十日前に、藩主茂昭と在藩家臣宛に覚書を認め、公正は、同じ挙藩上洛計画の首謀者である長谷部甚平らと同罪ではあるけれども「其心術之姦計者甚平ら（より）も甚敷候」と手厳しい。そして、公正には屋敷替えを仰せつけられるべきだとして非常な怒りを向けていた。公正も伝記に、「八郎の蟄居が数年に亘りしは別に故あり。蓋し其剛直の性言はんと欲すれば侃侃諤々権貴を憚らず為さんと欲すれば勇往邁進毀誉を顧みず、故に越藩改革の責任は擧げて一身に負擔したるが如き観を為し最も守旧派の嫉視する所と為りたればなり」と記されている。

公正としては、雪江ら保守派の公正に対する嫌悪は、自然に彼らを通じて春嶽に奉じられ春嶽の眼底に映った公正の姿は一乱暴者に過ぎなかったであろうという『子爵由利公正伝』の評は当を得たものであったと言える。しかし龍馬のたび重なる公正招請は、春嶽はじめ首脳部の考えを少しずつ改めていくのであった。

公正の召朝

龍馬が帰京した十一月五日の翌六日、岩倉具視に謁して公正召命の策を献じた。これは、福井藩に対して、「三岡八郎を登用するので、草々に登京致すべき」の沙汰であった。具体的には龍馬が帰京して、公正召命を岩倉に申し入れたのが十一月六日、すぐに次のような御沙汰書が出されていた。

今般無偏無黨公平の御処置を以て與二天下一更始被レ遊候に付、人才選擧の筋を以て而達二叡聞一候輩者博く御諮詢被レ為レ在候に付、藩右人體御登用被レ為レ遊候間、早々登京到候様可二申付一旨御沙汰候事

三岡八郎

しかし龍馬らが急を要すと考えた公正の上洛は、故意に保守派によってその伝達を遅延せしめたのであった。公正上洛のさらなる催促は、後藤象二郎が京において春嶽にその理由を質し、命を下すよう要請したとみられる。聡明な春嶽は、事の緊急性を理解したようで、国許に宛てて「彦一親　三岡八郎、御用有之急々上京仰付候」との達を送る。春嶽は見事に公正上洛召命のために朝福間の周旋をしている。雪江や本多修理らは面白くなかろうが、春嶽はほぼ朝命のようにこれに従っていると言える。

春嶽の添え書きをもって藩執行部（家老本多修理カ）は、急遽態度を変えて、福井城の用部屋へ公正を呼び出し、逆に朝命によるお召しであるから上京してほしいという。その願いを受け、公正の要求によって藩費と思われる旅費を受け取ったという。

この達書を公正が目にしたのは龍馬暗殺の一カ月後の十二月十五日であったという。

藩を去る

旅費を持ち十五日午後七ツ（四時）頃に福井を発った公正は、途中大水による川留にも遭いながら一路京都へ向かった。川留のところはおよそ城下から四里ほどであるという

から、北陸街道を南下して行くと府中（武生＝越前市）に入る日野川あたり（現越前市家久付近）であろう。ここで、京からの早駆に逢い将軍が二条城より大坂へ十二日に立退いたという伝聞を知る。この早駆の戻り舟と嶺南へ夜通しに越して敦賀まで来た。時期は降雪時で、敦賀で道が止まり、ここで休息して夜が明けるのを待って出発、二尺五寸の積雪がある山中峠をようやく越えて十七日に京都に着いた。実に二日足らずの早駆であった（『史談会速記録』第五十九輯談話）。

君がため急ぐ旅路のあらち越衣の雪を拂ふまもなし

愛発《あらち》の関を越えて朝命を拝するため険路を急ぐ早駕籠の公正の姿が目に浮かび、垢じみた木綿縞の粗衣にブッサキ羽織の荒々しい装いであったと記す。「一躍維新大業を翼替し奉るに至つたのは、主として坂本龍馬の推輓に依る」とは伝記の記すところであった。着京した公正は早々に藩邸へ参上した。春嶽より参与任命内定の旨を告げられたという。しかし公正は、自分が隠居の身で、かつ多年（四年四ヶ月余）幽閉せられ、其間藩政に携わっていないから藩代表としての参与としてその職責を全うすることはおぼつかないこと、そして朝廷の職と藩務を二つながら引き受けては自然にその累を藩侯に及ぼすことになり、それは家臣として忍びざるところであるという。

この二条により、参与職を春嶽に断ったという。むろんこれは伝記の記すところであるが、これを証明する書簡がある。春嶽筆茂昭宛慶応三年十二月二十一日付によると、春嶽は京で公正と会ったが、謹慎を受けた頃の公正とはかなり変わっていた。公正曰く、福井藩の立場ではまったく隠居の身である。だから福井藩には一切関わらない。福井藩と朝職と兼帯では恐れ多いからすべて一身上のこととして済ませるというのでたぶんそのようになるだろう。朝議では公正の暴論は通らないだろうから心配には及ばないというものであった（越葵文庫蔵。『松平春嶽公未公刊書簡集』）。さらに春嶽は、

却説、諸藩臣を朝廷にて御召に相成、徴士といふ事有レ之。此徴士は三岡八郎即今の由利公正也。此人初て朝廷に被二召出一候節、何とか名義御付き被レ下度旨の所望に付、段々評議に相成、徴士の名義を以被二召出候大久保市蔵（利通）始皆徴士の名に代へたり。

（『逸事史補』）

と記した。

このように公正が「徴士」を望み任命されたため、薩摩の大久保利通（一蔵）らも徴士となったとみえている。春嶽からの参与就任の命も素直に受けず、「徴士参与」という職名で任命された。公正はその心中を次のように語っている。

私は福井藩の暇を貰ふて以来、福井藩の御用はせぬことになりました。即ち私に身體が二つないから到底両方を兼ねることは出来ぬから藩の用は仰付けられぬようにと言ふて断つた。（参與の朝命を拝した以上）全體福井藩といふものは一般佐幕論である。又さもなくてはならぬ家筋である。そ

こで佐幕ではあるけれども、別に朝廷へ対して不忠をするといふ方ではない。全く藩士は天下の形態を知らずして、ただ佐幕をしなければならぬ、三百年来の契ぢやからといふのである。私共は米使渡来以後は國許を出で、自然に天下の形勢が耳に響く到底佐幕の為め盡力しても埒があかぬといふことは能く知つて居る。既に幽閉までせられて居るから何でも時勢此儘では日本全體に傷が付くといふ心配がある。併し幕府を仆すなどゝいふ事は言はれないけれども、是非日本の進歩を計らなければならぬと思って居りました。そこで國の者は私を仇のやうに思つて幽閉をしたのでございます。それゆえ決して油断が出来ないによつて一個の身體が両股になることは出来ないと申して、藩用は断然ことわりを言ひました。さうすると翌朝家老本多修理の命にて目付役村田巳三郎より私に御家老の御用部屋に出るようにと呼びに参つて、昨日の話が聞きたいと権柄に云ふから、私は、「藩用は断った、聞きたくば自分が来て尋ねるが宜い、知つて居るだけのことは云ふてやるから――乃公は何にも御用部屋に行く用事はないから行かない」と言ひました。

（『史談会速記録』第五十九輯談話）

と語っている。

公正は藩による長き幽閉の時間に、自身の天下国家に関する方針・立場を確立していたのであろう。公正は既に藩より天下への政体に自分の奉公先を定めていたのである。これはしかし、開明的な君主春嶽も決して理解できないものではなかったらしい。

関義臣肖像写真
（『明治肖像録』より）

慶応四年三月二十一日付の京都在の春嶽書簡福井の茂昭宛には、後藤象二郎と安芸藩士の辻将曹《つじしょうそう》（維岳《いがく》）による公正評を伝えている。この中で後藤と辻は、公正が挙藩上洛計画首謀とその他の罪で藩より罰に処せられたことについて、公正が、君臣上下の名分大義を侵して民あっての君にして君あっての民ではない。廃君してまでも国家を治めるという考えを持っていたからであると指摘している（「越葵文庫蔵」『松平春嶽公未公刊書簡集』）。

しかし、このことは春嶽もそうであろうと同意しているのである。文久三年に藩論が、上洛か否かで二分し対立した際、本来佐幕である福井藩の立場として将軍家茂が東帰することにより、藩主の参勤を優先すべきであるという名分論をたてにした上洛取り止めは、福井藩の「私政」であるとみていたようである。これは、これより後に「公明正大」を強調する公正の藩より天下への政体への価値変化が如実に示されていると言えるものであろう。これは後の「五箇条の御誓文」の草案などにも強く反映しているとみてよいだろう。

関義臣の証言

ここに、興味深い証言がある。龍馬と後藤が王政維新には広く天下の有志・豪傑を朝廷に集める必要性を説いた時、関義臣が福井藩においては長谷部甚平と三岡八郎を推薦した。龍馬曰く、三岡は財政に長けた人物と聞いている。三岡を引き出すために後藤は容堂に依頼して容堂から春嶽へ三岡のことについて相談し実現したのだという（『履歴と冤罪記』）。

さらに後藤象二郎が関に公正のことについて話したことがあった。新国家書簡の認められたかなり後のことであるが、「三岡は春嶽公に中根雪江は、守旧古陋の人で、大政維新の参与職に耐えられる人ではない。（中略）是非職を解き帰国させるべき」と主張したが、春嶽は一言の拒絶もない温和な人であった。「公正の強暴某弱無人には驚きながら、公正は穏やかなようであるが、腹に剣を持っている。危険で恐るべき性格である。公正とは敬遠主義を取った方がいい」と関に忠告したという（『履歴と冤罪記』）。このような公正に対する印象が、中根のみならず春嶽あるいは後藤の公正参画を躊躇させていた可能性もあろう。先の関による公正推挙については、慶応二年（一八六六）十二月四日の龍馬書簡写（「澄心斎写」弘松家蔵）にみえる「天下の人物評」において、「越前においては、三岡八郎・長谷部甚右衛門」とすでに明記していることから、関による公正推挙は虚言であろう。

4　新政府への参画

上京（洛）

これにより先の記述は、とくに明記を必要としない場合、『由利公正伝』をたんに『伝記』、『子爵由利公正伝』を『子伝』として略述する。坂本龍馬の推挙と福井藩の認可、さらに下命を受けて公正は上洛する。『福井藩士履歴』のうち『剝札』に続く『士族』には、次のように記されている。

一、慶応三卯十二月十五日御用有レ之、急々上京被二仰付一、同日出立（後略）

次いで二日後の十七日には、思召をもって隠居扱いとなり、藩としては「在京中御勤役助」で、国許では十人扶持末ノ番外という待遇であった。

上京して来た公正に春嶽は期待を寄せる。徳川家の納地と慶喜の辞官の二件をめぐり、徳川家の近親である春嶽の立場は非常な心労の中にあったことは確かであろう。

公正は、春嶽より自らの進退につきいかにすべきかの相談を受ける。公正は奉答して「今は革新の好機であり千載一遇の秋と申すべきか。所謂天の与ふる所と思召されよ。朝廷は父であり、幕府は母であると考ふるならば、この間にあつて處する道は只一つ、恰も日月を仰ぐが如く、又は父母に仕ふるが如く、終始一貫たゞ至誠を以て事に臨まれたい」と述べ、春嶽は「再び迷はぬ、よろしく意を家士に伝えよ」と快く嘉納したという（『伝記』）。

この頃から公正に対する春嶽の評価は、「ならずもの」より氷解していくようである。春嶽との対面は、この時、鞍馬口《くらまぐち》の上善寺《じょうぜんじ》で行われたようである。上善寺は京都における福井藩の菩提寺で、禁門の変で戦死した長州人の入江《いりえ》九一《くいち》ら長州側の敵兵戦士者を春嶽の命で密かに藩士の桑山十蔵が葬ったことでも知られる。

その上善寺奥座敷は、春嶽が後藤象二郎・公正らとしばしば凝議したところと伝えられている（『子伝』写真解説）。慶応四年正月八日、公正は岩倉具視と対面し、山内容堂には伝えてあるが、春嶽は近ごろ対面の機会がないので公正に伝言するということで、春嶽の議定職辞退の件は応じられず、今後尾張徳川家と共に徳川慶喜に向かって、交戦はしないから、春嶽も国内紛乱の取締りなど治安にあたってほしいという内容であった（『戊辰日記』）。そこで公正は春嶽にこのことを伝え、朝廷の嫌疑を蒙らないよう申し上げ、参内を勧告奉ったという。よって春嶽の参内があり、議定職を奉ずるに至ったのだという。

公正、勤皇論を説く

公正は晩年に至るほど青壮年期の武勇談を多く語っている。彼の勤皇思想が旧藩内でも最も強く非常であったことを藩の重臣本多修理や村田氏寿の名を挙げて回想する。

此時は内輪論の為めに既に殺さるゝ程のことであつた。藩中は大方佐幕論であり、私は春嶽公に面会して種々と勤王を説いたのである。家老の本多、これが佐幕一方でやるつもりであったところが勤王を説いたものですから悔しいと云ふて泣くのです。私は其奴を取占めましたところが、又中根といふ者がありまして、それは純粋の佐幕家でありました。私が勤王でやつたから男泣きに泣きましたが、後に漸く道理が判りました。又目付役の村田といふ者を説き付けましたこともありました。實にうつかりすると殺されるのです。（『史談会速記録』第八十三輯談話、『子伝』）

ここで饒舌に公正が述べるのは、福井藩が親藩で佐幕派であった主流派、つまり春嶽のみならず家老の本多修理や実力者の中根雪江、そして村田氏寿らを説き伏せたのが実に公正による勤王論だったというのであるが、これは疑問を呈せざるをえない。なんとなれば、福井藩はこの時期、尊皇敬幕で一貫した立場であり、徳川宗家の処遇を新時代にどう位置づけるかが課題であった。「越行之記」など一次史料にもみえるように、村田が将軍家に厳しい眼を向けていることも、中根が平田篤胤の没後門人という国学者であり勤皇家であることは公正の尊皇以上に知られるところである。これは公正一流の武勇談的な誇張がみえる回顧記録と言えよう。

いずれにせよ、公正は福井藩論（国論）を勤皇に統一した。それは、春嶽から始めて、重臣にまでまとめたということであり、「殺さるゝ」「殺される」と非情なまでの表現は彼らへの説得が命がけであったということであろうか。

徴士参与の拝命

慶応三年十二月十八日、公正は初の参内を果たした。「徴士」という立場を申し入れて許可され、堂々と新政府要人としての参内であった。その様子を次のように伝えた。

御所内の景況はあの狭い御廊下の所へ屛風圍《かこ》ひを致して何々藩、何々藩といふ札が張て三・四人位一部屋づゝ待つてゐる。勿論其部屋といふも漸く火鉢が一個ある位で、其所で茶も酒も取つて飲んでゐる有様です。全体相互に勤王やら佐幕やら知れないから銘々構へて要心をしながら話すのです。最初私は無邪気で居つたが「君の隣りは佐幕ぞ」といふやうな話ですね。

（『史談会速記録』第五十九輯談話、『子伝』）

と、回想している。かくして次の辞令を受ける（県博「由利公正家文書」）。

此度為徴士参與職被仰下候事
　但任満帰藩ノ儀ニ而者候共、期限之處尚御取調追而御治定之上御沙汰之事

三岡八郎

公正は徴士参与となった。「徴士参与」は無定員で、召命により辞令を受けたのは、師の横井小楠と、木戸準一郎すなわち孝允であった。

公正はこの三人のうち最も早く辞令を受けた。同職は諸藩士や都鄙の有才を選んで、その職に就かせた。議事官で在職は四年（ないし八年）。徴士には参与と下の議事所の議事官を任命した。明治二年には改正されて参与と各局の判事に任命された。しかし同年政体書による政府に登用された藩士・庶人の称となり、この年のうちに廃止になっているから、これは維新過渡期の職名である。

御用金穀取扱

参内・徴士参与拝命に次いで慶応三年十二月二十三日には、御用金穀取締を命じられた。かくて龍馬が期待した財務官への就任である。もっとも参与のまま兼帯の勤務であった。この十二月付の御沙汰書には、学習院を仮に金穀出納所と定めた。学習院は、弘化四年

（一八四七）に開院した公家子弟の学校で、主に儒学と国学を教えた。

尊攘派の温床ともなり明治元年には漢学所に改組されていた。そこを出納所と仮に定め、十二月九日の王政復古の大号令渙発《かんぱつ》と同時に総裁・議定・参与の三職が置かれて摂政以下の官職が廃止された。参与役所は一乗院里坊に創設され、その管轄下に財務機関としての金穀出納所が置かれたのである。この機関こそ、旧大蔵省、すなわち現在の財務省の前身のようなものであった。財務官としては、安孫子六郎（林左門）とともに最初であった。

同十二月二十六日付では、九条殿太政官代御用掛を命じられている。公正は新政府の財政に関して、岩倉具視ら諸卿に面会して財源についての会合・議論を進めていたようだが、議題の解決に向かう糸口は講じられはいなかった。十二月二十六日付の三井組への「達し」は、新政府の窮状をよく伝えている。すなわち幕府が大政を奉還して天下の政事は朝廷より発せられることになったが、会計方の引渡しがなく、一金の貯えもない状況であった。これによって金穀出納所が置かれ、尽力中であるが、天下の形勢よりいつ朝幕戦があるやも知れず、諸経費・軍資金の支出は懸念されるというのであった。そこで岩倉は戸田《とだ》忠至《ただゆき》に命じて慶喜に約五万一〇〇〇両を上納させ、東西本願寺や興福寺の僧侶および豪商（三井三郎助・小野《おの》善助《ぜんすけ》・島田八郎右衛門等）に蓄財の一部を上納させることに成功した。

この頃の公正の建白書には、まず慶応四年一月十日渙発の大赦令について述べ、次いで日本国中の高に応じ、一石一両の割合で紙幣を仕立て、高割を以って諸侯にこれを借用させ拠出すべきだという高割論を応用した発案であった。

遡って日本近世の財政像をみれば、江戸幕府の税制というのは、いわゆる国家財政というものを持たない政権であった。各藩は各独立の会計であって石高制により自活していた。将軍といえども形態としては最大の諸侯であって、総石高は旗本御家人等に給付する石高を含めて八〇〇万石で自活していた。朝廷でも御料は高三万石と三〇万俵で、朝廷に政権が移行しても、幕府より遙かに一国家の財政を担えるはずはなかった。大政奉還後、岩倉らは、慶喜より計五万一〇〇〇両ほどの資金援助を得たが、新政府の統治体制の確立や先に記したようにいつ何時旧幕府勢力との戦争の火蓋が切られるか分からない。孝明天皇御一年祭の資金すらなかったという朝廷には打ち出の小槌を夢みるしかなかったのである。

幕府は廃止、総裁・議定・参与が置かれ、小御所会議において明治天皇の御前において、慶喜の辞官納地が決定した。慶喜不在の欠席裁判であった。辞官ということは、大政奉還・将軍辞職よりさらに内大臣を返上せよということであるが、納地としては、慶喜が二〇〇万石ほどの領地を朝廷へ返上せよというのであった。慶喜が大坂城に入り、納地を渋ったのも当然であった。中世戦国時代の貫高制（銅貨）を採用しなかった徳川家康は、石高で藩の財力を表示してきたからである。

公正の建白書は、紙幣発行論であった。貨幣鋳造を江戸幕府では許可していなかったが、藩内通用の藩札の発行は行われていた。しかも福井藩には寛文札で知られるようにすでに寛文元年（一六六一）に発行されたという史実があった。藩札発行により、公正は藩財政の立て直しに成功していたのである。

公正は、外国において正貨つまり金貨・銀貨と紙幣が交換できることを念頭に置いていたが、正貨の蓄えすらない朝廷では、不換紙幣を発行するしかなかったのである。これを通用年限を限って発行し、富国財政の基礎を構築しようとしたのは、明治初年の諸事情を考慮した上の苦渋の策だったのである。

鳥羽伏見の戦い

辞官納地の猶予を請うた慶喜は、十二月十二日、大坂城に入った。慶喜は、所領を手放さないまま再び諸侯の頭上にいた。討幕を目指す薩摩藩は、武力討伐する口実作りのために、江戸市中で浪士による挑発行動に出る。同二十五日庄内藩による江戸薩摩屋敷焼打ちの一報が在坂の旧幕府軍を大いに刺激した。このころ幕府廃止により京都所司代・守護職も解任され、京都から大坂へ入った桑名・会津藩士らは、慶喜への辞官納地に対する処分に激昂していた。

慶応四年正月二日、旧幕府軍は薩摩の罪状を掲げた「討薩表」を朝廷に奉り京都へ進軍した。旧幕府軍は淀城を本拠とした一万五〇〇〇の兵であった。このうち一万の旧幕府軍が鳥羽街道の小枝橋で、新選組らは伏見街道の旧伏見奉行所辺で固めた。そこで薩・長・土・芸州四藩の朝廷軍と対峙した。正月三日夕刻に薩摩藩の砲声が響き交戦が繰り広げられた。

四日午後に至って征討大将軍仁和寺宮《にんなじのみや》嘉彰《よしあきら》親王が奉持する「錦の御旗」二旒《りゅう》が戦場に翻る。これは旧幕府の士気を低下させることになり、「朝敵」という汚名を着せられることに対して躊躇甚だしくついに総崩れとなった。六日慶喜は密かにして大坂城を脱出し、幕府海軍旗艦「開陽」で江戸へ帰った。旧幕軍は淀城にも入れず、さらに津藩の心変わりによって本来味方であるべき辺より銃撃を受けて退却、そのうえ慶喜に帰東されるという惨めなありさまとなった。
この頃公正は、御所の内では狭いというので、堺町御門内の九条邸を仮太政官とすることになり、そこに居た。公正は金穀御用掛であるので御用所へ赴き、さっそく兵たちの食事についての用意にとりかかる。薩摩軍と大村益次郎、併せておよそ二〇〇名位であった。公正が御用所へ赴いた時は、呼んでも一人も出てこないので、公正一人で奔走して米の調達に行ったという（『史談会速記録』五九輯談話、『子伝』、『伝記』）。

参与自ら兵糧の準備

参与自ら兵糧の準備に忙殺されたと記すことがたとえ彼一流の大仰な表現であったとしても、兵糧にこと欠いていたことは想像以上であったとみられる。

公正は言う。金穀出納所に出頭した役人は、小野善右衛門（西村勘六）一人であった。善右衛門が二万両だけ金子が出来たから少々は御用達ができているというものであった（『史談会速記録』第五九輯談話、『子伝』、『伝記』）。この小野善右衛門は、京都の豪商小野善助家の一番番頭であった。小野家は元の井筒家で、維新前には三井家等と共に幕府の御為替方十人組の一人で金融業・生糸・絹物を商いとした。しかし、この時期貸付金の全てはほとんど回収不能となり、営業休止の状態に陥った。
そこで西村勘六は大勢の赴くところを判断し朝廷に尽すべきことを主人に説き、王政復古の決定をみて金一〇〇〇両の献納をしたという（『史談会速記録』）。次いで十二月二十六日、三井三郎助が為替方御用を拝命し富豪としては真先に金一〇〇〇両を同三十日に献金し、島田八郎右衛門もこれに続いた。慶応三年十二月二十七日から同四年正月末日迄に、朝廷に献納された金穀は、金三万八〇一九両一朱・大判一〇枚・銀四一〇六枚・銀三貫五〇〇目・銭一貫九〇〇文・米一二四五石・綿一二〇把・炭二〇〇俵・草鞋一〇〇〇足であった（『子伝』所引・澤田章『明治財政の基礎的研究』）。この献金を基盤として薩長芸の征討軍は大坂城に行軍したのであった。この軍資金の裏付けにより朝廷方は大勝利に帰したという。

会計基金協議　慶応四年一月八日の夜、小会議があった。この会議は「経済に如何せん」というもので、廣澤兵助・岩下佐次右衛門・後藤象二郎・福岡孝弟・大久保一蔵（利通）および公正が列席した。軍用金の件につき議論の末、三〇〇万両の見込額を算出した（『史談会速記録』、『子伝』、『伝記』）。

その三〇〇万両の軍用金を作ることになっての返済方法について、公正は紙幣発行であると提言した。その公正の提言の主内容は、(1)御用金を調達する代わりに、その代替物の何かを与えて殖産興業の資本とする。(2)外国の例に倣って金銀貨に代る代用物である紙幣をもって金融の途を開くこと。(3)日本全国の人口をおよそ三〇〇〇万人と見て、一人一両づつ位の御奉公となすべき。この三点より、三〇〇〇万両の金札の発行を提案したのであった。この経済策はかつて坂本龍馬に説き、岩倉具視に陳情した内容を公的に披露したものであった。この三〇〇万両会計基金については小会議の賛同を得たのであった（『伝記』、『子伝』他）。

第六章　新政府の綱領制定と財政策

1　「五箇条の御誓文」の草案起草

「議事之体大意」と「会　盟」

公正生涯の偉業として特段に記されるのが「五箇条の御誓文」の草案である「議事之体大意」を起草したことである。公正は言う。幕府征討の大義名分について、天下の方針を定めなければ、「朝廷は御謀反なるか、御征伐なさるか誰にも分からぬ」という。深夜に及んだ議論は、夜の明け方にもなってきたので、明日の詮議ということで退席した。

公正はたとえば自分に方針を立てろと命ぜられたら、いかに返答するかということを京都岡崎の福井藩邸で認《したた》めた。村田氏寿に書面を見せて意見を請うたら村田は一言の言うべきこともないといったので、藩士の毛受洪《めんじゅひろし》にも見せ、仮名違いがないかと確かめ、土佐藩士の福岡孝弟《たかちか》に見せたら、福岡は「お得意の経綸が出ましたなあ」と大いに称讃したので、清書を福岡に頼み、これを岩倉具視に提出しようと約束したという。公正はこれを御所へ持参しようとしたが、用事手放し難く時が経ったので、公家の東久世通禧《ひがしくぜみちとみ》に託したという。

これでいったん公正の草案は朝議に提出されたもののようである（『子伝』、『伝記』、芳賀『由利公正』）。由利子爵家に伝来した「議事之体大意」は、原案が同家より流出後幾人かの所蔵者の手を経て市場に出て、現在は福井県の所蔵となって落ち着いた。ちなみに昭和末年頃、角鹿（本書筆者）は春嶽嫡孫永芳氏やその周辺の人たちから、この草案の原本は、政府高官の贈答品としてあちらこちらと所蔵者が変わっているらしいという噂を伺ったことがあった。

原本は巻子本で共箱、箱書きには「五箇条御誓文原案　三岡八郎起草　福岡藤次修正」とみえ、これは金子堅太郎《かねこけんたろう》の筆である。その本文は、

議事之体大意

一、庶民志を遂げ人心をして倦まざらしむるを欲す
一、士民心を一つにし盛に経綸を行ふを要す
一、知識を世界に求め広く皇基を振起すべし
一、貢士期限を以て賢才に譲るべし
一、万機公論に決し私に論ずるなかれ

と認められている。この草稿には、福岡の添削が生々しく残っており「議事之体大意」という題は「会盟」と書き改められ、「一、庶民志を遂げ」の行は「官武一途庶民に至る迄各其志を遂げ」とし、「一、士民」は「一、上下」に改めている。福岡は後年の回顧で「私ノ記憶デモ、當時太政官代トナツタ九条邸ノ蓆ノ上デ矢立ノ筆ヲ以テ由利ト書キ合ツタ様ナ気ガスル」（『子伝』、『明治財政経済論』）と述べているから、このことかと思われている。

福岡の添削は、福岡案のようにして「議事之体大意」の後に付され合装されている。すなわち次のように記されている（口絵二頁）。

会盟

一、列侯会議を興し万機公論に決すべし

一、官武一途庶民に至る迄各其志を遂げ人心をして倦まざらしむるを欲す

一、上下心を一にし盛に経綸を行ふべし

一、智識を世界に求め大に皇基を振起すべし

一、徴士期限を以て賢才に譲るべし

金子堅太郎の講演

「五箇条の御誓文」のこの二つの草案については、箱書きをした金子堅太郎の講演（大正五年十一月二十五日國學院大学において「五ヶ条の御誓文の由来」）の草稿

が『伝記』『子伝』に引用されているので記しておく。

五箇条の御誓文に就ては是までは子爵由利公正（當時は三岡八郎）子爵福岡孝弟（當時は福岡藤次）の両人で起草されたが、どちらが初めであつたか、どちらが主任であつたかそれが判らなかつた。所が維新史料の編纂を始めましてから始めて此事が明瞭になつた。それは由利子爵の死後、維新史料の編纂員が由利家に行き五ヶ条の御誓文に関する材料に付き御尋ねしたところ、未亡人の曰く、主人が生前に私に向ひ、是は自分が年来大事にして有つて居つた三徳である。其三徳を昔から自分が携帯して居つたが、之をお前の遺物として遺るからどうか保存して置けと言うて死ぬ前に私に手渡した三徳がある。

この三徳から「五箇条の御誓文」の草案が出てきたというのである。ここに登場する未亡人とは、公正より先に他界した夫人タカではなく継嗣公通の夫人絲子（壬生基修二女）あたりであろう。また三徳とは、大型の紙入れで、重要書類や金銭を入れて懐中したものである。つまり、公正が「五箇条の御誓文」の起草を行ったことは、自ら語ることなく、家庭において、この草案を所蔵せよとのみ言い遺して他界したもののようである。

公正の政治理念

すなわち、起草者は公正であり、この起草文に至る公正の政治思想を垣間見てみよう。

まず第一条に公正は、庶民が思う目的を達成し、倦怠感のないようにすべきというのであるが、このことは公正の歩みが、志のために良かれと思い尽力してきた諸工夫や努力が、諸士の妨害・無理解・圧力によって果たしえなかった経験を彷彿とする。国家のため社会のために能力と志のある者がその目的を果せない社会には二度とならぬことを第一条に述べたのは、実に公正らしいと言える。これが、公正の政治原論とも言える「経綸」よりも前に掲げられていることに注目できる。さて、その他の「知識を世界に求め」「貢士期限を以て賢才に譲る」「万機公論」については、公正独自の発想のみではなく、これまで縷々指摘されてきたように師横井小楠の「国是七条」（文久二年）や坂本龍馬および福井藩の国是による所産とみてよいであろう。龍馬の「新政府綱領八策」は福井において公正と面会し帰京直後に認めたものとみられるが、ここにみえる世界の中の日本という認識と近代化を訴える姿勢は、公正の「議事之体大意」に繋がり踏襲されていることは明らかである。

第二条は、武士も平民も心を一にして、つまり一致団結して産業を興さなければならない、ということである。公正の草案までは、一条にも二条にも「民」の語を用い、「民あっての士」「民あっての国家」そしてこの国の主役は「民」であることを明示し、強調している。それと比して福岡案では、「士民」を「上下」と記した。「上下」と書き改められたことにより身分制の存続を当然の如く前提としている。それは、福岡案の「官武一途庶民に至る迄」とあるようにこれが「上下」を詳しく記したにすぎないことが分かるのである。そして「それぞれの分に応じて」それぞれの「志」を遂げるべきであるというのであり、「志」は階級の中で遂げるものだという認識である。

第三条は文明開化の政策を謳っている。いかにも進取の気性に富んだ松平春嶽の家臣、福井藩の出身らしい。このことについては大きく福岡案と変わらない。

第四条では、「貢士」を「徴士」と替えられている。「徴士」とは、公議の選択による官僚ということである。「徴士」の方が、その身分が世襲独占ではないことを強調していると言えよう。この「徴士」「貢士」の表記の違いについては、むしろ公正こそ「徴士」と記すべき背景がある。慶応三年十二月十八日、公正が参与に任じられた折、藩籍のままで、「朝廷の参与となれば、其身の進退に惑うかもしれないから、名分を明らかにしたい」と建議して、「徴士」となったのである。「徴士」こそ公正の主張した朝廷の直臣であり、公正が「貢士」と記したのは、公正以外の官僚出仕者がすべて貢士であったことによるのであろう。公正の深い見識と主張があったとみるべきであろう。

挙藩上洛計画で処分された公正は、坂本龍馬によって朝廷に登用されたのであるが、その登用が藩の妨害によって遅延したことは先に述べた。草案には福井藩保守派である中根雪江らに登用を妨害されたことによる不満が反映しているのであろう。つまり藩推挙による「貢士」は、「徴士」のように自由ではなく、藩との二足の草鞋、背負う藩の影を意識しなければならない。「貢士」という藩を代表とする議員は、任期を設けてしまうと各藩の主権が侵される。福岡は公正のように「徴士」であれば期限によってすぐれた後任に官僚を譲ることができる。しかし「徴士」に期限を設けないと、藩の主権が侵されることにもなりかねない。越前と土佐は、藩論も公議政体論として最も近い関係にあるが、「貢士」「徴士」の差し替えは、公正・孝弟の立場の違いのみならず、微妙な両藩の藩論の違いが

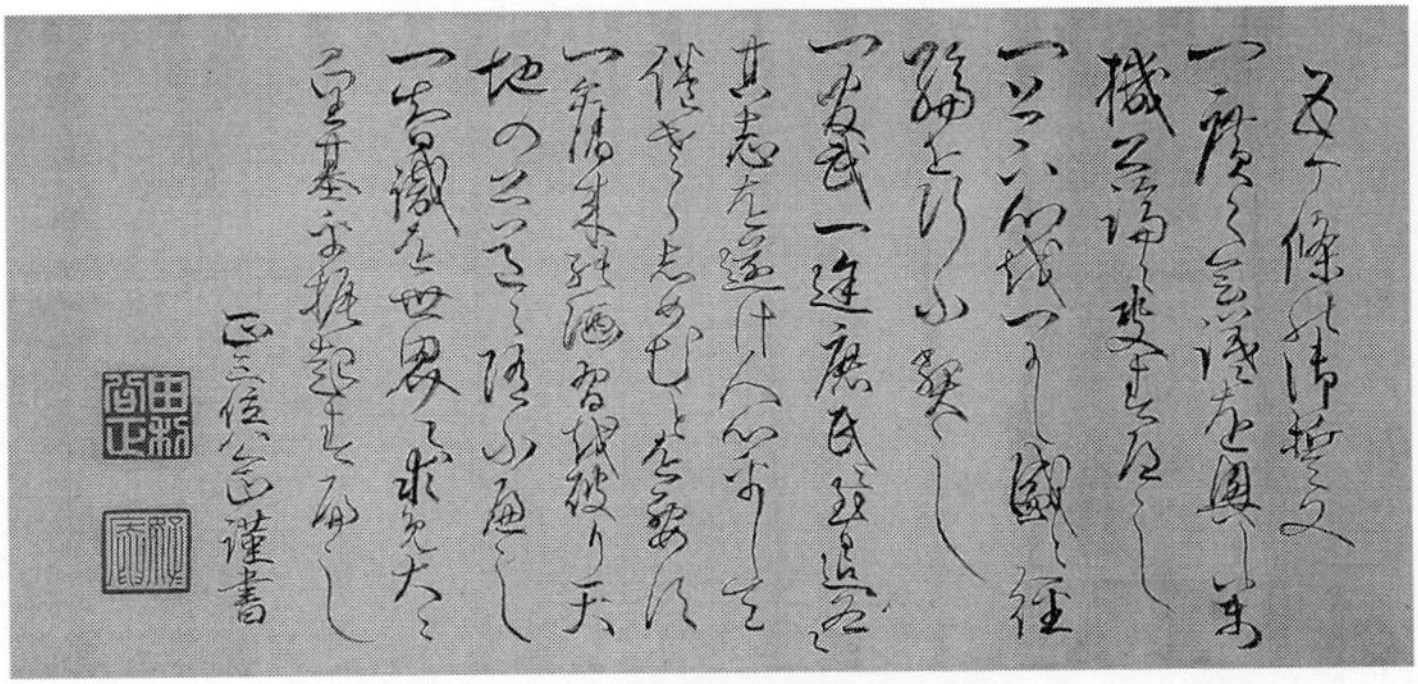

由利公正筆「五箇条の御誓文」の書幅（高知県立坂本龍馬記念館寄託個人蔵）

表れていると言えるであろう。

第五条の「万機公論」の後に続く「私に論ずるなかれ」は、福岡案で消されてしまっている。この箇所は、「幕私」や「私政」を批判してきた春嶽を中心とする福井藩の藩論に基づいている。しかし、公議政体論路線を進んでいったとしても、越前も土佐も、「私に論ずる」者が、一定の力を持てば、それは「私政」へ傾く危険性が憂慮されることを公正も孝弟もよく認識していたのであろう。

ここは明瞭に第一条に掲げ、「列侯会議を興し」と具体的に福岡案は書いてしまったのであった。しかし、公正の脳裡では必ずしも「列侯」ではなく、木戸案によって「列侯」を「広く」と対象を広げたことにより、福岡案よりは公正案に引き戻された感がある。木戸案の「広く」は、公家・武士・庶民の垣根を越えて従来の慣例や身分秩序にかかわらず、国民の発言の機会を許可するというものである。そのことは万機（すべてのことがら）であり、この公論によって決議するというものであった。

ところで公正は国許の諸士の依頼で「五箇条の御誓文」の揮毫をいくつか行っている。福井市順化小学校にも額装で存在したが、福井市の大火や戦震災で失ったようである。しかし福井市橘曙覧記念文学館・高知県立坂本龍馬記念館（公正八十歳記念の揮毫、号の「方外」で款記している）や、他に個人蔵（由利正通箱書）のものとして今日に伝存する。龍馬記念館の書幅には、「明治元年三月十四日、御発布天下初めて方向に到る」（原漢文）と記し、公正の強い感懐が読み取れる。「五箇条の御誓文」こそ、橋本左内・横井小楠・坂本龍馬と受け継がれてきた「公議公論」「公議政体論」が朝是となった嚆矢であり、公正の感慨と悦びは一入《ひとしお》であった。

2 太政官札の発行と由利財政

会計元立金の募集

公正の経済論は、士民が一体となって経綸を行うことである。この経綸を実現する選択肢の主要なものは太政官札の発行である。三〇〇万両御用金募集の件が朝議決定を得たのは慶応四年正月十七日であり、金三〇〇万両を近畿諸国の豪商に宣募したのは同十九日であった（『大蔵省沿革誌』『子伝』）。

翌二十日には、さっそく京の豪商、三井・小野・島田の手代が各々に参上して命を受け、二十二日には、京・大坂・近江・伊勢の富豪名簿三冊が提出された。同二十九日、大坂豪商の代表十家が二条城に召され、会計御用を仰せつけられた。また同時に三〇〇万両の会計基立調達が諭告された。しかし、大坂商人が諭告によって新政府を憚り、恐れ入って御用金を納めるはずはなく、鴻池や広岡等に対する召命はたやすくいかなかったというのである。この時の公正の談は、

五畿内の金持を仰山に二條城に呼出して三百万両の御用金を達した。借上げる段になつては、それは色々方法があるけれども、前々にもいつた通り、初めに二十万両、三十万両と云つたら再びとは出はしない。ベソをかくより外、道がない。そこで三百万両と切出しておいて取れるだけやつて行く考へだつた。この時は尋常の場合でない。出さにやならぬといふ朝廷の命令ぢや。こつちは一生懸命だつた。それで公卿さん初め何れも必死と為つて働いたのだ。その精神で取り立てる事が出来た。（『子伝』）

であった。公正は二月十一日に京都の豪商に五万両の調達を押しつけ命じると、大坂で豪商十五家を官軍隊屯所に呼び召して同様の五万両の調達を命じた。どうしても江戸東征のための軍費を必要としたからである。

これがいわゆる御親征費というものであわせて一〇万両の調達である。さらにこの軍事費は、京都において三万三〇〇〇両、大坂で三万両が追加されている。新政府の軍費ならびに急な会計は、こうした富裕層からの献金によって賄われた。しかもそれは強引な方法で出費を課せられたのである。三〇〇万両の御用金募集がまだ始まって間もない時に、江戸東征に向かった有栖川宮熾仁親王《ありすがわのみやたるひと》を大総督

とする新政府軍は、京都を進発する折、連日の大雨で、大津街道などの道路破損が甚だしかった道の修復を会計局において講じようとしたが応じる者がなく、福井藩の事業として府中屋清水磯吉に工事を請負わせ、ようやく進軍することができたという有様であった（『子伝』）。

公正自身も「身體衰弱して血便を催し歯の根も緩むに至った」と回想している（『子伝』）。

江戸東征軍を見送った後も、引続き公正は大坂にあって鴻池善右衛門以下十四名の会計事務裁判所御用掛等を督励し、三〇〇万両を目的とした会計基金の募集に着手した。同月十九日と二十日の両日に市中の主要町人約六五〇名を奉行所に参集させ、五・六十人宛を一組として順次に新政府の意志を明らかに説明して、その賛同を得るために粉骨した。その後この方法に倣って数回にわたって、大坂・西宮・伊丹・堺等の町人も命に復した。後藤象二郎は、「若し官兵進まず、徳川の兵退かず戦端結んで解けざれば、大坂市中は其災厄を蒙り灰燼に帰せんこと疑ふべからず」と説諭した結果、毎日百人位ずつ、およそ七日間召命に応じ、すべて八百人になったので、その姓名録を作り、公正が取立てをしたという（『史談会速記録』第百七十一輯談話、『子伝』）。

非常時に無理やり御親征費を調達したものの、公正の経綸の方向は紙幣発行にあった。

太政官札の発行

紙幣発行に代えて会計基立金である。その紙幣発行の議案は一月二十三日に可決されたが、会計基金の募集がまずは急務となっていたため二月中旬頃になってようやくその製造準備に着手したのである。その間さまざまな論議が繰り広げられた。まず用紙であるが、中井三郎兵衛の談によれば、紙は美濃紙を勧める意見とかいろいろ評議があったが、奉書が一番よろしいということで、越前奉書で金札を製造するということになった（『明治維新財政談』『子伝』）。越前奉書を選定した理由は、金札は贋造の恐れがあるので、原紙を外国製に購求するべきであるという議論があった。しかし、至急を要するというので、紙漉元を厳重に取り締まるしかないということで越前で作ることとなった（『小野善右衛門筆記』『子伝』）。

二〇〇〇両が金札用紙として公正に渡され、一五〇〇両を用紙代として福井藩会計方小栗五郎大夫が受けとり預った。一方で、京都両替町の銀座跡を修復してその奥に土地家屋を買足して建設し、楮幣司と名付けられた。翌三月二日、公正は郷里福井に帰り、三好助右衛門、山田又左と相談し、藩庁と接衝して製造方を五名任命した。三田村筑前・加藤河内、清水筑後、三田村豊後、小林丹後は、いずれも越前今立郡五箇の和紙職人である。また福井藩の札場で、五十嵐初次郎と吉田文蔵の両人を連れて同月二十一日に帰京し、製造方頭取とした。五十嵐・吉田は紙扱いの経験があり、他の役人もその多くが福井藩士であったのは、用紙の関係によるものという。

奉書の製造については、普通の奉書ではだめだから、三椏《みつまた》を入れ、少し硬い特殊な紙とした。漉船という船の中で混合物を定めて札と同じ紙を漉いて、他へ配分することを止めるなど偽造防止に注意を払っている。また公正自身も種々の注文を付けて、こだわりつつ奉製したのである。四月二十二日、紙が漉きあがったのを用いて楮幣司で金札製造が始められた。閏四月十九日、紙幣発行の趣旨などが公布された。富国の基礎造りのために、一時の権法（社会実験ともいうべきものが）として金札製造をすることを公表した。各藩は、万石万両の割合で借り入れが可能であるが、それは産業振興のみに使用し、みだりに藩の経常費に当ててはならないとされた。農民・商人も直接借りることもできる。十三年の間で毎年借入額を金札で返済するというのである。この三年分は利子に相当し、返済された金札は廃棄される。これらは皆公正の発案であり、このまま進行していた。

金札発行の遅延

ついに五月十五日を紙幣発行の日と決定されたが、発行日に近い五月中旬頃に近畿地方一帯を襲った豪雨により京都・大坂の交通機関は遮断される事態が発生した。このため、五月二十五日に発行となった（十五日の発行日を承知していた大坂十家の両替商は裁判所からの沙汰により延期が告げられていた）。しかし、五月二十五日を前にして前日の二十四日になっても内部の議論はくすぶり続けていたようである。岩倉具視はこのことを心配し、二十五日発行のさらに延期をして公正に待つよう相談があった。公正は、「最早手をつけて諸方へ配つて仕舞ふたから今更止めやうがない」と答えたという。

さらにもし止めようというのであれば二条城へ火を掛けてしまうと付け加えた。岩倉は、二条城へ火を掛けるのは待ってくれと言いつつ熟考の態度をみせたから、公正はいったん大会議で定まって下命されたことを曲げずに明日より発行のため諸方へ配布してありますと答え、今さらの中止は朝廷の信用を失することであると訴え、岩倉の決心を願いたいと押し通した（『史談会速記録』、『子伝』）。発行に対する直前の横槍は江藤新平《えとうしんぺい》からもたらされた。しかし公正は命がけで岩倉に迫り実施することを得た。また会計局権判事だった陸奥宗光《むつむねみつ》も公正と争論して、逆に罷免され、大坂府権判事に転じたという（大町桂月『伯爵後藤象二郎』、渡邊幾治郎『陸奥宗光伝』、『子伝』）。

ここに逸話がある。かの長州出身の大村益次郎は金札の贋造を心配した。金札の体裁が簡略で一度発行の暁には贋造者が続出するのではないかというのである。これに公正は「万一贋造金札が出来るといふことになつたらシメたものだ、今貧乏な国庫は到底贋札を出しむるに足る信用はあるまい」と答えたという。

銀目廃止の混乱

太政官札発行日に銀目《ぎんめ》が廃止された。

銀目（丁銀・豆板銀）の廃止は、大坂市場に影響し取付け騒ぎに発展した。これは大坂では、取引単位には銀が用いられてきたからである。目方で表示する銀というのは小判のような一定した形ではなく秤量であった。このやりとりは面倒であったので、両替商が手形を発行していた。実際には銀の量以上に手形を発行している者も多かった。何倍も手形を発行していたのに突然銀目廃止となり持主が両替商に殺到し、次々と引き替えた。この大動揺は大衆の恐怖心理を惹起せしめ融通金が停止し、多くの両替商が倒産した。

閏四月二十五日、会計官中に商法司という一局が設けられた。翌五月には太政官札発行事務を取り扱うため、商法会所の開設をみた。職制には、知司事・判司事・権判事または掛金頭取、元締等の諸役があり、これらには多く富豪を任命した。商法会所では、各地の物産を引立てるため、相当の抵当品を取り利付期限で商工に貸付けた。商法の諸仲間組合には新旧関係なく免許鑑札を下付した。しかし運用には旧習を脱し難く困難を極めたという。太政官札発行頭初より大衆・市場での混乱が発生し

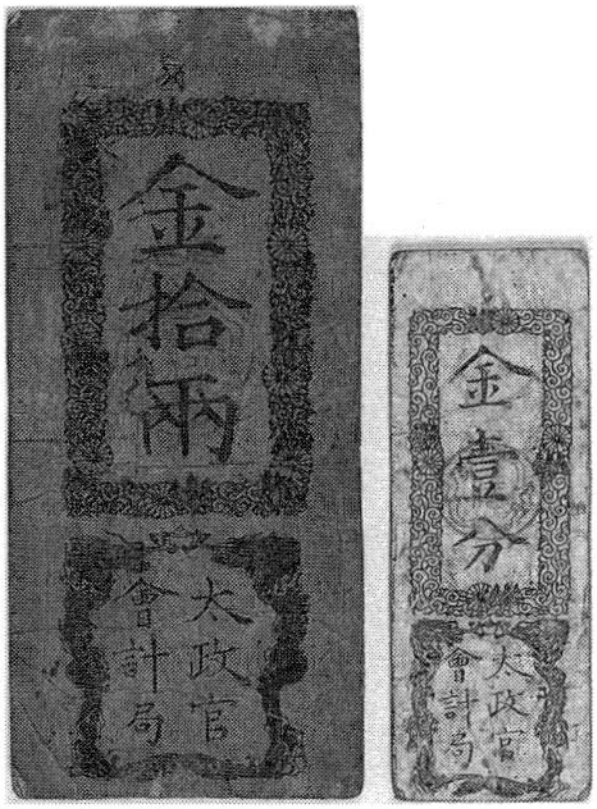

「太政官札」
（福井市立郷土歴史博物館蔵）

た。太政官札は縦長の紙幣で壱朱・壱分・壱両・五両・拾両の五種が作られ、全額と共に「太政官」「会計局」が二行で記され、裏面には「慶応戊辰発行」と右上にやや小さく記され、中ほどに「通用十三限」とある。太政官札は紙幣としては他にみられない特徴がある。それは上部に穴が空けられている。こよりにて綴じるためであった。

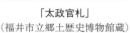

太政官札の貸付

太政官札の貸付は、原則として諸藩の石高に応じて貸与するものであった。そして諸々の商売より御用金調達金の証書もしくは不動産・米穀・銅・麻黄・菜等を担保として提供させ、その代替物として貸与する方法に限定されていた。その他例外として銀目廃止令により困窮・倒産した両替商を救済するため最初から貸与された。

徳島・佐賀・鹿児島藩をはじめ八月までに約二三〇余万両の貸付をみた。しかしたとえば徳島藩からは、金札五万両を拝借したので大坂において正金と引替えようと談判したが、引替どころか預かることさえ断られた。それでたいへん難渋している（神長倉真民『太政官札物語』、『子伝』）という歎願書が届けられるように、各藩はいずれも正金に乏しく、また藩札の濫発に困惑しているほどだったので、このうえさらに金札を使用されることは混乱の極みとなっていたのである。次に町人においてはどうであったかというと、町方では押付けムードが蔓延していた。後に日本銀行の総裁となった松尾臣善は、かつて太政官札を正金と強制に引換えた経験があり、それを大坂で担当した。鴻池や加島屋などの豪商を呼び、駆走して、「お前は何万両、何千両といふ風にして膳の先に突付けて換へさした」というのであった。正金を取って紙幣に替えるという乱暴な仕方だったという（『維新財政談』）。

流通の難渋

岩倉具視はじめ各員の苦労もあった。岩倉は山中静逸、西川一平、熊谷久右衛門、山《やま》本復一《もとまたかず》等数人に命じて五畿内（山城・大和・河内・和泉・摂津）と近江の富豪に正貨で楮幣に交換することを勧奨した。これはまだ太政官札が民間に広く流通していなかったためであった。これにより諸国から正貨で太政官札に交換することを岩倉の本邸に申報する者が多くあった。その額は数十万両に上ったという（『岩倉公実記』、『子伝』）。太政官札はこのように流通に難渋していた。押しつけ非常の金札であったため、流通がままならなかったのは仕方がなかった。

しかしいろいろな課題問題を抱えながらも、金札発行は新政府には旧幕府勢力の鎮圧と基本的国家財政の運用のためには背に腹は変えられぬ手段というべきものであった。松平正直の談として「由利の本当の精神の有る所は今信用のあるの、虚の実のといふことを論及する暇はない、そこで仕様がないから、早く紙幣を拵へて此兵糧を遺してやるが宣い」といふ考えを起こしたのであるという。これが「根底」にあったとみている。

そして公正はこの方法がよろしくないというのであれば、そう否定する人に委任するしかない。公正のやり方としてはこの途以外にはないというのであった。かつて横井小楠が紙幣は兌換《だかん》でなくても為政者の熱心熱誠で行えばなるものであると、福井居留中に時々説いていたという。どうも公正の頭にはそれがあったようである（『世外侯事歴維新財政談』、『子伝』）。諸藩はまだ藩札を用いており、朝廷発行の太政官札に影響されることを危惧し、危険視していたことは確かであった。また太政官札を京・大坂で正金と交換する輩が多く、正金は払底し、紙幣は氾濫した。

ただし、西郷吉之助（隆盛）は、金札発行が朝命であるのだから、金札払いに不平を言う輩は斬って捨てるべしとして、戦地では他よりまして金札が通用したのだという（雲軒「公正の号」自記『伝記』、『子伝』）。しかしこういった理解者・応援者はごく稀であった。

金札発行は朝命

金札の流通・使用・運用にはかかる問題が続発し、木戸孝允・大久保利通も憂憤し、岩倉に苦言を屢々呈した。まず木戸は、朝廷の重職にある三諸侯、つまり蜂須賀・山内・池田も自藩では一向に金札の取引をしていないと岩倉に報告している。政府内でも金札使用に不統一であるものをいわんや民間においておやというべきものであった。相場も正金一〇〇両に対して太政官札一一二両又は一五〇両となった。政府は六月二十日、金札を正金と両替させてその打賃をむさぼっているようであるが、これは必ず罰せられようという禁止令を出した。しかしその効果はなく、七月十八日・二十三日の相次ぐ大坂府達によって正金同様通用すべきことを命じた。この頃の落首がある。

仏より尊き金も紙となり上は金札下にこんさつ。上に穴下には穴がなき故に上は通るが下は通らぬ。日本はいかに神国なればとて金まで紙になりにけるかな。いろとさけとのふたつのほかに誰もまようはみなこのことよ。きんのかわりになまりといひしそれはむかしのこがねの色のほとけさまさへ世にすてられて今はちはやのかみばかり。

太政官札は、先にも触れたように朝廷のある関西地方において流通は成功したが、諸藩においては禁止令を無視し、金札を藩に持ち帰らずに大坂近辺で正金に替える輩が続出した。自藩の藩札の下落を恐れたためであるとみられている。これが悩みの種であった。しかし、大商人・富豪が集中している関西において金札流通がよく回転したことは唯一の成果と言えるであろう。新政府も最初懸命であったのは、金札を今日でいう一般経費への充当を避けたことであった。商法司を通じて貸与し、同司により返済させた。一般会計といわば特別会計を分け、金札充当は設けられた特別会計の歳入にしたのである。こうして会計基立金は増加をみた。朝廷が関西にある間はそれで良好ではあった。

太政官札と軍費

しかし、慶応四年七月十七日に江戸が東京と改称され、九月八日に慶応が明治と改元された。そして天皇の東京行幸が決定した。金札が関東で通じなければならないが、関東では金札反対の役人が多くて流通しなかった。尾崎護は、その実は外国公使に対する遠慮と、生糸輸出で好調な横浜の関税収入に影響が及ぶのを恐れたのではないかという卓見を寄せている（『由利公正のすべて』）。とはいえ公正にとって行幸は、東北の旧幕府勢力の鎮圧と、朝廷による統治のためには切望するところであった。行幸は八月四日に朝議が決し、さっそく経費を見積れば、八〇万両に達することが分かった。岩倉らは、懸命に費用の調達にあたる。会計基立金を大いに募集し、紙幣の貸し出しを代償とする手法である。公正は関西における歳入の確保という再三の東幸に関する呼出しには応じなかった。

岩倉の片腕として王政復古に尽力した中御門経之《なかみかどつねゆき》は当時議定・会計事務総督であり、実質公正の上司であった。中御門は、東幸に議決したうえは、東京における会計の構築のためには、やはり適任者は公正しかおらず、関東へ出張させてその任務に当たらせようとしたのであった。中御門の公正に対する期待は大きく、至急の上京を促している（県博「由利公正家文書」）。

再燃する太政官札是非論

当時財源は枯渇の極に達して太政官札を経営費にまで充当することになり、官吏の月給も減額で、第三等以上の者は半減されたのであった。これにより太政官札是非論が再燃している。金札是非の議論は公正自身に回答を求める形で提案書が出されている。答申者は、中山忠能《なかやまただやす》・徳大寺實則《とくだいじさねつね》・正親町三条實愛《おおぎまちさんじょうさねなる》・副島種臣《そえじまたねおみ》・岩下方平《いわしたみちひら》および公正の旧主君たる松平慶永（春嶽）その人たちであった。この答申書は明治元年八月上旬とみられており、会計官存意御尋として十五条にわたり認められている（澤田章『明治財政の基礎的研究』）。なにより、官軍費用の調達を最優先にし、これを廻すことを懇願している。旧主君をはじめ、維新をなした諸卿の危惧を一点に集めたのであった。

旧貨鋳造策

太政官札の発行は、公正の考えるところ国内産物の流通が基本目的であり、いわば人民のための産業振興策であり、困窮救助策であった。しかし政府高官は、多くそれを理解出来ずにいた。旧幕府側勢力、つまり徳川政権の残党を早く征討し、鎮撫することが急務であり、まずは官軍費用の調達こそ公正の任務と考えていたとみてよい。しかしそれはまた外国人からの信用も得ることが出来なかった。紙幣というものはその国の信用の根本であり、当然正貨と交換できるものと彼らは考えていた。不換紙幣の発行が理解しがたいことは言うまでもなかった。外国公使らはこのことについて批判を浴びせた。さらにこうした外国公使からの批判に肯定的であったのが、公正批判をしていた官僚たち、すなわち大隈重信・寺島宗則・陸奥宗光らであった。また東京会計官判事の江藤新平も金札に反対していた。彼らの批判の背景には、各出身藩で太政官札が藩札下落に影響があると危惧していたこともあろう。当時金札発行以外に考えられる手段は、御用金調達と貨幣鋳造しかなかった。御用金調達がすでに限界が来ていることは多くの官僚が経験として周知していたようだが、貨幣鋳造策についてはまだ期待する余地があった。そこで五月二十八日付布告として政府は旧貨幣吹増の旨を出した。旧貨二分金と一分銀等の増鋳である。

大阪長堀に貨幣司が設けられ、七月四日より改鋳事業に着手した。翌二年二月五日には新たに造幣局が設立され、貨幣司が廃止されたがそれまでに二五二万三五〇〇余両が鋳造されたという。また東京においてもこの間に、三五〇余万両の巨額を鋳造したという。この旧貨鋳造策は太政官札を凌ぐ効果を上げた。計六〇〇万両にも及ぶ貨幣鋳造が可能となったのは、その地金の入手ができたことによる。生糸産出国の仏・伊両国で蚕の病気が流行し、生産がゼロになった。そのため日本の生糸の輸出が増加し正金を多く得られたからである。しかしこれは非常手段にすぎない。公正は中御門経之に金位低下を憂慮した書簡を認めている（『子伝』）。

外国からのクレーム

幕末期には、幾度もの改鋳により、贋造貨幣も出回っていた。とくに海外との商取引が増加すると外国からのクレームが相次いだ。幕府は、英米蘭仏との間に、慶応二年貨幣制度の改善協定を結んでいた。新政府は、こうした幕府の結んだ条約は外国への信頼を得るために遵守していることを表出しなければならなかった。政府は久世治作らに現存する貨幣の品質を調査させた。江戸の銀鋳座は新政府が取り上げ、機械は封印した。新しい規格を設けての造幣は政府が直営したのである。

しかし、京都からの送金が充分ではない江戸においては、政府の方針は横に置いて、旧幕府時代と変わらぬ低品質の貨幣を鋳造していたのである。久世らの調査の報告により、政府は江戸における現状を知った。政府は直営の貨幣鋳造をするために貨幣司を会計官のもとに置いた。一般財源として重要な貨幣鋳造には、江戸から持ってこさせた機械と職人を使って開始した。この貨幣司には旧幕臣であった長岡右京が主宰した。ところが貨幣司・長岡の不正が発覚した。長岡の犯した不正の内容は明確ではないが、公正は部下にあたり、引き立てていた長岡を信用してその罪を庇ったのであった。これが公正まで攻撃の的となり、後に辞職を決める引き金となっている。陸奥宗光の公正評では、英公使パークスが、日本政府は条約違犯の悪貨幣を鋳造し、外国人に巨大の損害を与えたというクレームを申し立てたため、大隈が造幣局の吏員を吟味したという（『陸奥宗光伝』『子伝』）。

3　東京への出向

東幸の時期が迫るにあたって、公正の上京も促すことが頻りとなった。岩倉具視・中御門経之・大久保利通らの上京要請が相次いだ。

東幸費の調達

明治天皇は明治元年九月二十日に京を発輦し、十月十三日江戸城に着輦。江戸城は東京城と改称され、のち皇居となった。公正は東幸費調達の任務もほぼ完了したとみて、自己の進退を明らかにするため、九月二十四日付で岩倉宛に辞表を認めた。「火急独断之取計等多多仕不レ奉顧二御制度一候段、重々奉二恐入一候（以下略）」という内容であったが、この辞表は岩倉の手許に留められたままとなった。岩倉は、徳大寺公純宛に書簡を認め、由利辞表はもちろん差止めるが、いちおう相伺ったところ徳大寺も同様であり、公正の財政策に反論する江藤新平、大木民平、伊地知正治等とも充分談合して、今後とも公正の手腕に頼るべきだと返答した（「岩倉具視関係文書」）。これにより辞表は握り潰しとなって留任し、新たに関東において金札流通を促す命を帯びて東京へ出向することとなったので、公正は十月二十日着京した。

この間のことを公正はこう回顧する。公正は、正金五〇万両を調達して江戸へ持参した。大金所持のため蒸汽船で早く上京しようとするが、しかるべき船がなく、燈台船の古船で危険ながらも運を天に任せて出帆した。遠州沖で強風に遭い、二日目の夜半に船員が音をあげたが、小さな帆を上げて清水港に寄り石炭を積んで横浜に着いた。石炭がなくなって船が進まないというので、ここから印度人の使用していた馬車で江戸に着いたという。

金札発行の苦悩

さて、東京での金札の発行は、江戸の役人たちによって保留されたままであった。まず公正は外国の商人たちと何度も会っては、彼らに金札発行の趣旨を説いたのであった。もっとも東京の会計官である長谷川仁右衛門・北島秀朝《きたじまひでとも》・島義勇《しまよしたけ》らに公正は説明したが、その長である江藤新平と島を除く会計官は金札に反対をした。岩倉もこのことを知り、三条実美《さんじょうさねとみ》宛の書簡で歎いている（『子伝』）。

公正は江藤と討論に及ぶこと七日間に及んだ。江藤は、江戸市民が新政府を信用せず、紙幣を嫌厭することが甚だしかったことをよく知っていたから、新政府の信用失墜を恐れて反対したのであると回顧している（『江藤南白』）。討論八日目にして江藤は姿を見せず公正の主張が通ったという。ようやく一〇〇万両を東京府に渡し十二月四日に布告をした。しかしその布告は、公正の知らぬ間に紙幣の相場取引が許可されていた。しかも五日に公表された細則には税納付は正金でも金札でもよろしいという。また相場によってこれらも計算されるというのであった。まったく公正不在の運用になっていったのである。東京における金札貸下げを願い出る者は皆無に近かった。半ば強制的に貸し付けられた金札もその額は約五〇万両を出なかったという。

その頃北海道では榎本武揚らの旧幕府軍が箱館において新政府に抵抗していた。その他奥羽越藩の抵抗軍を平定するために岩倉は十一月二十六日付で各参与宛に征討費調達について命を下した。公正引請の分は、当月・来月中に金一五万両（箱館へ）、来年二月中に一五万両（奥羽越出張兵糧）十二～正月中に一五万両など、併せて金七〇万両が入用というのであった。公正は「三井の番頭やら何やら脅嚇して」「出さにゃ斬ってやる位の積りで」一〇万両を用意したという（佐伯惟馨の談による安藤就高よりの聞き書き、『世外侯事歴維新財政談』、『子伝』）。

さて、東京での金札取引きは十二月十三日に始まり、初相場金札一〇〇両に付き正金七三両であった。民間への金札貸し出しは、金札百両に対して一二〇両であった。この相場により明治二年二月五日に金札五〇〇〇万両が増発されることになった。この増発が命取りとなり金札の相場は日に日に下落し、ついに三月には金札一〇〇両につき正金が三八両二分という大下落となった。「金高札安」は解消されず、相場は打ち止めとなったのである。

外国商人への対応

これより先に、太政官札入手の外国商人が正金の引替を出願し多数に及んだ。外国商人の中には政府が正貨兌換を禁止したにもかかわらず、太政官札を買い集めては正金に引替えて巨利をむさぼる者も跡を絶えなかった。しかも禁止に不服を訴える者もあった。とくに英国公使パークスは、執拗に政府に質問を行った。その結果大阪・兵庫の開港場において金札納税を許すことになった。政府の損失は少なくはなかった。公正の太政官札運用は、パークスはじめ外国公使から入説された江藤や大隈・寺島・五代《ごだい》等で、彼らは外交関係者の主なメンバーであった。公正は明治二年元旦に横浜へ出向き、パークスとの会見に臨んだ。

公正は会計権判事長谷川三郎兵衛を引き連れ、馬にて横浜まで行った。パークスは、日本が贋金《にせがね》を造って外国商人に迷惑を与えている。政府は正貨で引替るべきだ。公正は、贋金は政府が製造したものや使用したものはないから引き取らぬよう注意してほしい。只今贋金製造の犯人を探偵中である。パークスは正貨に引替え得るかと聞く、公正は正貨に引替えないという。パークスはこれまで迷惑をしていると言い、公正は他国人は内地限りで通用する金札は受け取らぬようにと答える。国乱を平治するために金札を発行して富源を増し、年を限って返済するといった救民の策であることを述べ、詳細に殖産通商のことを論弁したら、理解を得ることが出来たという。当時の通訳官はアーネスト・サトウだったのでパークスによく言語が通じたのであった。実に愉快な応接で長谷川も大いに喜び、ともに雑話を交わし酒食のもてなしを受け、パークス自ら公正の馬の口をとって他日の再会を期して別れたと回顧している。

贋金問題

公正は贋金師の首謀者を捕えることになるが、各国公使より正式に贋金問題について政府に抗議が出された。パークスと公正の会見後一週間を経た明治二年一月七日である。公正が当初に考えた国民一人・米一石につき一両の奉公という金札発行方針も破られ、贋金問題で外国公使より執拗なクレームを受けて外交問題に発展し、さらに部下の不正、東京での流通の不良等、多くの難問を抱えた太政官札発行は、失政ともみだりに一般経費支出に金札を充当したともその批判は多く寄せられたのであるが、尾崎護は次のように由利財政を評価している。

雪の越路を越えて上京してから僅か一年足らずの間に、由利は「一金の財えなき」朝廷（新政府）

の財政基盤を築いた。なかでも太政官札発行は由利の天才によるものである。そして戊辰戦争の最中にあってその混乱期に、紙幣貸付実績を総計一九三六万五〇〇〇両（明治元年六～十一月）を明治二年七月における政府の紙幣借り上げ残高を二九八七万両という結果を得ているのは見事というほかない。

そして、薩・長に財政援助を求めていたら徳川に代わる寡頭政治が出現し、日本の近代化にブレーキがかかっていたに違いなく、小御所会議の高割論を受け入れていたから廃藩置県は不可能であったとして、由利公正こそ東洋最初の近代的国家の道を開いた功労者であったと思うと称賛している（『由利公正のすべて』）。

4　師・小楠の遭難

小楠落命

公正は、明治二年一月十日（新暦二月二十日）、海路大阪に戻った。そして大阪で師、横井小楠遭難の報を聞く、小楠はこれまでも幾度となく刺客に命を狙われてきたが、去る一月五日現京都市上京区寺町丸太町角過ぎで柳田直蔵（郡山出身、足軽浪人）・土屋延雄（岡山人）・上田立夫（島根人）・鹿島又允（岐阜人）および十津川郷士らに襲われ絶命した。

柳田が持参していた斬奸状には、小楠が「夷賊に同心し、天主教を海内に蔓延せしめんとす」、つ

横井小楠遭難地
（京都市中京区寺町通丸太町下ル下御霊町）

まりキリスト教を国内に布教しようとしているから暗殺するというのである。これは、小楠が廃帝論者であるという流言にも影響された行動と考えられている。小楠がキリスト教を布教しようとしていたことや廃帝論は、まったく誤解によるものであった。かつて坂本龍馬が小楠を訪ねるも直に廃帝論ではなく、尊皇の志が篤いことを確認し、逆に正論に感服したということはよく知られることであるが、春嶽が政事総裁職の任にあった文久頃にはすでに小楠の廃帝論が、風説として志士たちの間で人口に膾炙していたようである。

小楠の性格

小楠は、公正と同様に誤解を生じることが多く、とくに彼は木戸孝允が「横井の舌剣」と称したほどの快弁家であったことが、かえって誤解を招く結果となったものと思われる。公正は、京都に参じて小楠の旧居宅を訪ねた。

今や寂として師の姿無く悲嘆慟哭だんだんと昔を偲んで悲しみに堪えなかった。小楠暗殺の刺客は六人であった。小楠遭難から一年十カ月後の明治三年十月十日、実行犯の刑が執行されたが、この間犯人助命論が弾正台を主流としてあった。攘夷派の十津川浪士たちが小楠暗殺を計画し実行したのは明らかとなったが、その背景には新政府に反発する公家たちの存在があり、刑部省が慎重に対応したからである。
松平春嶽は小楠暗殺の容疑者が福井藩士でなかったことに胸を撫で下ろし、小楠の故郷熊本の敬神党の一派は小楠の横死の報を受けてどっと歓声を上げて喜んだという。
実に評価が多様にあった天才的思想家小楠の死に対して、各々の反応があった。この頃、小楠のみならず新政府高官は遭難の危機に直面していた。後藤象二郎とともに公正も暗殺の標的にされていたのである。

慟哭する公正

小楠の思想を実践してきた公正にとって、その死に接しての心労は極限に達したようである。一月七日、小楠の遺骸は南禅寺天授庵《なんぜんじてんじゅあん》の墓所に葬られた。橋本左内の没後、小楠が引き継いで強く主張した公議公論・公議政体論は、公正らによって福井藩で熟成され、春嶽によって幕政に提唱され、やがて「五箇条の御誓文」の中に生かされて、新政府の基本方針となった。提唱者小楠と実践者公正は、喩えれば車の両輪であった。また公正には生涯忘れえぬ師であり恩人であり同志であった。明治政府の巨星が落ちたのであった。

小楠の追悼

明治三十一年（一八九八）三月十二日、公正は京都の南禅寺小楠墓所で、小楠の三十年祭を斎行する。このとき彼は、

ともに見し昔の事のしのばれて花さくたびに哀しかりけり
此春は花にむかしのしのばれて涙の雨にぬるるそでかな

と詠んだ。横井家伝来の「横井小楠先生三十年祭詠草短冊帖」には、「横井小楠翁の法筵に連りて」なる詞書として公正ほか、松平正直・勝海舟等短冊計五十一枚、漢詩色紙一枚、和歌懐紙一枚の計五十三枚六十首が収録されている。不思議なことに巻頭にはこの当時既に薨去《こうきょ》していた山内容堂と春嶽の和歌短冊がある。そのうち容堂と落款（署名）のある短冊の詞書には「横井小楠翁の三十年祭の法筵に連りて」とありえない内容が記され、「ありし世を思いかこちて詠れば昔ながらのはるの夜月」と「春懐旧」と題して「花なれやすぎし三十路の春風に知れどもかほる貴き名は」の二枚が、また春嶽と落款のある短冊には「道のある国となりにし嬉しくはきみがましき功也けり」の一枚がある。いずれも筆跡が両公のものではなく、さらに和歌短冊に号の落款を記すはずがない。公正は泉下におわす両公の霊にお出ましいただいて、小楠墓前で挽歌を詠じてもらったという創意なのであろう。また、題詞と詠歌の内容は、この墓前に今、両公が居ませば、このような詠歌を捧げたであろうという創作としか考えられない。この短冊帖には、公正の祭文も収められている。文末に「若《もし》、先生ヲシテ今日ニ在ラシメハ、学徳益彰ハレテ聖謨翼賛ノ功多カルヘシ、（以下略）」とその高徳を偲んでいる。

第七章　東京と福井

1　福井の近代化と教育への尽力

帰郷

師小楠が横死した頃、公正の自説である太政官札相場無用論に耳を貸す者はなく、彼は四面楚歌の中にあった。今や公正の苦衷を訴えるべき恩師が横死したのであるから孤独の中にあったというべきであろう。明治二年（一八六九）二月四日、公正は造幣局ならびに大阪府知事御用取扱同治河掛兼勤を命じられた。生まれつきと鍛錬による体力に恵まれた公正であったが、強健な彼もついに身体衰弱に陥った。これより先、十二月四日には不在中の京都会計局より太政官札相場通用の布告があり、公正の面目は丸潰れとなった。直接の理由は健康上のものであるが、無二の恩師の横死、太政官札相場無用論の敗北等の重大な心労が背景にあったとみられ、ついに辞職を決意したのであった。

上洛した公正は三条実美・岩倉具視両卿に対して訣別の辞を述べた。二月十七日付で「大阪府知事御用取扱、治河掛造幣掛」はすべて被免され、同月二十八日、加賀の山中温泉への湯治を願い出、許可された。また慰労三〇〇両を下賜された。三月一日、京都御池の官宅を引き払ったが、この官宅は公正自ら新築修繕した住宅であるとのことで、とくに一〇〇両を給与されたという。万里小路博房は、公正の帰郷に臨んで、詠歌を贈った。

詠帰雁（「帰雁」を詠む）

浮雲のたちて越路に行く雁も　はれなは帰れ月のみやこに

公正の辞職を惜しみつつ、時満ちれば再勤を望む内容とみられる。また公正の上司中御門経之（議定・会計事務総督）より、餞別の品を贈られている。

福井城下に入った公正は、事前に公正のために用意されていたという馬場通の芝居小屋の辺りの住宅（酒井温の下屋敷）にいったん留まったが、「何分にも都合が悪い」ので、山中温泉に向かった。中山温泉から海岸伝いに、三国の塩湯へと湯治場を変更し、四月頃から十月頃まで宿を借りていた。山中温泉で湯治中、木戸孝允から来翰があった。

木戸は、公正の経済政策の理解者の一人であり明治元年八月の建言書中に、「当今天下之大会計を立つる其人、恐くは参与（三岡・後藤）を除いて他に其人を得がたし、篤《とく》と御評決奉ニ祈上一《いのりあげたてまつる》」と記している。太政官札の相場は下落する一方であり諸々課題を生じていること、地方旧貨吹増金の粗悪化や、贋貨問題に対する外国公使より厳しいクレームを受けていること、それを大隈重信が尽力して対応しているが、必要として公正の再勤を促したのである。しかし、公正はこれに応じなかった。

東京での由利の評判

松平春嶽は明治二年四月二十二日付公正宛書簡に、新政府の模様は京都とは雲泥の差であり、よく分からないことが多く、いろいろ不都合である。岩倉具視もまだ東京には不在で、公正が東京へ赴いたら、たいへん不都合を生じるであろう。だから病気で、五十日とかの暇を願ってはどうか。大隈重信はよくやっており、公正が来るとたいへん嫌われる。公正を待つ様子など卿議定・参与皆無である、と書いている（県博「由利公正家文書」）。

また春嶽の六月七日の書簡には次のようにある。春嶽が式部官の用向きの帰りに参朝し、白書院で中根雪江・東久世通禧に応接の際、東久世の机上に一枚の紙があって、そこに小松帯刀と三岡四位（公正）の名前があった。春嶽は態《わざ》とこのことについて訊ねなかったが、おそらく両三日中に公正へ東京へのお召しがあるだろう。この登用は春嶽の考えでは、一昨年の賞典に小松と公正が与っているからであろう。春嶽は、京都時代の太政官とは違い、東京では春嶽周辺の公卿・諸侯は不平の様子である。大隈重信・山口尚芳《やまぐちなおよし》・伊藤博文・五代友厚《ともあつ》らがすこぶる権威を振るい公正を敵讐している。もし公正が東京に来て、恥辱に遭うようなことがあれば、春嶽自身のことはどうでもよいが、「天下の人才（材）三岡を捨て候ては、今後天下の御為にも相成らず」犬死同様になっては大変であるから、たとえ御用召があっても春以来の体調不良を理由に東行しないように忠告している。この書簡は

「永」から「八郎どのへ」と認められ、実に親愛の情に満ちた表記であり、春嶽の優しさと憂いがよく表出されている（県博「由利公正家文書」）。この頃の春嶽にとって公正はかつての何をやらかすか分からぬ「危険人物」ではなく、春嶽自身にも代え難き「天下の人材」という評価を彼に向けていたことに驚かされる。

参与免ぜらる

公正は、関西から病気を理由として辞職し北陸へ帰ったのであるが、それは徴士参与のままであった。しかし、五月十五日付で、参与職被免の辞令が出された。

この背景には、公正自身の辞任願に加えて同じ福井藩出身の参与である中根雪江や議定たる春嶽らの公正辞任への働きかけがあったことも否定できない。越前松平家の菩提所孝顕寺住職を務めた法友・戸澤春堂は、公正が参与を辞任したのは、春嶽・茂昭両公の依頼であると聞いていることを伝えているが、松平正直は、福井藩政に再参画するにあたって新政府の参与職のままでは妨げがあったからだと思うと語り、公正の自主的な辞任だったというのである。四月二十五日付で、藩より上京以来の功績により永世二〇〇石、終身一〇〇石の領受を受け、さらに八月二十六日やはり上京以来の功績により月俸五十口＝五十人扶持（うち二十口は滞留中のみ）を支給され、掌政堂への出入を許可された。

政体職制の建白

明治二年四月頃、まだ公正が参与職にあった折、参与の一人として、政体組織に関する意見を徴せられた。これを認め三条実美に建白した。その大意大略を揚げると、

一、民衆の知識を聴取すること。為政者は私の知識・見識により政事を失敗することがある。その罪は最大である。

一、大事を成すときは、衆情にのっとり、倫理を明にすること。高（広ヵ）明誠実で、私の見識を用いてはならない。

一、人の職は、万民の繁栄をもたらすためにある。万民の繁栄は義であり仁である。

一、人材を登用するには、利に走り智をたくみにあやつる者を用いてはならない。

一、君主は万民が繁栄するためにある。

その下に諸司があり職を分化する。その諸司の職は倫理を明らかにし貞実を崇めて、利に走り、目前のことにとらわれることを賤しいものとし、規律を定め万事実着を旨とすること。

一、旧藩主を知・府（知）事とすれば、判政・参政は判府事・権判府事である。

一、参政分科の下には各輔助があって、それは、庶務補助・営造補助というようなものである。また局の中には、寮を設ける。庶務寮・営造寮というようにである。すべてその職掌を明らかに幹事の指揮に応えて諸課題を速に決して、その記録をとり幹事の点検を受けなければならない。

一、総代というのは市在から選ばれるが、格式や月給を与えて常に知・府事に仕えることを許し、「下情直上」に徹する必要がある、とした。

次に「国君」「判政」「参政」について述べ、「参政」については下の議事を上に通じ、上の決議を執行するように掌るものであり、参政は四局「司計・司農・司市・総兵」に分化している。新規に始める場合は小事であっても必ず四局の議決を採り、さらに判政（国君の補佐）と国君の決裁を受けることとした。四局の幹事の職掌を次のように定めている。司計局幹事は租税・運上・出納・金穀・営造・工作を掌る。司農局幹事は、庶務・戸籍・生産・水理・堤防・聴訟・捕亡を掌る。すなわち耕作や水理堤防・開田開作、土籍などに関して農民を管轄し、布令する権限や会社の管理・議事を決し、判断する権限がある。また農民の生計を立てるようにし、賞罰を行う権限もあった。司市局幹事は商法を取締り、市井の賞罰を行い、総会所および市井の会社を興し議事を判断する権限をもった。総兵については兵制の法則によるものとした。その他、社寺等を支配する「城代」には老兵と非役番士を含むものがあたり、「学校幹事」は「幼弱ニシテ未ダ兵ニ入ラザルモノハ」すべて学校詰とし、習学を命じた。

また「伝達」について項を設け詳細に記している。政府より出された伝達と定式を確実に執りしきるようにしようとした。

公正はシナの「堯舜《ぎょうしゅん》の政」に道理の範を求めていることが、「政体職制」建白のはじめにみえる。すなわち、福井藩が育んできた藩政改革の趣旨であり、横井小楠・公正と受け継がれた「私政」より「公議公論」への転換の重要性がここに雄弁に謳われている。

帰藩後の公正

帰藩した公正は、明治二年七月、酒井温の下屋敷が与えられ、翌月、藩庁掌政局への出入りを許可されたのであるが、公正としては、藩政への出仕は遠慮ぎみであった。

しかし、同年十月に、藩主松平茂昭の意向を受けた福井藩権大参事村田氏寿と千本弥三郎が来訪し、公正の帰福を懇望した。公正は、春嶽・茂昭（巽嶽）両公も彼の帰福を望んでいることを聞かされるが、これを断ったという。しかし再三の懇望にやむを得ず福井に帰り、今日でいう相談役的な立場で藩政や助言をすることになった。

当時の福井藩は、公正の基本理念が生かされ、版籍奉還《はんせきほうかん》以後の諸務変革に取り組んでいた。つまり公正の政治理念が藩是の主流となっていたのである。帰郷した公正にとって、福井はかつてのように居心地の悪いものではなかった。

同二年十一月、民政局は民政寮と改称され、十二月には民政寮から福井藩領内に「民政之心得」が布告された。「民政之心得」とは「人民之事を治め農商之業を督し、倫理を明にし、風俗を厚ふし、以て治化の本源を堅くし御国威皇張の基」となることを強調したものであり、また「民事の至重なる掌政堂中に於ても相当合議し、猶又新に大参事一人に分課し、其寮の事務を管轄せしむるはいつそう力を用い治るの意なり」と告諭されたことは、先に記述したように公正の培ってきた公共民政の理念に基づくものであった。民政改革は明治三年二月に村役が廃止となって郷長とし、さらに里長を設けて実施されていくのである。

福井藩の財政整理

帰福し、藩庁に出仕した公正は、春嶽・茂昭両公から藩財政の救済について懇望された。

君侯のこと、云ひ、我生國のこと、云ひ、迷惑な事と思ひながら如何せん仕方がない。それで余儀なくお受けを致して御相談に與り、岡田準介・千本弥三郎等等に質してみると藩札の始末は非常なもので大破れも甚しい。

という ありさまであった。公正は明治二年十一月在藩二回目の総会所を設立し、藩の財政整理に尽力した。

さて明治二年三月に疲労し尽して帰福した公正は、帰国途中越前の今庄で福井商人から一〇〇両の両替を求められた。太政官札一両に一貫三五〇匁の算用で藩札を渡される。福井藩札は既に「紙屑」のようになっていた。福井藩では物価騰貴や相場変動のもとでの太政官札貸し出しによる方法は定着しなかった、というより不可能であった。公正帰福の一カ月前には、太政官札の貸し出しは停止された。農商領民の困窮は極限に達し、新たな貧民救済への民政の対応が進められていた状況であった。春嶽・茂昭両公は公正を頼みとし総会所を開いた時の藩士と、民間の商家らが協力して財政再建に尽力することとなった。

公正は「紙屑同様のもので信用を得れば宜しいのである」として施策の衆議一致を訴え、これをまとめた。そこで、明治二年秋・金札（切手）の発行を行い、合わせて商売や諸職業が立ち行くように貸し出し枠を広げた。そして藩が直接農商の極難渋者に貸し出す引立会所を今庄・今宿・本保・粟田部に設置したのである。また同年十月には、明治三年正月を期限とした精算を条件として金切手を発

郵便はがき

料金受取人払郵便

山科局承認

1859

差出有効期間
2020年9月
20日まで

6078790

(受　取　人)

京都市山科区
日ノ岡堤谷町1番地

㈱ミネルヴァ書房

ミネルヴァ日本評伝選編集部 行

◆以下のアンケートにお答え下さい。

＊　お求めの書店名

________市区町村________書店

＊　この本をどのようにしてお知りになりましたか？　以下の中から選び、3つまで○をお付け下さい。

A.広告(　　　)を見て　B.店頭で見て　C.知人・友人の薦め
D.図書館で借りて　E.ミネルヴァ書房図書目録　F.ミネルヴァ通信
G.書評(　　　)を見て　H.講演会など　I.テレビ・ラジオ
J.出版ダイジェスト　K.これから出る本　L.他の本を読んで
M.DM　N.ホームページ(　　　)を見て
O.書店の案内で　P.その他(　　　)

＊新刊案内（DM）不要の方は×をつけて下さい。 □

ミネルヴァ日本評伝選愛読者カード

書　名　お買上の本のタイトルをご記入下さい。

◆上記の本に関するご感想、またはご意見・ご希望などをお書き下さい。
「ミネルヴァ通信」での採用分には図書券を贈呈いたします。

◆あなたがこの本を購入された理由に○をお付け下さい。(いくつでも可)
A.人物に興味・関心がある　B.著者のファン　C.時代に興味・関心がある
D.分野(ex. 芸術、政治)に興味・関心がある　E.評伝に興味・関心がある
F.その他（　　　　　　　　　　　　　　　　　　　　　　　　）

◆今後、とりあげてほしい人物・執筆してほしい著者(できればその理由も)

〒 ご住所	Tel　　　（　　　　）
お名前《ふりがな》	年齢　　歳　性別　男・女
ご職業・学校名 (所属・専門)	
Eメール	

ミネルヴァ書房ホームページ　http://www.minervashobo.co.jp/

行し、生活用品を担保として難渋者への金切手貸し出しを許可した。担保としての抵当品は庄屋の土蔵で保管された。

藩校教育の興隆

明治三年に、藩財政整理も成果を上げつつあることから、公正はじめ藩首脳部は、経綸の資本たる「金と人」のうち、次は人材の育成、そのための学校の興隆と近代化に着手した。

そもそも公正は橋本左内の生前、その指揮下において兵科御調御用掛として若手後進の育成に携わっていたことがある。この福井藩校明道館には、この頃すでに洋書習学所が設けられていた。公正の実弟三岡友蔵や河合常之進らは藩命により洋書修業に励んだ。公正が洋学修業に熱意をみせたのは、このような経験と背景によるものであろうが、その源泉は、やはり師横井小楠が指導した教育改革にあった。福井藩の藩政改革は「人材」の育成である。そしてその「人材」こそ「政事」に役立つ「人材」であって「人材」育成の学こそ小楠の説く「実用の学」（実学）であった。明道館は適材適所の人材の育成を念頭に置いた橋本左内の教育理念を小楠の実学による「学政一致」の理念が複合され、福井藩学是の伝統が出来上がっていた。

明新館

明治二年二月、その明道館が維新期の変革にあわせて、「明新館《めいしんかん》」と改称した。明新館は、明道館の教育に加えて近代化の発展に役立つ人材育成を目標としたものだった。もとより世の趨勢に敏感で、慎重ながらも進取の気象にあふれる福井藩は、維新後いち早く、時代に合った人材の育成の必要性を察して明新館が開学されたのである。明新館は「文武両道」の精神を重視し、国・漢・洋の三学に武（兵学）を加味したものであった。明新館の外塾には小学校と中学校があり、各々初級・中級・上級の三級の学課が設けられた。

中学校の学課表による学習科目は、文学・数学・武学・歩兵・砲兵・剣柔などが挙げられている。このうち文学とは、今日にいう人文科学一般である。また藩士階級や神職・僧侶といった特権階級のみならず農民・商家などの庶民も、希望と吟味のうえで入塾を許可された（「福井藩学校規条」）。さらに明治四年二月には、「四民一途人材教育の制度に革め候に付」として、四民平等の入学修学制度を導入し、また各自が自由に学課を選択することを可能とした。ちなみに翌五年政府は「学制」を定めている。明新館の中学校とくに洋書科が重視されてその内容も近代化が意識された。

公正は、明新館のみならず留学をさせ、学生が今日の形勢に間に合うように育成することを建じた。そこで藩庁より松平正秀等十九名を洋学のレベルが高かった静岡藩の沼津兵学校へ、海軍省よりの通達に従って八田裕二郎を東京へ、陸軍省よりの通達に従って東郷正路《とうごうまさみち》等を留学させた。文部省には斎藤修一郎を出して広く修学させている。藩は、明新館の教師陣も充実させた。まず旧幕府の通訳として活躍した太田源三郎を雇用した。次いで、藩士瓜生三寅（寅）の意見に傾聴し、長崎遊学時代の恩師で米国人のフルベッキに依頼して、日本滞在中であった英国人ルシーを英学教授の教師として、明治三年六月明新館に迎えた。福井藩のお雇い外国人教師の第一号である。

グリフィス着任

次いで福井藩は、直接に英学および科学などの洋学を教授するお雇い外国人教師を迎えることになり、米国人のグリフィスが着任した。グリフィスは、理化学を教授したが、その教授内容はわが国の洋学レベルとしてはきわめて先進的であった。グリフィスが明新館で講義した内容を筆記・和訳した門野隼雄・本多鼎介の『化学筆記』（福井市立郷土歴史博物館蔵）は、隼雄の子孫に伝わったものであるが、アボガドロの分子説をこの時期福井において講義されている貴重な資料として、平成三十年三月に日本化学会の化学遺産（第〇四四号）に登録された。

藩がグリフィスを雇用するきっかけとなったのは、福井藩の留学生日下部太郎（八木八十八）が、米国ラトラガース大学にてグリフィスと師友の親交をもった縁が起因しているとされるが、グリフィスは福井藩と雇用契約書を交わし、ビジネスとして来日来福したことは明らかである。公正は、グリフィスととくに親交が深く、明治四年六月には藩重役の千本弥三郎と共にグリフィスの明新館での理化学実験を見学した。グリフィスの寄留地は藩によって建設された洋館で、足羽川北岸にあった。現在は失われているものの福井市により推定復元されてグリフィス記念館として公開されている。

グリフィスはたびたび公正宅を訪問して食事を共にしながら、教育や政治についての談話をした。夜遅くまで雑談に及んだことを日記に記している。明治四年三月四日に来福したグリフィスは、同七日より明新館で授業を開始した。学生数は八〇〇人ほどで、学生はグリフィスの授業を熱心に聞き、勉強もよくした。重要な実験の時は、大講義室は学生のほかにも藩庁の役人が来て一杯になる。また夜には、家に青年、医者、教師、市民の仲間が授業を受けに集まり、種々の問題について話や講義を開き、ノートをとり賢明な質問をすると伝えている（『皇国』）。このグリフィスの著『皇国』の内容を証明する資料として先に記した『化学筆記』があり、注目される。学生ら福井人の真摯な学問に臨む態度は、「学力日本一」として今日に誇る福井県の好学の源流をみるようである。明治四年十一月、グリフィスの設計によるわが国最初の米国式理化学実験室が明新館内に完成した。

グリフィスは廃藩置県を福井で体験し、その日の様子を詳細に記した。その中で公正について「国家の進歩の中心人物であった」（『皇国』）と記している。グリフィスは一年足らずで福井を離れて東京へ向かい、明治五年一月大学南校の教師となった。

公正の教育論

ところで、明治二十六年頃の執筆とみられる公正の「教育についての随筆」（福井市立郷土歴史博物館蔵）には、人間禽獣と異なる所以は、徳性によっての学習と至誠の教育である、と述べている。すなわち、学ぶ者には「徳性」（恩恵と品性）が、教える者には「至誠」が求められるとし、近世は「英雄」によって国の治世が行われるが、近代は教育によって「民度」が高まり「自治の制行」がなされるとする。近代国家の盛衰は教育による民度にかかっていると言うのであろう。いかに近代において教育が重要であるか、これもまた左内・小楠の正論であり、藩校明道館以来の一貫した公正の近代理念とみる。

2 藩政時代から明治初年までの諸活動

ここで、公正の藩政時代から明治初年までの諸逸事、業績について紹介しておこう。

幸橋

文久元年三月異例の抜擢を受けて御奉行見習、御水主頭次席に列し製産方頭取を兼務を命じられた公正は藩庁に出仕して未解決の課題に取り組むべく尽力した。水路関係の訴訟を自ら実地踏査のうえ新たに水路を設けることにより解決した。また藩士の復縁に関する世話の、三国港に関する治績も担当し解決したというが、とくに掲げるべき実績は、毛矢舟場町に架橋したことであった。公正は、文久元年八月二十五日、出生地から北に約四丁ばかり離れた毛矢舟場町に宅地を賜り移住した。ここにこののち横井小楠や坂本龍馬が訪問するのであるが、公正は、この毛矢舟場町の繰舟の不便を熟知しており、ここに架橋すべくその義を申請したのであった。毛矢侍と称された松岡より移住の藩士らが登城するには、足羽川南北に渡した綱をたぐって小舟による往来をしなければならなかった。「毛矢の繰舟」がこれである。

しかし公正の言によれば藩の有司らは、足羽川を城郭の外濠とみなし戦略上防衛上の要害とし、藩祖結城秀康以来の不文律であるとして反対した。公正は「要害の故を以て平素の不便を顧みないといふ法はない、殊に近年豪雨出水頻発し、その度ごとに渡船は停止され、時には人命の危険に及ぶことさへある現状ではないか、平時の便に一橋を架し、一朝事ある時、これを撤回するとせば何の妨げあるかと」と提言し、資金があれば架橋は許可されることになったという。福井は水の豊かなところであり、清らかなところである。この恵みは、わが国屈指の良質な米や農作物が収穫され、評価の高い地酒が作られる。しかしその反面非常なる豪雪地帯であり、また近年では平成十七年（二〇〇五）の福井豪雨において、あたかも公正の言のように、毛矢町東南岸の堤が切れて未曾有の水害が襲った。公正はその性質実剛健の気性に富む。この言もまたそのような公正の個性を反映しているものとは言えまいか。

架橋の苦労

金集めが上手な公正は在住の者を会して醵金《きょきん》を集め、さらに年ごとの渡船掛の舟夫に下付すべき金子十カ月分の貸与を藩庁に願い出て許可された。これまでの繰舟の様子は松平春嶽が次のように伝えているので参考までに掲げておこう。

橋南橋北の中を流れし足羽川の九十九橋は古来よりのものにして足羽川には此橋より外に近年迄橋は無レ之誠に不便利といふへし。夫故に毛矢へ行く舟渡しあり是を繰舟といふ。他国に見えざるものなり。川の左右に太き棒を一本づゝ是に縄をむすびつけ舟より此縄をつけ棹のかはりに渡守は此縄を手にてこき人を渡す也、今は新橋架渡しになりたる故、迂遠なる縄をこきて舟渡しなとはこれなし。

(『眞雪草紙』)

とあり、「毛矢の繰舟」がいかに面倒な渡しであったかが偲ばれるのである。

金子も許可も得、公正は長谷川五作に工事を請負わせた。しかし工事半ばにして暴風雨が襲い長谷川は中途解約を求めたが、公正はこれを斥け、この際いっそう奮発して再工事に当たるべしと自ら現場に赴いて人夫等を激励したという。挫折を知らぬ公正の性格をここにも感じることができる。また公正一流の気遣いも忘れてはいない。酒肴を供して人夫等をもてなしたから、彼らも大いに元気を取り戻して再び工事に就いた。これにより果たせるかな意外と早く架橋完成をみたという。この橋は

「幸橋《さいわいばし》」と名づけられた。幸橋は住民の便益を増し、幸福なるがゆえの名称とされている。

大橋と新橋

藩政時代、福井城下の南玄関は大橋と呼ばれた半石半木の九十九橋であった。しかし、さらに本丸に近い幸橋が架橋をみたことによって、市街地の最も主要な橋となっていった。現在も福井市大名町を通るメインロード、フェニックス通りにあたる。京福鉄道福武線がこの橋の上を通っている。春はとくに堤防沿のソメイヨシノとの調和が美しく、観光ポスター等にも使用されている。現在幸橋南東詰には由利公正広場があり、公正像が佇ってその偉業を今日に顕彰し伝えている。幸橋は九十九橋を大橋と称するのに対して新橋とも呼称された。

現在の幸橋

先例・遺訓より時代にあわせて民の生活を優先した公正らと福井藩の見識に注目すべきであろう。藩士でありながら事業家としての天禀の素質を持っていた公正は、その他にも民本意の民政・事業を行っている。

三岡竈

挙藩上洛計画頓挫による幽閉生活中、公正は蟄居の徒然に得意の発想能力を活かして新案工夫の竈《かまど》を造ったとされている。これは昭和戦前期まで「三岡竈《みつおかへっつい》」と呼称されて愛用されたという。この竈は燃料の節約を図って考案されたものらしいが、福井県の調査にもかかわらず現在のところ残存した製品は発見

推定復元された「三岡竈」
（福井県庁。三武紀子氏撮影）

されてはいない。しかもこの記述は『子爵由利公正伝』に三行ほどしかないことから推定復原されている。いかなる時も前向きに創意工夫をこころがけた公正らしい逸事である。

官吏給与の支給

慶応四年一月十七日小原鉄心《おはらてっしん》と共に会計事務掛を命じられた公正は、同日制度寮事務兼務となった。同僚には福岡孝弟、田《た》中不二麿《なかふじまろ》、揖取素彦《かとりもとひこ》がいた。この頃官吏俸給の課題があった。公正は、公卿は禄の倍を、議定は月給八〇〇円、参与に五〇〇円その他これに随ってよろしいようにと建言した。これが官吏月給制度の嚆矢であろうという。また旅費についても朝廷の役人として面目の立つよう、余計に支給したという。

徳川宗家処分に関する建白

徳川慶喜が江戸城を官軍に明け渡し、水戸に謹慎した。慶喜の処分について新政府は、一身の処分、相続人の選定、秩禄高の決定を議題とした。朝議は、親王、三職、公卿、在京の諸大名、貢士の諸士より広く意見を求めた。慶喜の処分は、自尽、流刑、西南諸国の封内で禁錮、終身水戸藩に寄食、徳川宗家の相続人の封内での謹慎等の答申書が寄せられた。宗家相続人は、春嶽の実甥にあたる田安家の徳川亀之助（家達《いえさと》）、紀伊の徳川茂承《もちつぐ》その他徳川徳成《ながなり》、徳川昭武《あきたけ》、松平茂昭の五人が掲げられた。また所領については、三〇〇万石より一万石と、幅広くあった。

裁決は、三条実美が江戸の実情を視察したうえということで留保された。参与の一人として公正のこれに関する建白書は慶喜の罪（反逆罪）の軽罪をひたすらに希望し、徳川家血統の者に家名を相続させ、旧知行である駿河・遠江・三河の三国の領知を与えるよう申し入れている。家門越前松平家の旧家臣として当然とした主張である。翌月新政府は亀之助を相続人とし、駿河と遠江・陸奥のうちより領知を与えることに決している。

彰義隊約二千の兵が、上野寛永寺に屯集して官軍に抵抗をするが、この軍費二五万両は公正が大村益次郎の請求に応じて送金したというが、大隈重信が米艦の購入代をこれにあてたという説もあり、確かではない。

外国との貿易

新政府の財政難を救う大きな助けとなったのは生糸貿易であった。公正は大阪の岡田平三に生糸の買収を命じた。岡田は奥羽戦争の地にまで足を踏み入れて多量の仕入品を得、これを売却して洋銀を得ることに成功した。

京阪水害の救援

後藤象二郎が大阪府知事に任命された慶応四年（明治元年）の京阪地方の大水害で、公正は洪水のための治河掛兼任を命じられた。

ちなみに後藤は、明治元年七月十二日より同三年二月四日まで大阪府知事を務めているが、公正はその後大阪府知事御用取扱として明治二年二月四日より同年二月十七日まで兼務している。この折は京都から大阪に赴き、その惨害を見る。百年来の洪水といわれたように目にあまるものがあった。

そこで福井藩の用達人であった奥田藤兵衛に命じて近藤喜六や佐々木半兵衛等篤志者十数名を招集

した。公正は四万両を大阪府に貸与し、給食したい旨を伝え、各町ごとに規約を作り、貧民を救助するのに二朱または一朱というように各自に相当の資金を与えて仕事をさせた。この水害により太政官札の発行予定日が五月十五日から同二十五日に延期された。

造幣事業

贋金に悩まされていた新政府は明治元年二月二十二日、古金銀の通用停止の禁を解き、各地の時価通用を許可した。三月に入ると久世治作に内外貨幣の比較分析に当たらせた。久世に加えて福井藩士村田理右衛門も貨幣改鋳取調の任を受け、京都二条金座において貨幣分析を行った。公正によると慶長以来の古金銀貨と安政以来の金銀貨幣各種を分析し、同時に欧米各国の貨幣五十金種を分析して、その品位量目の精粗優劣を審査させた。結果報告として久世は金譜一巻を作り太政官に上呈した。この結果により我が国の貨幣が海外各国に通じるような代物ではないことを知る。そこで四月、断然旧制を改革して万国の良制と我国との慣例を折衷して、純正の貨幣を新鋳すべきことを議決した。造幣機械は長崎在留中の商人グラバーにその購入方を委託し、香港に注文した。鋳造は一日に一〇～二〇万両で、機械は八万両で購入した。

むろん代金調達の苦労は相当なものであった。かくて、明治二年二月には造幣局が設置された。近代わが国の幣制改革の草創であると言える。なお、この頃小松帯刀《こまつたてわき》より貨幣機械組立に関して相談を受けている。

3　公正の精神生活

ここで、公正の精神生活とくに敬神と尊皇の非常なることについて記しておきたい。幕末・明治期の日本人において、その程度の高低は別として敬神崇祖・尊皇の信仰的思想のない者はきわめて珍しい。公正もまた幼年の頃より敬神崇祖・尊皇の念が強く、そのことは生涯の行動にも顕著に表れている。

公正の敬神と尊皇

公正幼少の頃より三岡は「家名回復を以て代々の家訓となし毎朝男女を問わず皆一同神仏に祈願を凝らすの慣例を存せり」（芳賀『由利公正』）という記述は伝記類のほとんどにみえている。

また青年の頃真影流剣術に熟達した公正は一方的に喧嘩の如くしかけられた試合に勝利するが、その折、石渡八幡宮（社）に参詣して祈願したことが知られる。公正は「苟《いやしく》も神仏に対して祈誓を立て得ざる底にては、何事も成功を期し難しと感じたり」（『伝記』）と伝えている。公正の氏神は、足羽山麓に鎮座する毛谷黒龍神社であり、同社家には公正揮毫の神号も複数あり伝存している。石渡八幡宮は明治四十一年石渡家より氏神の毛谷黒龍神社の境内に遷座して石渡八幡社と称し、現在も境内社として崇敬されている。石渡家は、府中領主本多家の藩医の家柄で、この家より出た近代医学の先覚者土肥慶蔵が出ている。現在社殿に向かって左に「石渡八幡祠碑」があり、本多副恭篆額、土肥慶蔵撰文による大正七月十二月の「石渡八幡祠碑」がある。

ありし日の神宝神社
（『子爵由利公正伝』より）

明治天皇御即位大典に奉仕

さて、明治天皇は慶応三年正月九日に践祚し、その即位大典は、翌四年八月二十七日京都御所紫宸殿にて斎行された。公正は御即位式御用掛を拝命した。式典に供奉する装束は束帯をつけたが、その束帯は朝廷より拝領した。同じく供奉した福岡孝弟は公正と共に式場に入った。旧大名も彼らも着なれていない朝服の扱いには困ったようで、公卿は裾を引摺っていっても一つも溝に入らないが、旧大名は溝の所で裾の先に水が触れるから俄に裾を引くのがおかしかった。また公正と孝弟が万歳の作法にあわせられず、二人が頭を打合った。どちらかが間違ったという笑い話を回想している（『子爵福岡孝弟談話筆記』）。

公正は式典終了後、御祭典の斎具の中より、御鏡、御剣、幣帛、五色旗、御簾、舗物の六種の神宝を拝領する。公正はこれらの神宝を奉安するため、御旗幹で祠を創祀した。これは最初福井城下舟場町、つまり公正旧宅の幸橋南詰の邸内に設けられた。明治四年七月二十三日に至り公正が東京府知事を拝命し再度上京することとなり、足羽神社境内に遷座することになった。この社は、神宝神社と呼称され、「神宝」を「ミタカラ」と訓じている。期間がおかれたが正遷宮式は明治二十二年十一月二日に斎行された。

天壌無窮碑

　また同二十三年九月には神宝神社の由緒来歴を記した「天壌無窮碑」が建立され、同二十四年十一月三日に建碑式が斎行された。この時、当時拝領した神服（明治天皇の御料）を神宝神社に奉納したが、その時公正は、「神宝神社の建碑式を行ひける時かつて賜はりし神服を社に納め侍るとて」と詞書して、

　　神御服《かむみそ》に心をそめて幾千代《いくちよ》かみくに（皇国）のために幸いのるらむ

と詠んでいる。公正の敬神尊皇の念がよく表出されている。「天壌無窮碑」の篆額の文字は、公正自ら有栖川宮家に依頼し、有栖川宮熾仁親王の御染筆を拝受した。戦後、廣場傳十郎が発見し、同家の氏神下新井《しもあらい》八幡神社の神宝として昭和五十年十一月三日に奉納され現存する。軸装でその裏には、公正宛の有栖川宮家よりの送付状が添付されている。神宝神社ゆかりの原史料は今やこれのみであるが、建碑は現存も足羽神社拝殿の向かって左側にある（平成十九年十一月以前は拝殿向かって右前にあった。もとはここに神宝神社が鎮座していたようである）。

足羽神社境内に建つ「天壌無窮碑」
（角鹿尚文撮影）

　ちなみに「天壌無窮碑」の公正直筆撰文の原本は、

昭和十二年三月十四・十五日郷土先賢遺徳顕彰会の開催した五箇条御誓文奉戴七十周年記念「故由利公正子《し》遺墨展覧会出陳目録」では「某氏蔵」として出品されているが、現在のところ行方が判明していない。神宝神社は、明治二十三年に足羽川南部を焦土と化した橋南の大火の際も類焼を免れたが、残念なことに福井大空襲で焼失した。そのため建碑のみが、静かに歴史を今に伝えている。神宝神社の祭神は天照皇大神であったが、明治天皇の御装束などを御神体とし、天照皇大神を祭神として、さらに明治天皇御在位中に創祀された祠であることから明治天皇の御生霊を奉祀したいわゆる「生祀」に近いとみられ、生祀研究で知られる加藤玄智は明治天皇の「準生祀」として捉えるべきだとしている（『本邦生祀の研究』）。「生祀」（祀られるものが生前にして神として祀られること）の例は足羽神社の縁起に、その創祀が継体天皇の御生前に活霊が祀られたものとする記述がある。

また福井藩士鈴木主税が彼の仁政に感謝した現福井市豊・木田地区の領民によって世直神社の祭神として生祀されたことが知られ、おそらくこのような信仰形態の影響と継承によって、公正も神宝神社の遷座を足羽神社に定めたのであろう。ここに長文ではあるが、公正の敬神尊皇の一面が如実に示されている好個の史料として、その全文を読み下し、（　）に註を加えた。

天皇即位臣公正、命を奉じて御式の事を司るに、徳川の兵潰へ、城を開き順に帰すると雖も、不逞の徒、総野（関東）の各地に嘯集し、東北の諸藩連合して、各其封土に拠り、賊勢頗る猖獗《しょうけつ》（荒々しく）、宮中の多事夜を以て日につぐ、然りと雖も、王政復古・即位の盛典挙らずば、臣等死すとも、尚うらみありと、力衰尽して用度を支辨し、食を忘るに至る、当時の勢思ふべきなり、天皇の盛徳、浮雲のさへぎる無く、晴天白日、大典行れて、天下の人心始て定まる。公正御用掛の故を以て、御祭器の内、御鏡・御剣・幣帛・五色の御旗・御簾・舗物を給はる。公正案《おも》ふに故有る哉。神宝予授かり、これを奉じて、天皇の万歳を祈らむと、則御旗掉ふ以て宮を造り、天照大神を鎮祭し神宝神社と称へり、福井城舟場町三岡家の私社（邸内社）となす。明治四年再び、命を奉じて出京す故を以て、足羽神社の西に移奉り、天皇の万歳皇族の永久、万民の幸福を祈る者なり。明治廿三年秋九月　正四位子爵由利公正敬書

原本は、漢字と真仮名で綴られ、和文体である。公正は漢詩・漢文よりも和文・和歌をよくし、その文体を好んだ。公正は国学者的な教養をもった文人であり歌人でもあった。

公正の文事

公正は文事をよくした。しかし、平仄《ひょうそく》を記憶し、韻や名作の教養、用語に留意しなければ生み出せない漢詩はあまり賦すことはなかった。おそらく、公正のせっかちな性格と記憶力にやや欠けることに由来するのであろうか。この点で漢詩人であった左内と大きく異なる。公正は記憶・論理に長けた左脳の人ではなく、発想・創意工夫に長けた右脳の人と言える。このあたりも坂本龍馬に似ている。

俳句も少しあるが、随筆と和歌は好んで作っている。もっとも長じてからのもの、公正を名乗ってからの作品が大半で、少なからず今日に残っている。福井市井の歌人で国学者として知られる橘曙覧

には、藩侯春嶽らの高い評価と庇護を得て、幕末期多くの門下、歌友をもった。公正もまた翁の門弟に連なるという。なんとなれば曙覧の「門人列傳」に公正の名があるからである（山田秋甫編『橘曙覧伝幷短歌集』）。

公正は、漢詩・漢文より和歌と作文（主に随筆・評論）をよくした。和歌は半切書幅や横幅、短冊に認められていることが多い。春嶽も書簡に和歌を添えることがあるが、公正もまたそうである。公正の詠草で三岡時代の諱「義由」の落款（署名）があるものは短冊・書幅を含めて管見に及んではいない。管見に及んだ現存の和歌短冊はすべて「公正」であるから、本格的な歌作は公正改名以降であろう。歌集として纏められたものは『伝記』巻末に「貴美満佐雑詠」として百六十首ほどの短歌と、八句の俳句が収録された詠草集が載せられている。春夏秋冬の四季詠と詞書のある雑詠がある。重複を避けて本書中他節に紹介している作品を除いて、雑詠を幾首か取り上げておこう。

住所を田舎に移さむと思ひ立ちけるをりに

花にめでてすみし都も秋来れば里の紅葉の色ぞ恋しき（明治十一年一月）

予が誕生日とて親族の集ひければ

越えて来し六十路の夢になほあかりて今よりさきも夢にこさはや（明治二十一年）

こうした人生の節目ごとの詠歌の他に、先にこの世を去った春嶽・三条実美・小楠への挽歌がある。

左内の追贈報告祭では、次のように詠じた。

あらはれぬ君がいさをは畏くも我が大君のしろしめすまで
世の中に君がいさをはあらはれてむかしを語る今ぞうれしき

「水底の月」の和歌

この他に、公正の和歌として紹介しておきたいのは、川端清旧蔵の和歌幅の作品である（口絵二頁）。半切に、「水底月《みなぞこのつき》」と題して、

我がかげはなにと人めに眺むらむそらそのままのみなそこの月

と詠んだ。なにかと風当たりの強かった公正が生涯を回顧した七十六歳の自詠としてよく心境を表現している。龍馬の詠歌にも「世の人はわれをなにともゆはゞいへわがなすことはわれのみぞしる」があるが、その境地を意識したものであろう。

坂本龍馬の霊に捧げた挽歌には、次のものがあり、龍馬との親交を強調している。

かひぞなきわが身ばかりはながらへて神にも世にも恥べかりけれ
夜の海にうかぶ思ひのあとさきにこころこがれて涙川なす（「坂本龍馬三岡八郎会見顚末」）

公正の詠歌修業

公正は福井城下における幕末期の歌会である橘曙覧「わらや社中」メンバーの一人とみられるが、詠草は確認できていない。それよりも、明治に入り黒田清綱に歌作の相談をしていたようである。東京府知事時代の、年不詳四月十八日付清綱の公正宛書簡には、公正の「老人の多き中にもめで度はけふのまとゐの翁達也」という和歌について、末句を「翁也けり」としてはどうかと昨日言ったが、熟考すればやはり最初のままでよかったとわざわざ連絡している。そのうえで、「充分御佳作」と褒める（県博「由利公正家文書」）。これは、清綱の添削が適切かと思われる（著者）。清綱は薩摩藩士で八田知紀《はったとものり》に師事した国学者・歌人である。公正東京府知事時代の直属の部下で大参事を務めた。清綱は公正とよく気が合い、また警察制度の創設など実によく補佐した。後に宮内省御用掛を務めている（『国学者伝記集成』『和学者総覧』等）。公正はこのように、歌友がおり、公正遺品の短冊帖も伝存しているが、敷田年治（神宮皇學館教授・神職）・清岡長言（子爵・公家・儒道、貴族院議員）らの短冊が公正のそれとともに収録されている（県博「由利公正家文書」）。このことから、歌人としての交流も少なからずあったのであろう。

公正の揮毫

公正の文字は、けっして達筆とは言えないが、個性豊かな能筆であると言える。とにかく多数の遺墨がある。よく使用した落款印として、関防印「丹出答聖名」、白文方（凹）印、「藤朝臣公正」、「由利公正」、「方外」（号）、「銕牛」（号）、朱文（凸）印、「神通象外」、「好々庵」（号）がある。また遊印も数種ある。短冊は和歌がほとんどで、正しい由利子爵家伝来の短冊帖の公正自詠直筆短冊は、越前和紙の打雲・檀紙を使用した良質のものである。和歌短冊には伝統的和歌書式を守って認められ、当然押印はないが、半切や横幅仕立てにされる懐紙に和歌を認める際には、押印しているものが多いので注意が必要である。短冊は「和風」の作品とし、書幅は和歌が揮毫されていても「書」として扱い、「漢風」の作品と位置づけたのであろうか。もっとも公正のみならず、明治以降は伝統的な和歌書式が崩れた例が多々見られる（佐佐木信綱の和歌短冊など）。花押は、公正の「正」字をシンプルに図案化したものがあり、明朝体である。

ところで、公正の書作品贋物とみられるものは、短冊においてたまに出逢う。直筆書簡も夥しい数があるが、贋物が皆無というわけではない。

「養浩館記」の撰文と揮毫

福井市の国指定名勝「養浩館《ようこうかん》庭園」（現福井市宝永三丁目、平成五年復元）は、福井藩主松平家の別邸で、池泉《ちせん》回遊式庭園である。江戸時代には「御泉水屋敷」と呼ばれていた。廃藩以降も越前松平家本家の福井事務所や迎賓館として使用された。明治十七年に至って春嶽が「養浩館」と命名した。公正は明治二十四年冬、「養浩館記」を撰文・揮毫した。この扁額は、昭和二十年の福井空襲で焼失したとみられているが、かつては屋敷玄関に掲げられていた（『数寄屋住宅聚』）。公正の教養と文才、文雅の嗜好を知るうえで好個な史料でもあるので、全文を紹介しておく。

我越前中世の君主吉品公は、常に茶事を嗜まれけるが、或時茶事を設けむと思ひ立給ひけるころ、当時の重職酒井外記に計られけるに、外記申さく、「人に君たるものは、動・止道あり、これを造りて、民喜ばば、可也」と、公之を悟りてやみぬ。後数年ならずして、年登《みの》らず、民飢えて苦しみければ、外記進みて、「民を救ふべきの術は、彼の茶寮を建設し給ふに如くはなし、願くば君思ひを起され、民を役して飢を救ひ給はばや」と申出でければ、公の意爰に定まり給へりとぞ、これぞ今、福井の口碑に残れる処也けり。まほら其茶師はいかなる人なりけん知らざりしが、或とき徳川家の茶師神谷政長といふ人に逢ひしに、茶話の末、偶々宗偏の履歴のことに及びて云ふやう、「先の越前公は、我同門の祖にして、宗偏の許を請ひ給ひ、然して翁の末年、公招により越前に止る事年あり、或は茶寮を建立せしことなどあらんか、我偏家のいふ処なり」と語りき。予、此言をききて、始めて驚き答ふるに養浩館のことを以てし、さても偏翁の数寄に成ることを知る。宜なる哉、古人の動止、至誠の発するに随ふ、啻に建設の美術なるのみならず、君徳の美亦至れり尽せりといふべし。後世の人士永くこの美徳の二つを伝へて、厚く保持せんことを希ふになん、見む人そのこころしてよ。

明治二十四年冬日、公正謹てしるす（原濁点・句読点・「　」なし）

文中の「吉品公」は福井七代藩主、松平吉品《よしのり》。「宗偏」は、作庭家・遠州流茶人、山田宗偏を指すが、彼の作庭時代と該当庭園の作庭時代が符合しないので、今日では宗偏による作庭は疑問視されている（『日本建築』特殊建造物編第三冊「養浩館」昭和十七年）。

腕組みの肖像写真

公正の肖像として最も知られるのが、腕組みをした「やんちゃくさい」（福井言葉で「やんちゃっぽい」）写真である（カバー写真）。この写真は、『伝記』では

「参与」の折の小照であるとしている。同書には同じく腕組みをした「参与拝命当時」の別の写真も掲載されているが、こちらはあまり紹介されることはない。公正の腕組み姿は、思案の姿でもあり、「警戒の姿」でもある。負けず嫌いで、発想と創意工夫の達人であった彼のイメージ形成に役立ったのであろう。

公正旧宅近く、足羽川の幸橋南詰なる由利公正広場には公正の像があり、この姿も腕組みしている。この銅像は、もと中央公園に昭和五十九年（一九八四）に建立されたもので、近年現在地に移動した。平成九年（一九九七）には福井市の「歴史のみえるまちづくり協会」が福井城内堀公園（福井市大手二丁目御本丸緑地）に「由利公正・横井小楠旅立ちの像」が建てられた（本書八四頁）。作者は越前町織田の彫刻家、水島正博である。安政五年（一八五八）に熊本へ一時帰国した小楠と、同行した公正の等身大の旅姿である。水島の作品は、歴史人物のたんに見栄えのよい肖像だけではなく、人体の造りや機能に忠実に留意しているとして評価が高い。

肖像写真と画像

また『伝記』には、横顔の「東京府知事」の折と口髭と顎鬚を生やした「欧米視察中」の写真、「明治二十二年華族に列した際」の大礼服姿の「子爵由利公正」の写真（口絵一頁）があり、原本が現存する（県博「由利公正家文書」）。この写真は『子爵由利公正伝』の巻頭を飾っている。立派なヒゲを備えた堂々たる「子爵由利公正」の写真である。この写真とほぼ同時期なのが「東京府知事履歴」掲載の写真で、東京都公文書館が所蔵する。ほかに『子爵由利公正伝』には、府知事時代の写真や高子夫人と並んで掲載されている晩年の写真がある。

欧米視察時代の由利公正肖像写真（ボストン美術館蔵）

由利公正肖像写真（吉田文也氏蔵）

他に壮年期とみられる公正の写真に、『明治英雄一覧』の少し顔がやつれた写真がある。『日本人名大事典』（講談社）掲載の写真もこれらと同時期であろう。公正晩年の家族の集合写真が子孫蔵としてもあり、『伝記』にも自宅庭園でくつろぐ最晩年の公正と思しき写真が二種二葉掲載されている。

近年、ボストン美術館蔵の公正・丈夫親子の肖像写真が紹介されている。壮年の公正と同行した子息、丈夫十五歳時の先に紹介したあどけない少年の写真である。そのうちボストン美術館所蔵の公正写真と同様の姿のものが平成二十八年六月に福井市立郷土歴史博物館で展示公開されたのも記憶に新しい。所蔵者の吉田文也（当時十四歳）は、ネットオークションで求めたのだという。

肖像画は八十一歳時の油彩とともに子爵拝受記念の油彩で由利家旧蔵がある（県博「由利公正家文書」）。作者不詳ながらこの時の写真と同様落ち着きある元勲の風格がよく描出されている。

皇太后御座所の御造営

孝明天皇の皇后は、明治天皇の正（嫡）母（実母は中山慶子《よしこ》）である九条夙子《あさこ》である。孝明天皇崩御の慶応二年十二月二十五日（新暦一八六七年一月三十日）には御年三十三歳で、英照《えいしょう》皇太后と称せられた。慶応四年三月十八日に皇太后に冊立。幕府の反対により立后されず、つまり皇后を経ずして皇太后になられたことで知られる。公正の尊皇には、この英照皇太后の御座所造営を奏したことを掲げる必要があろう。英照皇太后は、皇太后御座所としての別殿がなく、宮中ですこぶる狭隘な場所に座した。公正はこのことに大いに畏れ入り、気の毒に思い大宮の建築を建議した。

皇太后は、時下多端の中ゆえにと遠慮されたというが、公正は「治国の基」であるから建築はご遠慮なきことを申し入れたという。議定は通り、建築に着手することになり、その御用掛を公正自身拝命した。この布告は同年五月十七日であった。この工事は約三カ月をもって竣工したとされる。果たせるかな翌二年正月二十二日に皇太后の新殿御移動の仰出があり、二月十一日巳刻と決定した。公正は同年六月功労として御扇子三本を拝領した。公正の尊皇の一端を知る事蹟である。

4　叙位と栄典

官制下における公正の処遇

慶応四年閏四月二十一日、官制の大革命が発せられ、公正は、勅任官二等、次いで翌二十二日位階を賜わった。公正ら官僚は一同に拝辞したというが、結局は朝

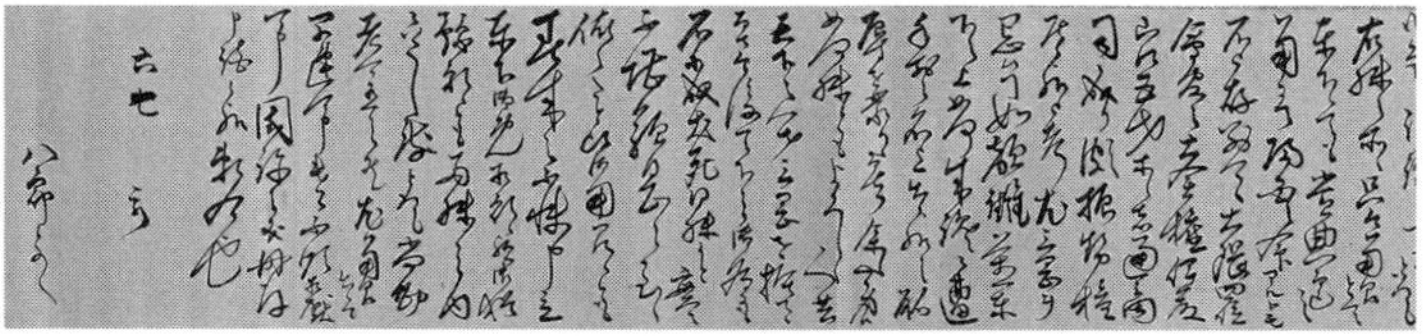

公正の上京を憂慮した松平春嶽書簡由利公正宛
（部分。福井県立歴史博物館蔵由利公正家文書）

命に従うこととなり、公正は福岡孝弟とともに従四位下に叙せられた。

従四位下というと江戸幕府では名門の大名格であり、侍従や権少将に任官されるほどの位階であった。かろうじて公正の主家越前松平家は一階上の従四位上少将が極位極官ではあった。位階が急ぎ必要となったのは理由がある。これまで、参与は無位であったため昇殿できず、正殿の階下、砂上に円座を敷いて朝議に列していた。しかし朝議では参与が主として発言をするので、上座の公卿らは堂縁に出て一々問答しなければならず、朝議進行に不便極まりなかったからである。

東京への召命

明治三年九月二十日に長岡久四郎（右京）の監督不行届で謹慎処分を受けていた公正であったが、同十月十日には免じられて同二十日に東京への召命を受けた。松平春嶽は公正宛十月二十四日付書簡に知事（茂昭）より命があると思うが、東京へ来てもらいたく、公正は、藩務に尽力していること私としても満足であり、まだ一、二年は福井にいてもらいたいが、朝廷よりの格別の御用筋があるので藩務の差支は致し方ないのであるが、なにぶんにも朝命であるので東京へ出向いてもらいたい。このことは知事ら公正の上司あたりにも書状を送っている。万一、来られぬというのであれば知事の評判上もよろしくない。迷惑かもしれないが東京へ出向いてほしい、という内容であった。帰福後の公正は、国許で重宝されており、茂昭も離したくない存在となっていたようである。

しかし春嶽は、明治三年十月十三日付の書簡を茂昭に送り、どうせそのうち東京より公正の召請があろうから差し出したほうがよいだろうと勧め、公正が東京へ行けば、必ず一〇〇〇石の賞典が受けられるだろうが、今度の差出を逃せば、公正のこれまでの功績も水泡となり、賞典にも与かれず、千年の遺憾を残すことになる、と説得している（越葵文庫蔵、『松平春嶽公未公刊書簡集』）。春嶽は、国許福井藩の都合よりも、公正自身の栄達を心配したのである。春嶽にとって公正は愛すべき自慢の旧臣であったようだ。

論功行賞に与かる

公正の子息三岡丈夫によると、維新第一回の論功行賞は明治二年九月であったが、公正が沙汰を受けたのは同三年十二月であった。その遅延の理由は、公正の論功行賞には厚遇すべしとする意見と反対する者とが少なからずあって、決し難かったというのである。土佐出身の板垣退助は百方周旋して公正が章典を受けることになったという。

公正は十一月八日福井を出発し、同二十七日東京着、福井藩邸（稲荷堀下屋敷）に宿泊し、翌十二月二日維新当初の勤労により左記の永世禄を下賜された。

大政復古之時に方り、度支ノ職ヲ奉シ、今日之丕績ヲ賛ケ候段、叡感不レ斜、依テ賞ニ其勲労一、禄八百石下賜候事

一、高八百石
依二勲功一永世下賜候事

十二月十五日参朝して明治天皇に拝謁した。そのうえで懇意なる上意を賜わったという。明治四年正月五日、公正は東京を発し、静岡に立ち寄った。駿府藩にいた勝海舟（安房）を訪ねたのである。勝は春嶽に公正の来訪を受け、「高説も承り田舎の耳を一新仕候」（『海舟全集』）と報告している。

5 国許民政の明と暗

人力車と牛乳

明治四年（一八七一）、公正はいったん帰福するが、東京で得た知見が二つあり、それを福井に持ち帰った。一つは人力車であり、今一つは牛乳である。人力車（俥）は、和泉要助・高山幸助・鈴木徳次郎の三名が発明者として政府から認定された。東京でみた馬車から着想を得て明治二年に完成させたという。ただし、発明者は右に挙げた三名以外にも諸説ある。公正は奨励のため一台を求めて郷土福井の土産物にしたというのである。東京では翌四年より営業許可申請が増え、翌五年八月に東京府下の人力車数は二万四千余輌を数えるに至ったという。

次に牛乳については、明治元年には江戸城内に牛数頭が飼養されていた。公正はこのことに注目し

牛乳搾取商（『福井県下商工便覧』より）

ていたので、今回の上京を好機に、福井人・團野卓爾と、五十嵐初次郎二人に牛乳搾取方法を横浜の外国人のもとで修得させた。洋牛八頭を購入してこれらを福井に送った。福井において牛酪を販売したのである。このことから、福井人は、地方としては全国で最も早く牛乳を飲んでいたことになる。

『福井県下商工便覧』（川嵜源太郎編・明治二十年七月刊）に、「牛乳搾取商　團野確爾（福井佐佳枝上町）店舗」の絵が掲載されているから、團野卓爾の身内と思しき人物が、この頃たしかに福井で牛乳業を営んでいたのである。絵によると店舗の裏には牧場があり、十二〜三頭の牛の姿が描かれている。グリフィスは、福井城下に入った明治四年四月十七日の日記に「うすら寒い日。ひどい雨風。朝、器具の準備をした。放課後ルセー氏と馬で約六マイル行って、カリフォルニア産の牛（雄牛・雌牛・若雌牛・子牛二匹〜五匹）を見た」（山下英一『グリフィスと福井』）と記している（原文は英文）。グリフィスの見たこの牧場は六マイル（約九・六五キロ）城下から離れていると記しているから、明治二十年当時に営業されていた牧場とは同一のものではないかもしれないが、『福井県下商工便覧』にみえる店舗・牧場は佐佳枝上町に存在したというのであるから、同地域は城下の中心街にあたり、実に市街の真ん中で多くの乳牛を飼育していたことには驚かされる。

東京で牛を飼う

公正は次いで東京において乳牛を飼育した。明治六年、洋牛数十頭を輸入して園野卓爾や親族の今村坦らを使って開業している。場所は公正の住んだ京橋区木挽町の自邸であった。しかしこれは、時勢の先端を行きすぎたので、牛乳を求める者は少なかった。つまり営業成績が上がらず、せっかく創業した公正の牛乳会社は失敗に終わったということであった。

しかし公正は牛乳の普及にその後も執心したようで、東京板橋の旧金沢藩別邸跡地で、維新後陸軍省の所管となった九万坪余を、明治九年より同十四年まで五カ年間の借用の承認を得て、洋牛数十頭を飼養した。この直接の管理は今村坦に依頼した（『板橋区史』近現代・資料編）。公正は牛乳のみならず日本人の食生活の向上には関心が高かった。福井藩町医出身の石塚左玄は、今日、「食育の祖」として高く評価されているが、明治四十年十月十七日に正しい食生活の向上を啓蒙する目的で「化学的養生会」を東京で立ち上げるが、その賛同者として公正も十五人のうちの一人として名を連ねている（『食育の祖　石塚左玄物語』）。

栃原村の救済

明治三年春、福井県吉田郡栃原村《とちはら》（現永平寺町栃原）の庄屋島田藤四郎が上納米などの免租を訴えた。この在所は、九頭竜川中流域右岸にあり藩政時代からよく水難に遭遇した。また、明治初年の凶作により民衆の困窮は深刻であった。この訴願を公正が取り次ぎ、村民の窮状をよろしく藩知事・松平茂昭に入説した。
その結果、同年四月七日に年貢米・貢銀など一切取捨する旨の沙汰が出された。それに感謝した村民は知事の「仁慈の特典」を偲ぶ「殿様祭」を例年斎行した。さらに発展し、同八年五月には鎮守の産神である神明神社に茂昭が生祀されるまでに至ったのである。村民らは公正にも深甚なる感謝をしたという。同二十八年元日の公正書簡島田藤四郎宛には、村民の「報恩ノ道」を忘れざる行動に賛辞を述べている。大正九年（一九二〇）八月十五日には栃原青年会が「殿様祭五十年記念事業」として芳賀矢一撰文「殿様祭之碑」を栃原神社境内に建立した（『殿様祭由緒』）。公正の格別な入説がなければこの救済はなかったと伝えられており、公正の救民活動の一端が知られる。

武生騒動

明治三年、福井藩の府中（現越前市武生）領主本多家の華族加列問題に端を発した「武生騒動」が勃発した。幕末維新において一貫して家中の騒乱による粛清がなく、脱藩者も皆無であるというべき福井藩において、この騒動は違例であり歴史の暗影であった。本多家は、府中二万石の大身で、代々小領主の貫禄をみせたが、明治二年の版籍奉還後の十一月、藩の家臣団給録改変で、本多家当主の副元《すけもと》は華族に列せられず、陪臣を理由として士族に編入された。しかし、藩祖よりの府中領主としての家柄と、大名に相当する石高を保持した本多家として、当主副元の不服は、旧家臣団にも呼応して華族への昇格運動を盛んに始めた。旧臣たちの運動は旧領民にも伝播し、領民の首領が続々と上京して不服を訴え、翌年に入っては、民部省まで越訴に及び、ついに謹慎処分となった。従来府中領内では本藩（福井藩）に不平不満を向けることが多く、交際に親密さを欠き、何事によらず本藩からの圧制が加えられたとの認識であった(『御布令井御届書留』、『武生町騒動』)。

その反発の理由として、元士分の扶持米・切米取りが士族ではなく、卒族とされたこと。府中の豪商である松井耕雪や松村友松らは本藩の信頼が篤く、とくに耕雪は武生の地場産業打刃物商人から身を興し、越前産物の輸出奨励に貢献した。春嶽はじめ、村田氏寿・中根雪江・松平正直・毛受洪らと交流し、むろんとりわけ横井小楠と公正とは近かった。彼はまた私財三〇〇両をもって府中藩校、立教館を設立し、その門下からは自由民権運動に挺身した杉田定一を出している。松井・松村ら府中の豪商が、本藩政経の支えの一角であった。そこに府中領民の不満が向けられた。東京から福井へ護送された府中の民部省への出訴者六人を途中で奪回しようとして領民が群集し、これが暴徒となって騒動に発展した。豪商・坊長・肆長屋敷を打ちこわし、放火にまで及んだ。民政出張所・福井藩用人宅も襲撃された。藩は至急、出兵・鎮圧に尽し、高木才一郎ら士・卒・民百六十余人を逮捕、うち旧臣の竹内団・大雲嵐渓ら二名が拷問により獄死し、町民の米屋庄八・浜谷仁三郎・箒屋末吉の三名は死罪となった。

公正の政敵、関義臣

この時、関義臣が連座している。関は公正と犬猿の仲であり、かつて小楠門下として机を並べた学友であったが、異常に反目しあった(本川幹男「福井藩重商主義政策と武生騒動」『福井県地域史研究』2)。かつて関は、公武合体路線を行く福井藩論に従わず長崎に赴き、坂本龍馬の海援隊に参加した。明道館教員の出仕を拒否し、公正らの挙藩上洛計画を阻止しようとして活動し、なにかにつけて小楠・公正路線に反発した。慶応四年(一八六八)一月、京都岡崎の藩邸で公正と倒幕についての口論に及び、公正に罵倒されて藩邸を去り、後藤象二郎方に寄寓した（『秋聲窓詠草鈔』）。

武生騒動で、公正は関を捕縛させ、府中大工町の獄舎に繋ぎ首謀者として死罪に処する目論見であったとみられている。しかし関は、刑罰に関する新律綱領により死罪を免れた（『越前市史』資料編二四）。芳賀八彌『由利公正』の関旧蔵書が本人からの寄贈で武生市立図書館に所蔵されているが、その寄贈本には関直筆の付箋があり次のように記されている。

由利ノ虚誕・虚喝ノ多キ人を欺キ世ヲ欺キ後ヲ欺ク、可笑可悪ナリ、其意愚ナリ、決テ其欺キ乗ラサル此男アリ、他日間アレハ一々弁明セント欲ス　ギ臣　六十九

関と公正の相性の悪さは両者の評価を落としたとも言える。しかし、両者は政治思想において互いに意識しあったライバルとも言えよう。明治四十二年四月公正薨去の折、その弔問および会葬者の名列に他の福井藩旧藩士の名前と共に関の名もある。先立った公正に対する関の懐旧の念はいかばかりであったであろうか。

公正の師・吉田東篁の伝記に、同門下の山口透は東篁による公正評を「負けん気強く、自由気ままな性格」であったので、ある日講義をやめて東篁が命じて按摩をさせてみたら、力まかせにもみさすった。東篁は笑って「柔よく剛を制するということを知らないのか」と言うと、公正は恥しく思いそ

れから志を立てて勉学に励んで成功した（山口透撰『吉田東篁先生伝』。原漢文・口語訳）とある。こうした性格は少年の頃からであり、関・中根・本多修理・井上馨・五代友厚らとの衝突は、生来の彼の性格によるところが大きいと思われる。

第八章　東京府政の改革と発展

1　東京府知事として

知事就任

明治四年（一八七一）七月十四日、廃藩置県が実行された。グリフィスはこの時福井においてこの大変革を目のあたりにする。グリフィスは「政治的地震が日本を其中心から動揺せしめ、その影響はこの福井にも甚だ顕著にあった。今日市の侍の家庭は、皆非常に興奮して居る。或者は三岡（公正）を殺すと云ふて脅して居るそうである。三岡と云ふのは一八六八年の功績に依り恩給を受け、且つ福井に於ては長い間改革と国民進歩の代表者である」と記しており、公正が廃藩置県によって動揺する武士たちの矛先にあったことを伝えている。さらに「勅命により武士の世襲の収入を減じ、すべての冗職を廃し、その俸給は国庫に返納することとなった。役人の数は最低限度に縮小せられ、藩の財産は政府の所有となり、福井藩は中央政府の福井県と変わり、すべての役人

東京都知事時代の由利公正肖像写真（『由利公正伝』より）

は東京から直接任命されることとなった」。また、「市の老人中の或者は心配で殆ど気が狂わんばかりであり、或る少数の乱暴者は事を此所に至らしめた三岡（公正）らの他の勤王者を暗殺しようとして居ること」。しかし、その反面、しっかりとした身分の武士層や理解者は、皆勅令を畏み奉っている。彼らは福井のためではなく、国民のために（廃藩置県が）必要であり、時代が要求したものであると言っている。そんな彼らの中からは狂喜して「さあこれで日本も貴国（米国）や英国のように世界各国民の仲間入りが出来る」という声があったというのであるから、実に進取の気性に豊んだ福井人の時代転換・価値転換の早さが窺い知れる。それはそうと、国許における公正の評価が市中で二分していたことは興味深い。

とにかく公正は、廃藩置県の改革において次の辞令を太政官より受けた。

従四位由利公正

任東京府知事　右　宣下候事

年未十一月十四日　太政官

かくて十一月二十三日、公正は東京府知事を拝命した。時に四十三歳であった。明治四年六月五日付大久保利通より岩倉具視宛書簡に、「此人英雄ニ相違無レ之」と高く評価を受けて推薦されたことがみえ、また大久保より岩倉宛の諮問に答えた六月二十九日付書簡には、板垣正形（退助）を兵部大輔とし民部大輔大木《おおき》喬任《たかとう》を文部大輔に異動させ、公正を民部卿に抜擢しようとの議論があったが、大久保は山縣有朋を兵部大輔に推薦し、板垣を迎えては省内の不統一を招くと唱えて、大木を文部卿とし、公正を民部卿に抜擢するのも同様であるとして説明が附されたのである。

西郷隆盛の推挙　ただし西郷隆盛は、公正に対して同情的な態度を表示した。西郷の大久保宛七月十八日付書簡には、三条実美が訪ねて来て、公正が東京府知事に任じられることを告げられた。西郷としては公正を大蔵卿に抜擢することを希望していたが、どうも納得がいかないから公正を登用してもらうよう三条公への周旋を願っているのである。公正の大蔵卿登用には井上馨一派の反対があったとされる。伊藤博文は井上馨宛の書簡（明治四年七月十四日付）で、今日の朝廷の会計をしばし維持することができたのは大隈重信の功績である。三岡（由利）をもし登用すれば「全国之人民一小片紙ヲ抱イテ路傍ニ臥死セシムルノ外ナシ」と厳しく酷評していることからもうかがえよう。

東京府庁　公正は東京府知事に就任した。東京府は、慶応四年五月十二日、新暦の七月一日に、江戸府と改称されて江戸知事が置かれ、同年八月十七日、（新暦十月二日）に、江戸を東京に改称した。知事も東京府知事となったのである。初代江戸府知事は烏丸《からすまる》光徳《みつえ》で、初代東京府知事も同人が継続した。烏丸知事は明治元年十一月七日まで務め、大木喬任（任期明治元年十二月四日〜同二年七月十五日)、壬生基修(任期明治二年十月三日〜同四年七月二十三日)のあとを受け、公正は第四代知事ということになる。ちなみに公正の後任は大久保一翁が就任する。公正の東京府知事就任は、北陸出身者、福井県出身者としては最初でかつ廃藩置県後の知事としても最初になる。

公正が初代知事として紹介されることはこれまでにも諸書に散見するが、これは廃藩置県後の知事という認識が流布した結果であろう。

由利東京府の主要職員は次の通りであった。

知事　由利公正
大参事　北島秀朝・黒田清綱
権大参事　平岡通義・玉乃世履《たまのよふみ》・西岡逾明《ゆめい》
少参事　杉浦知固・片岡利和
権少参事　犬飼磨・河鰭實文《かわばたさねふみ》・交野珣・郷田兼徳・島本伸道
典事　水野元靖

東京府知事就任に関して公正の回想として「実話」には次のようにある。

明治四年六月二十四日又も東京へ御召しになつた。今度は廃藩置県の時である。たしか福井を出立したのは四年の七月十日であつたと思ふ。

東京へ来がけに静岡の勝（海舟）を訪ねて色々の時勢の話をした。それから東京に着くと廃藩置県といふ事でこれはかねて我々の建議した事であるから、これは容易ならん場合である。是非尽力しようといふところが廃藩置県になつた以上は東京府は中々大切の場合であるにも拘らず未だ乱雑なもので、府庁で桑茶植付処といふを置いて方々に茶園がある。一方では商売をしてアメリカへも人を出して交易をやつてゐるといふ有様で、何の事やら一向解らん。殊に三月以来諸藩の兵を懲して御親兵と称して市内の各処を警固してゐる。これは後になると乱に引入る因となるだろうと考へた。それで私は尋ねた。「府庁をこの侭《まま》に続けるといふならこの侭続く趣向をせねばならぬで、又廃藩置県の仰出されたに依て御政治向きは悉く新に整理するといふ事なら、その覚悟でしなければならぬが、何方にするか」と。さうしたところが、大久保（利通）が「元より新にせねばならぬ、これ迄のは整理中には、未だ入らぬからなあ」との答へだ。「サアそれなら私の考へを申さねばならんが、今東京府庁には八百何十人の役人がある、何分この多数の人数をみても迚《とて》も整理せぬ事が解る。この様に役人を置くと、日本中の役人はどれ程になるか到底役人を養ふ事が出来まい。この多数の人を一人づゝ選んで抜差しする様な事をしてゐたら迚も出来はせんから、府庁をばスッカリ廃してしまつて新に府庁を設けたいがどうであろうか」と相談した。ところが如何にもその通りであるといふ事で、それからいろいろ太政官に於て皆に面会して府庁に参るのが晩くなつて、私が府庁へ帰るまでに府庁へは既に廃止の達しが来てをつて皆片附けてゐる。それから府庁に入って何したところが、元の府庁は廃されて更にその府制が設けられるといふ訳であつて、大参事とその他一課を持っている各課長だけは残つてくれ。御相談があるから」と云つて他の者は残らず帰してしまつた。それから課長・大参事に相談した。大参事には黒田独り残つた。それは沢山にゐても相談は出来ぬといふ考へだから。

百事一新

そして公正は、「府政といふものは一日停滞すれば民間の困難は何程に当るか知れぬ」とし、事務の遅延は人が多すぎることに原因があると判断したうえで、民間からの諸願訴公私申立は、時間を決めて朝のうちにしか受け取らないようにし、その受け取ったものを午後にはただちに処理をして、今日受け取った仕事は三日以内に捌《さば》きをつけることとした。もし捌けない場合は知事が受け取り、別段に協議すると定めた。さらに町家からの諸願訴訟を代書する役人を置くことを提案し、代書人を府庁に置いた。

これが日本の役所に代書人を置いた初めであるという。代書の手数料は徴しなかった。そして銘々受け持ちの仕事は三日と延ばさぬようにしたのである。こうした公正の事務効率化の指導は府庁改革の一歩として着々と進められたのであった。

当時東京府の職員は八百八十余人という。内務卿大久保利通の「百事一新」整理の必要性の言を受けて公正は東京府をいったん解体したのであった。解散・解体した新規東京府の知事であるから、初代といってもこの意味からでは誤りではない。公正は東京府を発して東京府を創設したのであった。

八百八十余人を六百人削減した。そしてその代わり事務の効率化を成功させたのであった。効率化の一つとしてさらに戸口調査があった。公正就任時まで行われていた戸口調査は成果が上がらない代物だったので、公費の無駄であるとして戸籍役所を廃止した。

さて、公正は知事時代の住居を、木挽町二丁目の元の花房藩（明治維新期の短期間、徳川宗家の静岡藩移封に伴い、明治元年遠州横須賀藩主、西尾忠篤が三万五千石で移封されて立藩した。陣屋は、安房国長狭郡花房村＝現千葉県鴨川市横渚）の藩邸を自宅兼公舎としていたが、それを明治四年十一月に払い下げを受け、三十二カ月の月賦で納めたのであった。ここが公舎となった。

警察制度の嚆矢

公正の府知事時代に特筆されるべき功績の一つに、警察制度の創設がある。江戸時代には藩兵が治安維持に当たっていたが、明治維新によってその任は解かれる。藩兵は近代でいう軍隊であった。明治初年には衛戍《えいじゅ》兵がいたが、公正はこれを廃止して巡査を創始した。明治四年八月には、西郷隆盛の斡旋した鹿児島から卒千名をはじめとして十月二十三日には府下取締として羅《ら》（邏）卒《そつ》三千人を置いた。その諸費は大蔵省へ打ち合わすべきことというのが東京府の令達であった。今日の巡査の誕生である。そしてこれが近代警察の最初である。

以下は、公正による巡査誕生についての回想であるから次に紹介しておこう。

> 府下はまだこの時分、武家が空けていつた屋敷跡には強盗が住んで、夜分は最も物騒で、甚だしきは荷車を曳いて諸方へ押込みに行くといふ様な事で空屋敷の留守番には扶持をやらなければなら

ぬ。それが三百何ヶ所で、さうして盗賊が横行するといふ事であるから、これが取締りをしなければならぬ。中々容易の事ではない。（中略）どうしても別に組織のたつた番人を一つ拵へて、兵士に代らしめなければ、盗賊は止まらないといふ事から、諸方の守衛兵を引上ぐる事の命令を願つて諸藩の兵を引上ぐる事にして、さうとて更に番人といふ者を置いた。これは初めポリスと云ひ、後邏卒と称した。今の巡査といふものはこの時に起つたものである。そこで、その時に慮つたのは、その時分の番人は皆士族であつて、片方は戦をして来た御親兵が相手だから、中々向つては番人の役を足さない。そこで番人に刀を差させておいては手許から争闘を起すといふ事になるからいけぬと云ふに依て、刀を取上げて番人を置かうといふ事になつた。これは餘程計つて薩摩から大勢の番人を出してくれた。これは全く黒田の骨折りであつた。越前からも人を出さうと思ふて餘程勧めたが、その大隊長に田邊良顕《たなべよしあき》一人望んだゞけで、その他はかういふ所に出るのを厭がつて僅かしか出なかつた。この時長州の人も出、遠州の人も出た。それで番人を命ぜられた者は皆大小の刀を挾んでゐたのを取上げて、棒を一本挾ませたところが皆泣いたなあ。

と伝えている。次に公正は町会所を設けて府民の繁栄を図った。町会所は、太政官が府下の名主その他主だった者を十名ほど呼出して「府下が荒びれてはならぬから各々その居に安んぜしむる様」との趣意を達した。そこで公正は、共議して府民に物産繁殖の道を一つ起こしてその方略を立てようと相談をした。そこで町会所が設けられたのであった。

東京銀行設立案

大木喬任が東京府知事の兼任を命じられた当時、彼が苦労した課題は旧大名および旗本の武士たちの旧邸宅であった。堀は頽れ家は壊れて寂莫たるありさまで、これが東京府の大部分を占めていた。大木は、この荒れ屋敷へ桑茶を植付けて殖産興業の道を開こうと思ったという(「奠都當時の東京」『太陽』明治三十一年臨時増刊号)。この桑茶畑は後に府知事になった公正によって廃止されるのである。もっとも大木は、「今から思ふと馬鹿な考へで桑田変じて海となると云ふことはあるが、都会変じて桑田となるといふのだから確の私の大失敗であつたに相違ない」と謙虚にその失政たるべきものであったと反省している。

さて公正は、桑・茶による殖産興業を担う事務を担当した府の桑茶植付所を廃止した。それは思いきった公正の改革の一つであった。大木による桑茶の植付は、府庁の植付所で茶園を経営し、それを商売して米国へも輸出していた。だから府の歳入には、充分必要な存在だったのである。公正はその歳入を遮断し、このような殖産興業策をあっさり中止してしまう。桑・茶園の土地を売り払い、糸の購入も廃したら、金一四〇万円(現在の一四〇億円ほど)になった。これを分配して各町内の組合を創った。

当時井上馨・渋沢栄一らの企図した大蔵省兌換證券(三井札)の流通難を府知事であった公正が解決し、救済する責務を負っていた。公正は府下の区長を呼出して早急に相談をする。まず府民の戸籍をポリスに調べ上げさせ、府下の両替商をことごとく呼出して調達金を申し付けた。戸籍を調査した結果、府下民間の貧民に資金を貸渡すことによって府民に歳末の救済をしたのである。このとき府には積立金が百万両余あったという。次に町会所の積立金と大蔵省よりの拝借金をもとに銀行創立の案が出てきた。公正はその銀行の改立案を指導したのである。先の桑・茶園土地売却分等に加えて、これまで備蓄していた千住米蔵の籾《もみ》を府民に与えて資金とした。千住米蔵は、万延元年（一八六〇）の飢餓後、各江戸町民に毎月税を徴収して千住の米蔵に籾を備蓄していたものであった。これらの資金をもって金融機関にあてて物産を興すという方法をとり、ついに明治四年十二月に町会所各大区御用掛惣代の長澤次郎太郎・片岡二左衛門、惣区御用掛の林富蔵・石見艦蔵・内田勘右衛門・桑原清蔵の連名によって東京府に東京銀行設立の出願所が提出されたのであった。わが国の銀行出願としては同年七月御為替座、三井組に次ぐ第二番目の例であった。この出願者には東京府が同十二年十二日付で、副申（添書）をつけ、太政官へ提出された。

　翌明治五年正月と二月にわたり公正起草による規則書が呈出された。第十八則にわたる長文であるが、公正起草のものであり、わが国銀行草創期の規則であるから、全文を紹介しておく。

公正起草規則書

第一則

一、此社会は切手を融通して商業を開達せしめ真に富強となすを以て主義とす

第二則

一、通用切手を製すべき財本は販売株五万を以て定限とし、現在金高の同数切手を発行す、其財本

に充つべき金は新貨幣を本位とし其売株は百円を以て壱株とし壱人にて多数を有つも随意たるべし、但株金は新貨幣の時価を以て何金に拘らず請取るべし

第三則

一、官員華士族及遠境之人たりとも販売株買保つも随意たるべし

第四則

一、株金の證書は仮令ひ壱人にて百株を有つとも壱株毎に證書を作り番号を記して置、右の證書を他人へ譲り渡す事、勝手たるべし、但其旨会社へ届出べし、盗難焼失等も同断の事

第五則

一、第二則に掲示せし財本を以て製する切手は、西洋普通の仕様に倣ひ且其法則に従ふべし

第六則

一、会社を建る地所並諸造営適用通用切手を制する等の諸入費は先入の財主より立替置、明細に記して布告し新加入の財主へ分割すべき利益の内より漸次引去べし、但利益分配引去方等は次の則に従ふべし

第七則

一、利益は会社の積金諸入費を差引平等に分賦すべし、天災地妖非常の損失も社中平等に之を受くべし、但会社造営等に引去る高は其立替置たる金高に満る迄、利益金の内五歩づヽ引落すべし

第八則

一、販売株の定限に満る迄は、入社何時にても随意たるべし、出社も亦自在たるべし

第九則

一、通用切手は会社の蔵へ納め置、出入は差配方取締方立合出納を司る者之を取扱ふべし

第十則

一、会社へ預け金借用金を頼み来る時は其分課の掛にて町嚀に取扱ひ、預り金貨金共其法則に従ひ信切に取計ふべし

第十一則

一、会社の記帳面類は毎月社長、総取締幷分課の差配方等立会の上これを正すべし、但諸帳面の認め方は、尤見易く了解し易き様出納の表を造り厳正精密にすべし

第十二則

一、会社に関係する事件は悉く会社の記号印を用ゆべし、私に会社の印を用ゆる事、厳に禁止たるべし

第十三則

一、社中は勿論差配方取締方其他印鑑帳へ調なし置、若缺損し遺失等なしたる節は其旨速に届出べし

第十四則

一、已むことを得ずして官裁を乞ふの類は都として社長総取締或は其他の掛の内にて之に任ずべし、

且御法度御布令の筋町法等の儀も同様たるべし、右に関係する入費は会社より出すべし
　第十五則
一、姓名帳へ社中各の姓名を自記し株金の高を認め住所本業等迄明細に誌し分課定らば又これを書加へ置くべし
　第十六則
一、財本の高切手の数を初め収納の多少会社の諸費等に至る迄委細を記し上木して拡布すべし
　第十七則
一、公益を起し会社の利潤ともなるべき事は必ず商議を乞ふべし
　第十八則
一、此社会は府下人民一般便利融通の為に設けたるものなれば、社外の人たりとも自己の会社と同一の心得にて可否得失見込ある者は遠慮なく忠告あるべし

大蔵大輔井上馨の反論

この東京銀行説立案は、太政官においてただちに賛成されたが、大蔵省の大蔵大輔井上馨が反対した。井上が明治五年十二月二十四日付の太政官正院に提出した反論書には、「欧亜諸国においては決て左様官民共有の会社は御座無く候」というものであった。しかし、大蔵卿大久保利通の欧米視察出張中、大蔵省勅任御用掛を兼ねた西郷隆盛により正院においては設立を一時許可の方針で決した。

（銀行設立の建議は）板垣（退助）余程之尽力（中略）。知事案労の由御座候間、右の形行卒度御通し置被下度、板垣よりも右の噂に御座候間、何卒宜敷奉希候

（明治五年正月朔日付　西郷隆盛書簡　黒田清綱宛）

しかし、井上の反対は執拗に前後四回にわたって行われた。その結果案は不許可のまま放置となる。その後大久保利通が外遊となり、ついに結果が出ないまま不成立となってしまった。渋沢栄一は次のように回顧している。

太政官では板垣さん西郷さん等が三岡（由利）といへば大変信用して居るので随分困つた。（中略）由利の経済学といふものは当時名高く西郷・板垣等の先輩者は井上が何を言つても未だ若いといふような調子でした。何でも市の銀行を立てるということを由利さんから政府へ申出しまして、それを、大蔵省へ御下問があつて、それから閣下（井上）がこんな馬鹿なことを言つて行けるものか、むやみに、札を出すことばかり考えてゐる。碌でもない事を言ふから君行つて打ち破つて来いとか云つて私がお申付に依つて政府へ出て由利さんと頻に銀行論をした事があります。

（『維新財政談』）

こうして、公正の東京銀行設立案は実現しなかったが、この志は、けっしてここで終焉したわけで

はなかった。自らの発案に対してけっして諦めない公正の情熱はやがてくすぶり続けていく。果たせるかな、明治三十二年八月の日本興業銀行（現みずほ銀行の前身）期成同盟会の会長就任によってその活躍を繋げていったのであった。

2　銀座市街の建設と東京不燃化計画

帝都大火

明治五年（一八七二）二月二十六日午後一時、旧江戸城和田倉門内旧会津藩邸（当時は新政府兵部省添屋敷）から出火し、折からの西風に煽られて大火となり、京橋・銀座から築地一帯の市街地は焦土と化した。それは四十二町、家数はおよそ五〇〇〇軒に及んだ。遡ること明治三年に防火政令を発令し、土蔵・塗壁の防火建築を推奨してはいた。

しかし、このような未曾有の都市大火に及び、死者数は八人、負傷者も六〇人を出し、二八万余坪を焼失したと記されている。公正の記憶では、彼はこの時風邪を患って木挽町の屋敷にいた。屋敷内でも、ただ臥っていたのではなく国許福井から持ってきた書類を見ていたというから藩政時代のものも含むのであろう。

その書類は行李に入れられていたようであるが、それを整理する長持を側に置いて調べものをしていた時に、呉服橋の方に火事が起こって風も烈しく火の足が恐ろしく早かったという。

火事を知らせる鐘の音も充分に聞こえないうち、というから実にすさまじい早さで、木挽町の公正宅の窓から見ると細い煙が来たので表門の火見台に登って見ると、火はすでに諸方に移り、大火の様相となっていた。公正は自宅のことを構わずに府庁へ出た。公正宅は全焼し、この時諸書類（「大切な往復書簡」と公正は明記しているから、坂本龍馬や春嶽等、今日にいう一次史料などか）がともに烏有に帰したという（このため、とくに坂本龍馬との会見についての記録は、『坂本龍馬会見顚末』〈現福井市丹巌洞主、宮崎家蔵〉を後に公正が書き記している）。

さて、知事としての公正の対応については次のように伝えている。「災い転じて福となす」の諺通り、常に眼前しか直視しない公正の言である。

煉瓦建築案の提唱

大都会を毎年火事の為めに灰燼に帰せしめおくのは如何にも無分別だ、これは是非とも道路の幅を拡げて火事の延焼を防ぐ方法を設けて人民の財産を保護しなければならぬ。これは一つ奮発のしどころであろう。それには相当の手当を起さなければならぬと考へて、この大火を好機会に翌朝太政官に出て「さてお膝元大火で実に恐れ入りました。就いては今日大いに考えを起しましたから一応申上げます。」

そして、こう提案した。

今度焼けた跡の家は材木で建てゝも煉瓦《れんが》で建てゝも宜しい訳であるが、どうか煉瓦建築にしたい。

それにしては是非政府で御助勢下さらねばならぬ。

政府側、とくにこれには西郷隆盛や板垣退助が賛成し、外国公使等にも説明して賛同を得たというのである。太政官での決議がなされたあとは大蔵省から理解と協力を得ることであった。この時の公正の都市改革の理念と決意は、天下の大都を火災から防ぎ、人民の財産を保護し、その勢力を徒費せしめず年を追うて国富を増進せしむことであった。火災の罹災《りさい》者へは、諸官員一同から見舞金が寄せられた。

さて、案の定大蔵省はこの発想と計画に対して難色を示した。そこで公正は「市区改正」案を持ち出した。これは東京に帝都を作らなければならないから、都の絵図を作りたいということであった。それには土地の測量をしなければならない。測量には陸軍省の軍人を出してほしいと出願して即座に決議したという。

この「市区改正」案を通したうえで、煉瓦建築案を提唱した。公正は府下の商家を煉瓦造りでもってすることを提案し、朝議では井上馨・渋沢栄一ら大蔵官僚が財政面から反対するが幸運にも可決された。最終的に井上・渋沢・大隈重信らが賛成した理由は、彼らには、新橋と貿易港横浜が鉄道で結ばれたことから、新橋と築地外国人居留地を結ぶ地域を洋風化し、往来する外国人へ「文明国」としてのわが国の印象を与え、条約改正の機運を盛り上げようという意向があった。大蔵省は改築費用の支出を決定する。工事は工部省、営繕は大蔵省という権限の間に東京府が挟まれるという関係であった。

当然日本は地震国であって煉瓦造りは不適であるという意見もあったが、設計師で建設の総監督には英国人トーマス・ウォールスが指名された。彼は井上と繋がる人物である。なんとなれば明治二年八月、井上が造幣頭となり、造幣寮を大阪に建設する際、廃局していた香港造幣局から設備を輸入したという経緯がある。この時、トーマス・グラバーの紹介でウォールスを造幣寮建設に当たらせたという人脈による。もっともウォールスは、造幣寮のほか、明治四年には御新兵兵舎の竹橋陣営や翌年にも陸軍教導団の営舎などを設計したという実績があった。井上は、文久三年（一八六三）、長州藩留学生として渡英し、ロンドン街路を歩いており、渋沢も慶応三年のパリ万国博覧会に幕府訪問団会計担当として参加しており、洋風建築と街路に関してはいずれも公正とは別の知見があったとみられる。

英国人トーマス・ウォールス

明治五年三月三十日にウォールスによる建設計画が布告された。その彼の設計による英国ジョージア様式の街区を基本とし、建物の敷地を提供した総計六・六キロと推定される歩廊（アーケード）を備え、統一性ある連屋の建設を目指した。連屋の角は交差点に向き合うようにカットされ、歩道の柱の配置も統一されている。計画では裏通りも含めて整然とした煉瓦街区を造るため、建築様式の規制もしたが火災被災者の仮設住宅が既に建っており、さらに洋風建築には馴染めないという反発もあった。それでも通りに面する煉瓦造は裏通りを含め九・五キロに達した。

銀座煉瓦街の建設

銀座煉瓦街の建設が行われるが、欧米視察中の公正は同五年七月十九日付で知事を罷免されるので煉瓦街の建設主導権は大蔵省に移っている。八月中旬、銀座一丁目より工事が始まる。ウォールスの下にも、彼の弟のアルバート・ウォールスと、長年の部下シングフォードといった外国人技師二名も招かれた。ウォールスの月俸は六三〇円、部下の二名は各三五〇円だったという（当時の大臣の月俸は五〇〇円、総理が八〇〇円であった）。公正自身としては、煉瓦建築の手始めとして木挽町二丁目の公邸を煉瓦で作ったという。

銀座煉瓦街の煉瓦は、ウォールスの指示により、長さ七寸五分（二二・五センチ）、幅三寸六分（一〇・八センチ）、厚さ二寸（六センチ）のものが使用された。煉瓦は、当初寧波（清国）などからの輸入品を使用する計画が出されていたが、高額に及ぶので国内生産することになった。当時は零細な製造業者しかなく、品質も安定しなかった。そこで、明治五年に葛飾郡の小菅県庁跡に結成された「盛煉社」で、ウォールス自身が指導して築造されたホフマン式輪窯三基で焼かれた。この工場で本格的に煉瓦が制産され、出荷された煉瓦が、銀座煉瓦街を構成した。

煉瓦街建設に使用された目地は、明治六年に深川の仙台屋敷跡に工部省深川製作寮出張所が建設され、旧尾張藩士宇都宮三郎などが研究に当たって同八年五月国産初のセメント製造に成功したことから、セメントの使用がなされた。セメントは幕末から明治初期にかけてはまったくの輸入品であったが、高価なため国産化が急がれていた。しかし、銀座煉瓦街の目地の多くは純粋なセメントよりもむしろ砂漆喰と称される石灰モルタルやセメントを添加したモルタルなどを使用している箇所が多いという。

次いで道路の幅員を拡張する。銀座通を二五間（四五・五メートル）幅とし、その他の街路を一二間幅となすことを提議した。道幅を広くすることは災害対策上きわめて有効な手段ではあるが、大きな問題が発生した。それは、当時の道傍には草がすぐに生えたことである。これにより二五間もの街路の管理は困難とされた。そこで庁議では当時の東京の道幅は八間、地方街道の道幅は四間であるのでこれを合算して一二間を道幅として決議した。しかし銀座通りは二〇間にしてほしいと公正は建言した。ついに衆議折衷ということで一五間（二七・三メートル）に決着した。これが市区道幅改つまり今日に言う区画整理の最初とされる。日本最初の様式道路舗装が行われた。すなわち表通りの幅八間の車道は砂利を敷き、石製ローラーをかけ、両脇の幅各三間の歩道は煉瓦で舗装されたのである。街路樹は両側に松・桜・楓が植えられたが、後に丈夫な柳に代わっていった。

道路の拡張

建築予算

伝記に記されている建築予算額は約一八〇万円（当時わが国の歳入予算総計は四八七三万円強だったといわれるので、国家予算の三・七％）であった。もちろん伝記の記述以外に諸説はある。当初建設費は、大蔵省が官費を一時立て替えて東京府に下付し「東京借家会社」を設立するという案を、これは井上・渋沢が出したという。同案は、さらに同社の社債も募集し煉瓦街を建築し、民間に貸与させるという内容であった。しかし公正は府知事としてこの案をいったん断る。対案として建築費の三分の二を国から借財し、三分の一を入居者から即納させるとした。ところが入居者が入居後建築費の三分の一を即納するやり方は不人気で、一年以内の納入に切り替えられた。公正の府知事免官、明治六年には井上・渋沢も下野することによって、大蔵省も借家会社設立を断念し、費用は立て替え金として支出、建設後は民間に払い下げる方針に変更した。東京府の役割は煉瓦街の管理と借入金の取立てに留まった。

新橋・京橋・数寄屋橋《すきやばし》・三原橋《みはらばし》に囲まれた銀座煉瓦街は明治十年（一九三五）五月二十八日に竣工した。政府は入居者の確保に苦悩したが、表通りの八五基のガス灯の点灯やアーケードの煉瓦散道が異国情緒を満喫する買い物客に好評となった。煉瓦街での買い物は土足自由の上にウインドウショッピングも楽しめた。また、新橋・日本橋間の鉄道馬車の開通に発し、やがて殖産興業が軌道に乗り小売業が発展していった。横浜港・新橋駅や築地の外国人居留地などを経由してさまざまな舶来品が販売されたからである。こうして景気が上向きとなってきたことにより、低迷していた入居者は明治十五年頃から改善し、同十六・十七年頃には繁華街の様相を呈したという。煉瓦街自体は関東大震災で崩壊したが、銀座は首都の商業地の中心として復興しては発展した。また煉瓦街の建設は、政府が首都の表玄関の様式化に取り組んだ意欲を物語る事業でもあった。

公正顕彰祭

公正は、文明開化の象徴ともなった銀座通煉瓦街建設と銀座繁栄のもととなったその開設の恩人として、同街の人々より今日までその功績が顕彰されてきた。その最初としては、銀座通聯合会による昭和十二年（一九三七）四月一日の銀座祭における公正の顕彰祭であった。公正がすでに故人となって久しい当時において、公正の霊が慰められたことは甚だ光栄であったと由利正通は記している。平成五年（一九九三）九月には銀座金春通会により、銀座八丁目に「金春通り煉瓦遺稿の碑」が銅版画（制作第十一代銅昭）を用いて建立された。また前年には、煉瓦街竣工時の煉瓦塊と基礎の伊豆産青石が銀座一丁目の菓子店「可和い」跡から採取された。

「士」としての発言

公正は藩政時代、福井藩の「士」身分であったことは言うまでもないが、彼は廃藩置県の結果として全国士族の秩禄が失われることを憂いたが、それはまさしく、「士」階級出身者にとって身にしみて分かる改革であったと思われる。公正は言う「わが家禄は祖先伝来の財産であつて之を失ふ時は忽ち生計に苦しむ者があらう。之を一朝にして没することは穏当を欽く、若し一時に家禄を取上ぐるならば却つて救護所を設けて彼等を養はねばなるまい」と。公正は三条実美ら新政府首脳部の前で述べたのである。座にあった三条は戯語して「自分も亦、救護所の収容せらるゝか」と言う。公正は答えて「先づ、貴卿（三条）を第一に致しませう」と。そこで哄笑したのは西郷隆盛であった。ともに「士」の経済的・身分的な苦悩の中に育ち維新をなしとげた、いわゆる同志のような共鳴と共感があったのであろう。西郷は「弊藩（薩摩藩）多数の士族あって餓死の惧れあり、何卒速に大救護所を設けられ度い」と発言すれば、一座啞然とするのみであった。

このような公正・西郷の発言により、従来士族階級は各々秩禄に応じて公債証書の交付を受けることになったという。西郷が公正の発言に「和」したのは、西郷のその後の行動をみるうえで看過できないことであると思われる。士族の生活と身分の安定を薩摩藩の実情を知る西郷が常に念頭において苦慮していたことは推測に難くないことと言えよう。

これがかの士族救済のためでもあった征韓論と、その論争に敗北し、ついに帰郷して西南戦争に至ったという生涯を追えば、西郷は公正の同志、理解者の一人と言えるであろう。「大西郷」と呼称される維新の英雄とは、藩政時代には橋本左内、維新後においては由利公正という二人の重要な福井藩士が深く関わって親交を重ねていたのである。

3 欧米視察

渡米視察

明治五年（一八七二）五月二日に太政官より「東京府知事由利公正特命全権大使随行欧州各國へ被差遣候事」という辞令が下る。東京府知事は兼帯のままである。いわゆる岩倉遣外使節に随行するため渡米することになったのである。この使節派遣は、明治四年（一八七一）七月、廃藩置県の行われた後、政府が条約改正の希望を諸外国に告知し、さらに諸外国の制度・文物などの調査を目的とした使節団の派遣であった。公正の辞令にある特命全権大使とは岩倉具視である。この副使には参議木戸孝允・大蔵卿大久保利通、工部大輔伊藤博文・外務少輔山口尚芳が任命された。その随行者は司法大輔佐佐木《ささき》高行《たかゆき》ら多数におよび、使節団の総勢はほぼ五十名に及んだ。

十一月四日には、神祇省で遣外国使祭が斎行された。岩倉以下は参内し、明治天皇は大使を副使にして勅語を下賜された。十月十一日、東京を出発し、同十二日横浜から出航、まず米国に向かった。この時、使節団と共に欧米諸国に留学を希望し許可された少年（十代）の華・士族子弟五十余人も行動を共にした。政府要人が多数渡欧米することには異論もあったが、留守中に西郷隆盛・板垣退助の二人の参議が、太政大臣三条実美を輔佐して国事にあたることとなる。留守中の取り決めとして、留守政府は内外の政治について大改革をしないこと、政府の要人をみだりに異動させないことを、使節団との間で約束した。

大久保は同年十一月、伊藤博文と共にいったん帰国するが、その際公正に渡米を勧奨し、使節団に後から参加する形で公正が渡米することになったのである。この時十五歳の公正長男彦一（後の三岡丈夫）は、留学目的で父公正に同伴したのであった。

一昨十五日ミストル寺島、ミストル由利氏、東京ヲ出立サレシハ、英国ト仏国へ在留セン為メ、米国郵船へ乗組ミ、昨日横浜ヲ出帆セリ（中略）ミストル由利ハ東京府ノ知事ニ命ゼラレシヨリ、府下人民ノ開化ニ注意シテ現ニ其尽力スル所ノ功ヲ顕ハセリ。コノ両人斯ルオ力ヲ以テ欧洲雄名ノ英仏都府ニ在留セバ、両国ニ布行スルトコロノ政体軍制ヲ始メ諸般ノ体裁ヲ呑込ミ、而シテ日本ノ開化ニ注意スルニ於テハ、交際貿易ハ更ナリ、東京モ終ニ倫動（敦）パリー同様ノ繁栄ニ至ラン。吾輩疑ヲ容レザルトコロ故ニ両名ノ旅行無事康安ヲ祈リ、亦ビ帰朝ノ期ヲ得テ、日本文化開化ノ域ニ進歩セシメンコトヲ冀望スル所ナリ。

（『新真事誌』）

と、公正の外遊は、当時のマスコミ的識者の期待を負うものであった。しかし、公正の急な外遊については、その背景に薩長閥要人の容易ならざる思惑があったことは察せられる。公正の大蔵省入りは西郷隆盛の後押しがあったものの井上・大久保らが阻み、何かと対立傾向があった。また当時東京府知事として公正は、銀座煉瓦街建設費負担について大蔵省との温度差があった。公正の海外派遣辞令は突如このタイミングであり、井上・大久保らは公正の不在を画策したことが推測されるという裏事情がある。

さて六月初旬、一行はサンフランシスコに着くと、公正は大久保と別れ、通訳である岩見鑑三と共にこの地に留まってもっぱら市政について観察をした。

公正の見聞と好奇心　常に新知識を得ようとする公正の好奇心は公正筆の日記と、洋行中の覚書により知ることができる。それらに基づいて外遊の躍如とした日程を追ってみよう。

六月十日　ボストンのヒイレに招かれてフランス人によるカリフォルニアのオペラを見物する。

十一日　ボストンの道路・交通について見聞する。公正は、幅広い大路の中央を乗合馬車（ヲムニバス）や鉄道が走り、道路の両側に廃水の溝があること、道路の舗装にマナゴ石による敷詰めやアスハルト油の使用をみる。歩道は、繁華街においては切り石や煉瓦石を用いて造っていた。乗合馬車の数は多く、どこから乗車しても運賃に差異がない。四ツ辻では四方よりの道を造り車を廻し戻すための鏡のような鉄板（バックミラー）もあって、実にクモの巣のようであった。家屋は煉瓦・石造・鉄造・木造が交わって建築されている。裏街または場末等は木造だと思われた。ここで鉄筋コンクリートの建物をみる。またキリスト教会や旅店、高級ホテルや店舗の内装や構造・経営方法などを具《つぶさ》に調べている。髪刈店（理容店）・居酒屋・軽食店（ファストフード店）も視察して記している。

十二日　オークランド大学で、生徒の試験（の様子）をみる。この日は年に一度の試験日であり、音楽やスピーチをして、進級の免状を渡されていた。このあと港より川蒸汽船で、ワルフという木造の波渡場に至る。またここよりオークランドに戻る。カールという教師の家で食事をする。カール師の同行で、学校の中を見学している。

十三日　ポリス局に行き、仮牢と裁判を見学、また地券販売、家券等の記録局に行き、馬車でブロードウェイの本牢を見学する。当時囚人は二百人余いるが、番人は二人が従事しているという。管理に万全を期していると知る。牢中の囚人の生活についても見聞する。

十四日　貧院と病院、花園の造営を見学。その収入を市税として収めることを記す。次にカリフォルニアセミタレー（墓地）を見学。その美しさと壮大さを記す。住民税や墓地所有税の存在を知る。

十五日　水道の見学をする。飲料水は雨水を年中溜置いている。

十七日　水道掛が来訪して三種の水道について説明を受ける。また同日、入港税・印税について調べる。

十八日　引火柴の製造と、羅紗織機械を見学する。

十九日　水道局のエリヨト同行で、水溜を見学する。また水溜の構造や水道・ポンプの仕掛けについても視察する。
二十日　メーヤーの同行で町会所を見学する。伝信局を一見する。シカゴとニューヨークに書信を送ってみる。
二十一日　バンク（銀行）についてカリフォルニアのロルストンを訪ねて教えを受ける。
二十九日　ニューヨークに着き、馬車で市中を見物する。船でボストンに行く。
七月三日　大使が英国へ出帆するので見送る。船はオレムブスと号し、船中は音楽を奏で、酒・踊などの用意があったと伝える。
四日　市中町会所に行き諸局（水道局・尺度量改量地局・製図局・建築局・車改め、人口戸籍、生死、縁組局・学校掛・邏卒掛・壮健掛・乳汁検査掛・租税掛・出納掛・金番所、貧民、病院、徒刑掛・コンモンコンシル議事局・市街燈明掛・消防局伝信局等）を視察する。メーヤーが案内する。他にオルダマンの議事局に至る。町会所で五色の精図を見る（区域を色分けして、石造・鉄造・木造の家屋、土地の良し悪し等を示していた）。
五日　植物学の研究者の招きを受けて草木園を見学。
六日　銅判製造を見る。その後、学校とその蔵書を見学する。
七日　朝、子息彦一（丈夫）のことをアトウッドへ依頼する。同人の学問所に彦一を托す。午後は知事等同行で、貧院と徒刑場を見学する。

八日　記念碑等見学の後、バタナム宅で彦一に逢う。彦一のことを同人に頼み置く。
九日　消防局数カ所と婦人学校を見学。この学校はいわゆる女子師範学校であった。次にいわゆる清掃局とその事業内容を見学。さらに盲唖院（盲・ろう学校）を視察。そこで「手品の話文字」の教法等を見ている。公正のいう「手品の話文字」は今日にいう「手話」であろう。同学校では種々の産業や音楽等も教えていると記している。さらに書院（図書館）も視察している。
十一日　ロングブランチの納涼場でグラント大統領に面会、この場所は別荘であった。
十二日　ワシントンへ出立。
十三日　ワシントンの日本公使館に至り、政府の模様と各国との交接等の話を聞く。
十四日　これまでもしばし同行してきた森有礼とともに議事院を見学する。独立以来いまだに普請中で、すべて鉄と大理石で造られている。議会は休みであるが議員の座席、マスコミの居所、歴代大統領の肖像画とアメリカ建国の由来を顕わした図をみて「殊の外見事なり」と感想を記す。それから博物館や大統領官邸も見る。公正は大統領官邸が簡易であったことに驚愕した。
十五日　休日であったが、旧交を訪ねて種々のことを聞く、午後は老兵院と公花園を見る。老兵院は、本国で兵歴二十年の者が戦場で負傷し、不具になった者を養う施設であった。衣・食までも公費負担し、他に一カ月に煙草代として金一円を与えている。ここをドルで記していないのは、公正に日本での導入を視野に入れたのであろうか。
十六日　知事からの派遣で、書記官が案内し、学校二カ所を視察した。次に紙幣およびポンド・スタンプ等を製作する工場を見学、すべて従業員は婦人で、数百人であった。
十七日　ワシントンを出立し、フィラデルフィアに行く、馬車で名所を見物。夜十二時汽車でニューヨークに出立。
十八日　ニューヨーク着、職業学校を見学する等。
十九日　ここでも消防局・伝信機その他諸器機数カ所を見る。とくに消防について詳細に見ている。また水道施設を見学している。公正の消防と水道に関する見聞は実に精力的であった。
二十日　アイラン島の幼院を見る。ここは、小児を六カ月より四歳まで育て、その後学校へ送る、幼院はいわゆる孤児院で市中の捨子の施設であり、当時三十五名ほどであった。ここで公正一行は歓迎を受ける。公正の乗った船が着いた時、七、八歳より十四歳までの少年二百人ほどが大隊をなして海岸で迎えてくれた。船より上がれば、式典が開かれた。調練場へ行って祝詞やスピーチがなされた。子供隊は一同が頭巾を脱して一斉に高声で、「フハイ、フハイ、フハイ」と万歳を称した。また四歳より五、七歳の子らが、数十人体操をして祝歌を唱った。女の子たちもまた同様に祝歌を唱え、祝声を発した男・女とも十五歳以上は皆職に就いていたようであった。そのあとは、養護学校に近い施設を見学している。帰路ティファニィの店舗に立寄る。ここで九〇〇〇円の指輪を見た。

以上が日記にみる公正の外遊中の主な行程であった。

驚異の見聞

すなわち、七月初旬に岩倉具視大使一行の渡英を見送り、森有礼と共にボストン市を視察、長男彦一をジャメイカブレインのバタナム家へ寄宿留学させ、金子堅太郎父子を訪ねた。再度森同行により大統領に面会、ワシントン市・フィラデルフィア市を巡遊して、三度ニューヨーク市に入り、米国合議体制と行政諸般の施設をみて、知見を得た。公正はかねてから宿望していた興業銀行設立業をカリフォルニアバンクのロールストン、ニューヨークのヨーク等より賛同激励を受けた。公正は米国視察での感想として、同国人の勉強の実に烈しいこと、一通りでないと記している。「靴磨手が居て手をあげて靴をこすりませうと云って居ながら一方の手で新聞紙を読んで居るといふ有様で、それは実に子供からして」烈しい勉強のやりかたであった。

「何を見ても聞いても皆始ての事計り」「興業銀行に就いて相談して見た処が、大に賛成を得て、私に遣れといふて、百万弗入れる、二百万弗入れると云ふ人も出来た」とその成果の大なることを語っている。公正は、七月二十六日、ニューヨークを発して英国へ出航した。大西洋上の大暴風雨に遭遇し、寝床から転落して頭部を強打した。これがこの後宿患となったという。それでも英国に上陸し、オランダ・ドイツ・イタリア・フランス等のヨーロッパ諸国を巡遊する。とくに各国においては、その貿易状態を視察した。

知事罷免

英国のロンドンに戻っていた十二月二十日、予期もせず、東京府知事罷免の辞令を呈示された。外遊ということもあって手渡されたのは実に遅れており、辞令の日付は七月十九日付であった。

「東京府知事　由利公正　免本官　壬申　七月十九日　太政官」という辞令を受けて、公正は帰朝を急ぐことになった。公正の欧州旅行記がないのはこの急な帰国によるものだとされている。この突然の府知事免官も、井上らの働きかけが推測される。急な帰国のためヨーロッパ視察で持ち帰ったものは、油彩婦人像と英国製時計であった。また欧州の絹帛数種を持ち帰り、福井の有志にサンプルとして示している。公正帰国に関して彼はこう回想している。

倫敦《ロンドン》へ戻ると岩倉公が余程御心配になつて東京府知事御免の通知が来たので、此方では御免になつた知事を黙つて止めて置くといふ事が出来ぬから実に気の毒ぢやが一つ帰国して呉れといふ御口達である。そこで倫敦で東京府知事御免のお請けをして俄に支度を整へて六年の二月十日に帰朝した。

公正は、帰朝して御免の理由を政府に聞いても一向に不明であり、不服に思っていたがその後、東京府は各国の公使も来ているのに知事が長く留守ではいけない。二人の知事を置けないから公正が御免になったということであった。

帰朝と所労　帰朝した公正は、大西洋上での頭部強打による宿患の治療も必要であった。公正は脳病と記している。公正の診療をしたのは、同じ福井藩出身の医師岩佐純であった。岩佐から薬をもらい含飲したが、さほど効果がないので伊豆の湯廻りをすると告げる。岩佐は、その身体では旅は出来ないという。

それでも旅に出るといって水障りの時に用いる薬というのを貰って出かけたという。東京より横浜に汽車で向かうと大変気分がよかった。横浜に泊るつもりが気分が良くなったので小田原まで行こうという気になった。小田原まで行ったが、実に気分が良かったので、当時足柄県令であった柏木忠俊《かしわぎただとし》（総蔵）を訪ねた。柏木（一八二四〜七八）は、幕府では韮山《にらやま》代官手代を務めた江川英龍の門弟であったから、江川塾門下となった福井藩士門野成美《かどのなるみ》らと交流もあったとみられる人物である。安政元年七月に長崎へ遊学し新型爆弾ガラナートの製法研究を行った。幕府の指示を受けて江戸屋敷内でパン製造を行った人物としても知られる。維新後は江川家の存続に尽くし、韮山県大参事になり、足柄県令を務めていた。

この柏木に公正が旅宿から書簡を送ったら、柏木の私宅に招かれた。柏木とはいろいろ物産のことを語ったというが、旅の実の目的は養生であると告げたら、案内者を世話してくれ、伊豆を廻って熱海にしばらく留まって近傍を歩くと、頭の痛みも四、五日間ですっかり治療したという。公正はこれはまったく「不平病」だと言っているが、生来の強健な体質と精神の強さというタフな個性による賜物と思われる。旅行から東京へ帰り、そうしているうちに岩倉も帰朝していた。岩倉帰朝の時には征韓論が起こっていた。「政府内は大破裂といふ事になった」と記している（『子伝』）。

4　洋行の成果

欧米視察の土産、絹布サンプル

公正は、明治六年（一八七三）二月、欧米視察より帰国したが、彼は欧州で入手した絹布サンプル数種類を当時機業に携わってきた旧福井藩士酒井功に譲渡して、これまでの越前奉書紬《つむぎ》の品種改良を促した。公正のこの行為は次の学生の調査でも評価・報告されている。

明治三十三年（一九〇〇）、一橋大学の前身である東京高等商業学校の二人の学生、三上孝司と出淵勝次が福井・石川両県に調査に訪れ、詳細な機業調査を行った。彼らの報告書には「氏（由利）ノ欧州視察談ハ偶々福井ノ機業ヲシテ今日ノ盛アルヲ致サシメタル動機トナリタルモノナリト云フモ、亦敢テ過言ニアラザルベシ」とある。

羽二重王国へ

さて、公正から譲渡された絹サンプルをもとに品質向上にあたって、酒井は明治七年四月、京都博覧会で公開されたフランス式のバッタン機に興味を持った。京都府では、既にバッタン機を購入しており、技術もフランスに伝習生を派遣していた。翌八年一月には工場が開設しており、織機の使用方法も教えていた。

酒井はここに注目し、福井から京都へ伝習生を派遣する必要を感じ、県庁へ申請した。早速県（当時敦賀県）はこれを許可し、伝習生として橋本多仲《たちゅう》と細井順子が選ばれて翌九年七月には京都に派遣された。橋本は機具の運転方法を伝授され、細井は織り方の技術を学んだ。さらに西洋式染色法の技術を村野文次郎に修得させるため京都府立染織伝習所に派遣した。酒井は県に要請して県にバッタン機を購入させた。明治十年五月に細井らは福井での勧業博覧会でバッタン機による製織を実演し、福井での最新様式織機の稼動啓発が実現した。

実際の操業は、酒井・村野ら十四名の士族の出資により同十年四月、奇しくも公正の出身地毛矢の地において職工会社が十台の織機を備えて開始した。最初の製品は、傘地・綾織ハンカチであったが、同二十年半ばには羽二重生産地として主に知られた群馬県の桐生や栃木県の足利を生産量で追い越して福井は一躍、羽二重王国に伸し上がった。

一方、福井における蚕糸業の近代化に懸命に努力したのが佐々木長淳である。彼はかつて公正と藩政時代に洋式銃砲製造を担当した。公正との関係は親密で、蚕糸業に関する萬年会会員との交流も深かった。長淳は、明治十六年三月、蚕糸業は「我国天賦の長処」で「品位第一の物産」としてこれが主流であるという信念があった（「蚕事通信の意見」『萬年会報告』五の三）。

萬年会活動　明治十一年（一八七八）四月には、府中武生の出身者、渡辺洪基《わたなべひろもと》らの提唱により、「萬《まん》年会《ねんかい》」が創設された。当時の設立会員は十余名、公正は最年長の五十歳であった。萬年会は、東京芝の愛宕下にある萬年山青松寺《せいしょうじ》で事務局を持ち、毎月例会がここで開催された。当時の住職は後に大本山永平寺《えいへいじ》貫主・曹洞宗管長となった北野元峰であった。北野は渡辺や公正とは近しくしていた越前出身者であった。

萬年会の会合では、物産・農業の振興が話し合われ、同十二年一月、『農業雑誌』（七三号）の付録として出された『萬年会報告』第一報には公正が東京府板橋で耕作した米・大麦・大豆・茄子など十一種の農作物について、それらの収穫量・生産費・損益・人件費などを一覧表にした「農業実績表」（国立国会図書館蔵）が掲載された。公正は生産費調査の重要性を知り、自ら老農の協力を得て実践した。この論理的・科学的な生産費調査は理論派・実証派的性格の公正らしい仕事である。

第九章　社会への広遠な活動と功績

1　民撰議院設立を建白する

「私政」と「公議」

文久年間、松平春嶽が『虎豹変革備考』を著し、英国の議会政治を導入した公論政体論を提唱したように、福井藩の国是としての公論政体や公議公論といった公議制度が、脈々と明治新政府にも影響を与え受けつぎ発展していったはずであった。しかし、幕末の対外危機に対応して発芽した公議制度は、倒幕の中心となった覇者、薩摩・長州を中心とした藩閥主導勢力へと変貌していった。つまり、かつての福井藩是とも言える公議制度の確立には、ほど遠い状況となっていたのである。

そんな中で、廃藩置県が執行された。廃藩置県により太政官三院といわれる正院・左院・右院がたてられ、その下に八省が置かれた。このうち立法府は左院というべきであるが、実際は正院の諮問機関であった。

当時薩・長・土・肥出身の官僚が多く、独占的な様相をみせており、なかでも薩長は首座を争っていた。かつて「幕私」であったように、このままではまた「私政」に繫がり、公正らの主張する公議論は衰退していくものと思われた。

公正はすでに版籍奉還後に「政体職制」なる建白書を草案して朝廷に奉り、東京府知事時代に欧米に遊んで、多くの自治政度・教育・福祉等の実情も模範として見聞してきたのであった。公正が自ら草稿した「五箇条の御誓文」の「広く会議を興し万機公論に決すべし」という第一条こそそのあとの「私《わたくし》に論ずること勿《なか》れ」に繫がる姿勢であり、けっしてぶれることのない信条であった。

私は御維新の当初から会議といふ事に専ら意を注いで居たから、西洋へ行つた時も村会県会国会といふ事の上に於て余程心を用いて調べて来て居て、是非とも議会を起して所謂憲法を御定めに成てお遣りにならねば十分の処まで成就はしないと云ふ考えであった。(以下略)

と公正は回想している。当時の政府への批判は、政治権力が天皇でも人民に所在するのではなく、有《ゆう》司専制《しせんせい》つまり官僚独裁であることであった。

民撰議院設立の建白

この問題を解決するためには、「天下ノ公議」を張り「民撰議院」を設定することにあった。「民撰議院」を設立することによって「有司専制」を抑えることに大きな意義があった。「民撰議院」の具体的な構想は、明治四、五年頃より立法議政機関である左院中心に立案された。宮島誠一郎が左院少議官の立場で民撰議院設立を説く「立国憲議」を明治五年五月左院に提出して採択され、それが正院に「下議院ヲ設クルノ議」として左院正副議長の連名で提出された。同年八月「国会議院手続取調」「国会議院規則」が答申された。各県より国会議員一名を選挙し、召集して開催するという案であった。しかし、征韓論問題が浮上していわゆる明治六年の政変で征韓論に敗れて下野した板垣退助らは、翌一月十二日愛国公党を結成した。これは反政府運動とも言えるものである。公正は、

土佐の若者は何分にもかう云ふ事では政党を起さにやならぬといふ事で私をも政党に入れるといふ事を云つた人もあつたが、此政党は最初私の考へた事とは筋が違ふやうで入党の事は手を引いたのである。

と回想しているから、福井藩是の延長上にある、公議制度成立の手段としての民撰議院設立の構想と、不平士族たちの不満が噴出して形成された征韓論者が下野して主張する議院設立構想との温度差は当然としてあり、公正は政党への参加を躊躇したようであるが、結果として公正と英国議会制度を調査して帰国した小室信夫（丹後）と古沢滋子（土佐）が参加することになった。

かくて民撰議院設立の建白書は、明治七年（一八七四）一月十七日、前参議である板垣退助・後藤

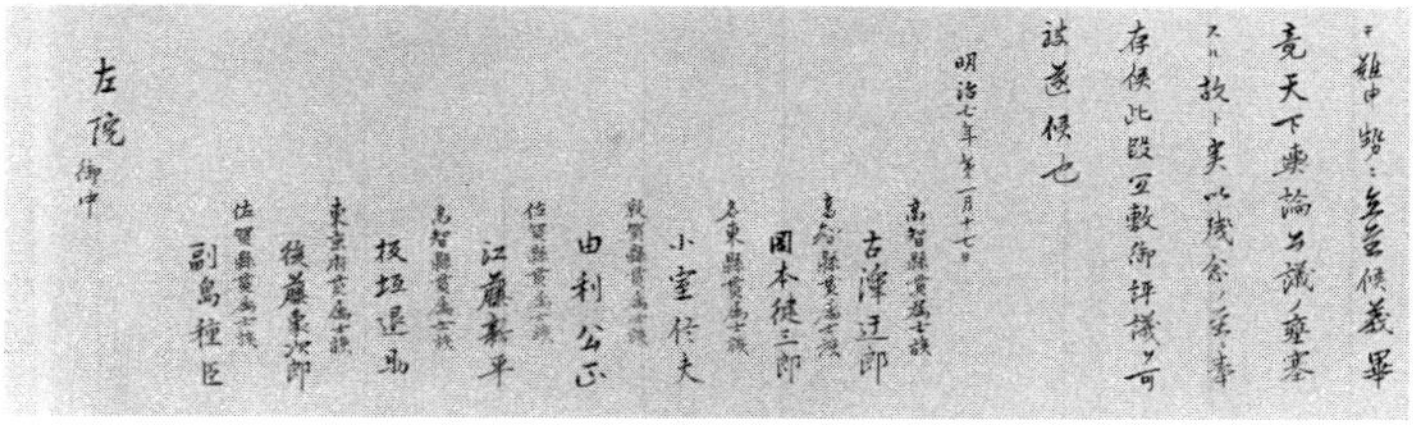
竟天下ノ輿論公議ヲ壅塞
存候此段宜敷御評議ニ可
被遊候也
明治七年第一月十七日
高知県貫属士族 古沢迂郎
高知県貫属士族 岡本健三郎
名東県貫属士族 小室信夫
敦賀県貫属士族 由利公正
佐賀県貫属士族 江藤新平
高知県貫属士族 板垣退助
東京府貫属士族 後藤象次郎
佐賀県貫属士族 副島種臣
左院
御中

「民撰議院設立建白書」（部分。国立公文書館蔵）

象二郎・江藤新平・副島種臣・岡本健三郎である。そして前東京府知事である由利公正・小室と古沢計八名連名で左院に提出された。

建白書の内容は、わが国初期の政治結社に数えられ、「愛国」を冠する組織等の最初である愛国公党で協議したものである。公正は、愛国公党の「同志集会の場」として、東京銀座二丁目に幸福安全社という倶楽部を設けた。これには、福井藩出身の小笠原幹（牧野主殿介）ら数名を誘っている（板垣退助『自由党史』）。公正はその小笠原等と会合して輿論の振起に当たろうとしたのであるが、同志等との分裂を生じ、その運動からは手を引いたのであった。

「天下の公論を張る」ために

建白書の冒頭から、藩閥による「有司専制」が国家崩壊の危機を招いていると厳しく批判する。これを救うには「天下ノ公論ヲ張ル」ために民撰議院を創設するべきであると説く。建白書はそれまで一般に公開されることはなかったが、明治七年一月十八日、英国人ブラックの経営する日刊紙『日新真事誌《にっしんしんじし》』に全文が掲載された。宮内省出仕明六社《めいろくしゃ》同人の加藤弘之《かとうひろゆき》は、同じ『日新真事誌』誌上に、「民撰議院ヲ設立スルノ疑問」と掲載、その事前に同書を副島種臣に手渡している。加藤は、民撰議院の必要性を認めたうえで、「無智不学ノ民」が国民の大部分を占める日本では、性急な設立は時期尚早であると謳った。まず政府は学校教育を興して、「無智不学ノ民」を有用な人材に育成することが重要であるという。

その反論を板垣・副島・後藤が連名で行い、『日新真事誌』に発表した。反論は、かかる建白書は「五箇条の御誓文」を拡充しようとするものであり、国民の開化・進歩を図るためには議院の設立は当然のことである等とした。こうした民撰議院論争が繰り広げられたが、政府は容易に容認しないのみか、建白者を危機視する方向に進んでいった。

だが、明治八年四月十四日に立憲政体準備に関する詔命が下り、左右両院が廃されて、元老院および大審院が創立された。公正は、同月二十五日付で、元老院議官に任命された。この時任命された議官は、勝海舟・山口尚芳・鳥尾小弥太《とりおこやた》・三浦梧楼《みうらごろう》・津田出《つだいずる》・河野敏鎌《こうのとがま》・加藤弘之・後藤象二郎・福岡孝弟・吉井友実《よしいともざね》・陸奥宗光・松岡時敏《まつおかときとし》であるが、勝は固辞している。

公正は、翌九年十二月十八日願により本官を免じられた。再度同院議官に認じられる明治十八年一月までの満十年間、政界を離れることとなったのである。

2　事業と経営

鉱山経営の失敗

下野した公正は一時期実業界に身を投じた。もともと創意工夫、勤勉の人であったから、経綸のうち富国策を実践したことにもなる。公正は中小坂鉄山、すなわち上野国甘楽郡中小坂村字金窪（現群馬県甘楽郡下仁田町）で、同三年春以来鉄鉱が試掘されたが、資力不足を理由に採掘が中止されようとしていた。この鉄山は江戸末期に発見され、水戸藩が反射炉で使用する鉄を供給したり、江戸幕府の溶鉱炉建設予定地でもあったりした。公正は、明治に入り振るわない鉄山のことを丹羽正庸などから知り、三浦安等と諮って買取して山一組を設立の上、採掘事業に着手した。

中小坂鉄山の採鉱法は、イギリス人ウォートルスとスウェーデン人ベルグソンを雇用してその指導を求めた。そしてフランスで製出された鋳鉄管の製造に成功し、前途明るいものとなった。輸入していたわが国の鉄価は下落し、国富に貢献したというが、やがて鉄脈は断絶し、新鉱脈の試掘も必要となり事業拡張のため政府に援助交渉したが、折しも西南戦争が勃発してそのことはならず、次いで損失を多く残したまま、廃業することになった。倒産による損失を社長として負担した公正は、木挽町の邸宅を去って板橋にあった別邸に閑居したのである。

タールペーパー葺家屋の献納とアスファルト舗装

明治十年一月十一日、公正はタールペーパー葺家屋一棟を東京府へ献納した。従来瓦斯局で、「コールタル」の使用法がなくて始末に当惑しているということを耳にし、公正は「アスファルト葺」に倣ってタールペーパーを作り、瓦の代用品とすることを試産した。「口上覚」は東京府権知事楠本正隆宛に提出している。この献納は東京府に迎え入れられた。

その後公正は秋田県下より齎された天然アスファルトを呈示した。これは公正が外遊中、フランスのパリで見聞したもので、将来的に道路舗装に利用されるべきことを後進者に教え伝えたという。

神田昌平橋の架設

神田川に架かる橋、昌平橋は、古くは芋洗橋と称され、湯島聖堂が建立されたあと古代中国の魯の昌平卿に因んで名付けられた由緒ある橋であったが、腐朽して不体裁であった。そこで架橋を新たにして太政官令による徴銭橋（いわゆる「チントリ橋」）を出願する意図があったという。民衆の利便と営業の一石二鳥を目的としたのであるが、資本不足のため工事が捗らなかった。公正はその権利を一手に引き受けることになった。

郷里福井において幸橋の架橋を経験した公正ならではの提案であった。自ら指導して中小坂鉄山において製造させた鉄円柱を橋脚とし、さらに人道と車道の区割をするなど、当時にあってはすこぶる斬新奇抜な構造法を採用したという。落成後に通行人一人当たり一厘五毛（文久銭では一文にあたる）とした。通行人は次第に増加し、朝夕の混雑時に通行賃を徴する事務も苦労があったので、公正は府庁の手に委ねることとし、明治十二年四月府知事宛に、昌平橋を献納する願を出した。府庁はこの提案を容れることとなった。

3　元勲の威風

元老院議官の再任と授爵

公正は、明治十六年（一八八三）四月、板橋旧別荘の自宅を出て、赤坂中之町に転住した。公正は赤坂二年目の同十八年一月十三日に再度元老院議官に任じられた。

また同年七月十三日には勲二等旭日重光章を拝授し、さらに明治二十年五月二十四日、特旨を以て華族に列せられ、子爵となった。由利子爵の誕生である。公正の授爵は勲功によるものである。明治十七年七月七日に公布された華族令により公・侯・伯・子・男の五爵の別が制定され、華族に等級が付せられるようになった。この華族制度は日本国憲法施行によって廃止になるまで六十数年間続いている。由利家は、公正→公通（夭折のため襲爵せず）→公眞→正通と続いて子爵家を継承した。華族令公布により文勲・軍功といった本人自身の勲功による請願が現れており、公正の叙爵は勲功の早い時期に属すると言える。

華族と請願

子爵は華族令の「叙爵内規」によって、(1)一新前、家を興したる旧堂上、(2)旧小藩知事（現米五万石未満、および一新前旧諸侯たりし家）、(3)国家に勲功ある者、とされた（松田敬之『〈華族爵位〉請願人名辞典』）。旧福井藩の出身者で華族制度廃止までに華族に列した家・人物は藩主松平家当主茂昭が侯爵、別家慶民が子爵、府中領主で家老であった本多副元（二万石）が男爵、橋本左内の弟で初代日本赤十字社病院長・軍医総監となった綱常《つなつね》が子爵、中根雪江が男爵、福井藩士・海軍中将東郷正路の子で、貴族議員となった安が父の勲功により男爵、福井藩士で宮内次官に進んだ堤正誼が男爵、福井藩士で秋田県知事・元老院議官を務めた青山貞《ただす》（小三郎）が男爵、それに由利家であった。

また、公正とは何かと対立した府中本多氏家臣、徳島・山形県知事も歴任した関義臣（山本龍二・龍次郎＝公正の和歌の師橘曙覧の母方の徒弟山本恰仙の子義孝を養子に迎えている。ただし継嗣ではない）が男爵に叙されている（『平成新修華族家系大成』、『天下の事成就せり』）。公正と同じく民撰議院設立の建白を行った代表的な二人、すなわち、板垣退助や副島種臣ともに伯爵に叙されている。もっとも板垣は華族一代論を主張したので、没後子息鉾太郎《ほこたろう》は襲爵の手続きをしていない。公正の師、横井小楠の遺児横井時雄に叙爵請願を行った人物は、米田虎雄《こめだとらお》・村田氏寿・安場保和《やすばやすかず》・青山貞の四人で、いずれも連署により明治二十六年七月二十五日付で、熊本県知事松平正直宛に行っている。松平正直もまた、小楠門下の旧福井藩士であり、龍馬・公正の莨屋会見の折に同席した源太郎その人である。松平は四人の意を汲んで、内閣総理大臣伊藤博文宛に「故参与横井平四郎華族に列せられ度儀に付上申」を提出して却下、再度提出したがこれも却下され、横井家の叙爵はその後も行われなかった（『〈華族爵位〉請願人名辞典』）。この上申者に公正の名がないのは不可解である。公正が、他の小楠門下とこの時行動をともにしていない孤独な存在であったことを垣間みることができる。

　明治二十二年二月大日本帝国憲法発布後の八月、公正は旧主君松平春嶽宛に「先達而御内話之儀ニ付御請申候覚書」を認めている。公正はこの中で、皇恩の尊さを謳い、皇恩に万分の一でも報うべく邦家のために尽力をする覚悟を高らかに奉示している。公正の皇恩に報いる覚悟は、非常な尊皇家であった春嶽の許にきっと達したことであろう。

　　大君の御憲は千代のしるしとて賤か軒端もみ雪ふるなり

これは、「憲法発布の朝雪ふりければ」と詞書をした公正の自詠である。

貴族院議員として

明治二十三年（一八九〇）七月十一日、公正は貴族院議員に当選した。そして十月二十日に麝香間祇候《じゃこうのましこう》を命ぜられた。貴族院は大日本帝国憲法下のわが国における帝国上院議会である。明治二十三年より昭和二十二年まで存在し、「貴院」とも称した。衆議院とは同格付であったが、予算についての先議は衆議院が担った。貴族院は、皇族・華族・勅任議員によって構成されていて、地位は安定しており解散がなかった。議員は基本的に終身任期であった。議院法、貴族院令、貴族院規則によってその議院や議員の権限が定められ、歳費は三〇〇〇円であった（大正九年）。明治二十三年時の議員総数は二五〇名程度であった。

公・侯爵議員が満二十五歳で自動的に議員になるのとは違い、伯・子・男爵議員は満二十五歳に達した中から互選で選ばれた。明治二十三年七月十日、第一回貴族院伯子男爵議員相互選挙が行われ、伯爵二〇人以内、子・男爵各七三人以内とされ、各爵の議員の定数は、各爵位を有する総数の五分の一を超えない範囲と規定された。公正はこの子爵七〇人余の中の一人ということになる。公正の得票数は二二四票であった。

同年六月「府県債を起すべき意見書」を出した。ドイツの農業銀行と米国の国立銀行を紹介して「富源ハ人ノ労力ナリ、富ハ労力ノ積聚ナリ、労力ノ原ヲ翼賛セント欲スル、即チ府県共同ノ義務ヲ尽シ、国体負擔ノ県債ヲ起スベシ」と力説して、「皇国ノ富源ヲ開カン事」を希望した。この意見書全文は、『子爵由利公正伝』に収録されている。この意見書を広く配布し、自らは、茶道・碁・歌道・骨董を友とした。悠々自適の日々を送るなかで、議会の開会を待った。

明治二十三年十一月二十五日、第一回帝国議会が召集された。翌十二月八日、公正は議会の度量衡法案特別委員長に選出された。また予算委員会分科第三科内務・文部省予算主査となった。公正と同職の委員は、立花種恭《たちばなたねゆき》・槇村正直・加藤弘之・松平乗承《のりつぐ》・山口尚芳・濱尾新《はまおあらた》であった。このうち松平乗承は、旧三河西尾藩主で、安政の大獄で橋本左内が死罪に処せられた際、専決したとされる井伊直弼の側近であった老中松平乗全《のりやす》の子である。日本赤十字社副社長を務め、左内の実弟綱常らとともにわが国の赤十字社創設に尽力した。

4　松平春嶽の死とその後

春嶽薨去

松平春嶽は、明治十八年（一八八五）八月に慢性腎臓炎を発病して療養中であったが、同二十三年（一八九〇）六月二日に肺水症を併発して小石川関口台町邸で薨去した。享年六十三歳であった。春嶽危篤の報は公正ら一〇名に届けられた。葬儀が同六月七日と決定すると、旧家臣団を中心に盛大な神葬祭が準備された。

興味深いのは、会葬者の接待役として公正が、「川崎屋接待掛」として田邊良顕・渡辺洪基・橋本綱常・東郷正路・関義臣らとともに庶役を務めていることである。肩書きも遺恨も打ち捨てて、旧藩侯の下では皆旧家臣ということなのであろう。ここに福井藩の纏まりのよさが感じられる。しかも、公正は青山貞とともに、同六月四日、関口台町から墓所品川、海晏寺までの葬儀道中警護のため、儀仗兵差遣の要請を第一師団司令部に行っているのであった（『従一位慶永卿御葬儀始末書』）。

農工業銀行法律案の提出

明治二十四年三月二日海江田《か(い)えだ》信義《のぶよし》と共に、「郡区市債農工業銀行法律案」を議会に提出した。

この理由書は、『子爵由利公正伝』に収録されている。「五箇条の御誓文」に宣賜された「上下心を一にして盛に経綸を行ふべし」とあることを講じて、遊民多数に資本を与えるため勧業資本銀行を組織し郡区市独立の積金と、府県債という地方の特権を生かして、公共の利益を計画すべきである。そしてひいては国家の繁栄を振張させる、ということであった。

赤坂区会議長に当選

同年、公正はさらに推されて赤坂区会議長に挙げられた。

当時奥羽鉄道の計画が起こり、下谷区の市街を横断して鉄道を敷設しようとした。区民は、黒煙や火気の危険と公害を強く憂慮していた。下谷区から赤坂区にも反対の賛同を求めてきたが、赤坂区会は鉄道が赤坂区を通らないことを理由に区会開催を拒んだ。公正は、私に三十人の議員に意見を聴いたが、皆反対に賛同して共に運動に及ぼうとする。公正は運動に要する費用を掛けるならば逆に鉄道を赤坂に延長することに尽力してはどうか。延長がなれば赤坂は繁華街となり、地価も高騰するだろう。公正の意見により下谷区と反して赤坂区は鉄道敷設の運動をなしたという。

また公正は、米価暴騰に際して金銭を与えて貧窮者の救民対策を講じるのではなく、仕事を世話して生計が立つようにした。

なお、同年九月、四谷区の御料地内子爵石川基文の邸宅を譲渡されて転宅している。

北陸鉄道敷設

明治二十五年に公正がかねてから主張していた北陸鉄道敷設が議決されると、当時の福井県知事・牧野伸顕および郷里知友の懇望により福井市において市民を集め同七月十六日・十七日・三十一日の三日間に「実業談話」の講演を行った。この講演は福井市の本願寺東別院、および三十一日は慶福寺《きょうふくじ》において開催された。公正は、民間の経綸ということ、次いで実業の保護についての経済の組織・町村公民商業上の親和、実業のための銀行設立、鉄道開通についての覚悟とその必要性について述べ、銀行設立の必要性を力説した。

その講演の末尾ではこう述べている。かかる課題が遂げられたのであれば、

> 我が日本といふ国は恐らく世界中の珍らしい国になるだらうと私は思ふ、何故といひますのにモウ諸君御承知の通り上は皇統一系である、万世不易の天子である、又人民といふものは忠孝の道に養はれて居る、不道徳な考は持って居ない。止むを得ざれば詐欺者も泥棒もあるけれども誠に数ふるに足らぬ、明らかな道さへ開ければ彼等は自から減ずるのである、どうぞや是に此文明の器機を備へ、文明の財政を備へて、さうして思ふやう働をしたならば恐らく世界に並ぶ国はないものになるであろうと思ふ

と、天皇を戴く国体と、忠孝の道に養われた人民がある。ここに文明の器機と財政を備えれば世界一

に君臨できるというのである。希望と生気に満ちた公正の言は、後世に伝えるべき祈りに似た遺言とも言えまいか。

同二十五年八月臨時製鉄事業調査委員に任命を受け、十一月時局を憂いて筆を執った。実に「迂拙草」がそれである。この評論は、「論時勢」「論国是」「論経綸」の三章よりなる。このうち「論時勢」では、

至誠にして至善を撰び、天下の大義を明にして、天下の人情に通じ、己を棄て公論に帰す、上明なれば下動く、天下豈其人なからんや

と結び、「論国是」では、

有司宜しく顧て邦家を安んずべし、天既に命を革む、人事焉ぞ斯の如く欝懊灼々たる、有司罪遁るべんらず、当に反省すべし

と厳しく、「論経綸」では、

王政維新既に二十五年、天下未だ経済の道を講せず、故ある哉人の心の安んぜざること。

と嘆く。「附言」に、

人として君あるの国に生れ、民たるの業を励み、臣たるの職を尽す、難易自ら択ぶ処にあらず、協力以て国家に尽すべし、（中略）彼を知りて己を尽し、虚心にして私なければ、人誰か疑はむ、隠さゞれば疑はず、私なければ悪まず、自負以て人を非とする勿れ。

とまとめているのは、公正が一貫して説く「公正無私」の精神こそ、同家繁栄のもとということなのであろう。この「迂拙草」は知友に領布された。『子爵由利公正伝』にもやはり収録されている。

第十章　栄光と終焉

1　晩年の活動

従三位に陞叙

明治二十年（一八八七）十二月に正四位に陞叙《しょうじょ》された五十九歳の公正は、同二十六年（一八九三）六月に六十五歳にして従三位に陞叙された。公正は、

なからへは人なみ顔に従三位いのちを的の四位ははつれて

と詠じた。この頃法友である鴻雪爪・青蔭雪鴻《あおかげせっこう》・戸澤春堂等を介し、永平寺管長森田悟由《もりたごゆう》と交友する。彼らはすべて禅道の人であった。公正の精神的背景は非常なる尊皇思想と禅道に支えられていたようである。明治二十七年五月には第六期帝国議会が開会された。選挙の結果、貴族院全院委員長に当選

した。また同議会において「国庫金出納上一時賃借ニ関スル法律案」の特別委員長となり、「近世歴史々料集成ニ関スル建議案」を提出した。第七期と第八期帝国議会が明治二十七年（一八九四）に開催され、三度の全院委員長を務めた。

有隣生命保険株式会社の創立

こうした政界での健全な議員活動を送っていた公正ではあるが、既にこの頃実業界での精力的な活躍が目立った。保険会社の創立である。明治二十七年三月に公正が創立した有隣生命保険株式会社は、公正自ら社長に就任し、以降明治三十九年までその職にあった。実に十二カ年の長きにわたった。

福井市順化一丁目の真宗大谷派慶福寺《きょうふくじ》は、恵美押勝《えみのおしかつ》（藤原仲麻呂）の後裔と伝えられる住持家が累代で法燈を継承した名刹で、名字も恵美氏である（『福井市寺院名簿』）。当時の住職恵美龍圓と公正は親交があったようで、恵美氏の相談を受け、公正が「仏法興隆の為には、他方利潤に富む生命保険事業を興して経費を計ること」を考え、京都府知事中井弘《なかいひろし》の賛同を得て、各仏教宗管長を南禅寺天授庵に招いて懇談し、まず仏法興隆会を組織した。相国寺《しょうこくじ》管長荻野独園《おぎのどくおん》・東寺《とうじ》管長楠玉諦・妙法院門《みょうほういんもん》跡《ぜき》村田寂順《むらたじゃくじゅん》・勧修寺《かじゅうじ》門跡寂内舜海・金閣寺長老伊藤貫宗等仏教界の重鎮でその主要なメンバーを揃えた。

深見泰孝によると、仏教系生命保険の設立の背景には明治二十六年以降の生命保険会社設立ブームが起こっていたことがあった。それは当時日清戦後の投資ブームやまだ保険会社を監督する法律がなかったことなどを挙げている。またその設立理由としては外国人の内地雑居解禁をきっかけに教団が行う慈善事業の資金調達を目的としたことや、真宗教団財政の逼迫により営利事業の一環として設立した会社もあったことである（「仏教系生命保険会社の生成と破綻について」日本保険学会全国大会レジュメ）。

有隣生命保険株式会社は、わが国の生命保険会社の設立としては最初ではないが、仏教系生命保険会社の設立としては仏教生命保険株式会社とともに最も早い明治二十七年の設立・開業であった。ともに京都市に本社が置かれ、支援教団は仏教各派であった。有隣生命は、教団からの直接的な支援はないが、先に記した仏法興隆会を組織とした。会社より教団への寄付はなく、保険金の一割（寄付額は増減できる）を信仰している寺院に永代供養料として寄進していた。公正は、越前三国湊の豪商・森田三郎右衛門にもなんらかの経営相談をしていたようであることが書簡で知られる（「森田三郎家文書」）。

有隣生命は、公正が高齢となり職務に耐えられなくなったこと、支配人松崎松太郎の鉱山他事業などへの資金不正使用などがきっかけとなり支配権は転々と移り、明治四十四年には、後に堂島《どうじま》米穀取引所の株の買い占めで名を馳せた実業家高倉藤平《たかくらとうへい》（大正元年浪速火炎保険社長となる）へ支配権が異動している（吉弘茂義『高倉藤平伝』）。

有隣生命の設立にあたっては、明治二十七年八月付の公正「願文」が、またそれより先明治二十六年十月付の「有隣生命保険会社設立之主旨」が起草された。公正は「仏教ハ正念ニ住シテ衆生ヲ済度スト、茲ニ於テカ、予等興隆仏法会ヲ組織シテ公衆ト共ニ仏教ノ尊キニ浴セント欲ス」という非常な信仰的使命感のもとに「生あるものは食を求め同族を愛するものは物の理也、天道を帰りて万物に及ぶ、何ぞ唯だ区々之外経綸に止らんや」として保険会社が時勢に必要な事業であるという理念を明らかに示している。有隣生命が明治三十一年四月東京へ移転するにあたって、公正も東京へ帰住した。

「民力」ということ

日清戦争の直後にあたる明治二十八年二月二十八日、公正は旧福井藩士の山田卓介宛に「目下商工業ヲ補助スルノ説」(福井市立郷土歴史博物館蔵。山田卓介家文書)を送った。この文面の中で彼はしきりに「民力」という言葉を使用し、「兵力」と共に「民力」を養い、その「両輪」で国家を運営すべきことを述べている。その「民力」を強化するためには速やかに商工銀行を設けるべきことを主張している。

山田卓介(一八五二〜一九三八)は、大野郡長・県議会議長・貴族院議員を歴任した。公正が山田を発奮させているのは、郷里の政治家として郷里の発展を希求したからであった。山田宛には他の書簡も多数残っており、北陸地方の鉄道や道路工事などさまざまなアドバイスを送って激励している。

日本興業銀行期成同盟会会長に就任

明治三十二年八月に金子堅太郎が日本興業銀行期成同盟会を設立するにあたり、公正は進んで会員として参加し、会長となった。明治三十年(一八九七)に前田正名の「興業意見」を基として農工業の推興を目的に設立された日本勧業銀行は、養蚕・食品などの農業や軽工業を融資対象としたもので、日露戦争を契機として急成長した製鉄・造船・電力等の重工業は対象外のものであった。重工業への融資は、恐慌により国内資本が不足の露呈をみており、外資導入が必要であり、政府が保証する外債の発行により国内重工業への融資が求められた。そこで明治三十二年一月、議員提出案として「日本興業銀行法」案が第十三回帝国議会に提出された。

しかし、政府は元利金支払いを外債に限定するとはいっても、政府が保証するという条項に難色を示した。公正が八月に会長となり同年十月八日同会幹事会を新宿の私邸で開催し、公正自ら督励演説を行っている。もっともこれより先の同年六月公正邸で、「日本興業銀行設立の必要」と題する談話を興業銀行期成同盟会幹事会の席上で行っているという力の入れようであった。十月八日の演説は「日本興業銀行の賛成に就て」であった。この演説では公正生涯の経綸に関する経験を藩政時代より語り、興業銀行設立の必要性を述べたが、末尾は老齢と体調の不安を語って後進を励ましている。

ついに同年十二月、賛成演説を試みようとして議場院内控室にて脳溢血を発して卒倒した。脳溢血は、父義知が六十一歳で急逝した死因であった。公正はどうも父からの遺伝的な体質があったとみられるし、また欧米視察の途上、船中で転倒したことも病因であったとみる。

抵抗勢力の中で

日本興業銀行期成同盟会は、金子堅太郎が中心になって設立された。金子は伊藤博文に重用され、明治憲法起草の枢機に参画した人物である。のちに第三次・第四次伊藤内閣で大臣を務めた彼は、公正と長州閥の中間に位置した。その金子堅太郎は『子爵由利公正伝』の序にこう記している。

余等は日本興業銀行法案を衆議院に提出し、大多数を以て通過せしめて貴族院に送付したり。於レ是政府は大に狼狽し、百万手を尽し、此の法案をして通過せしめざらんと尽力した。

この政府の狼狽とは、長州閥、ことに井上馨の反対により、井上の息のかかった政府筋の猛烈な工作を指すようである。しかし、井上らの意志に反して貴族院議員の多数の賛成を得た。ところが、

政府は更に日本銀行総裁川田小一郎氏に命じ諸銀行事業を召集して之に反対せしめ、又貴族院議員を招き、個々別々に説諭して之を否決せしめんと熱中したり。

という執拗な工作によって、結果的には貴族院での否決をみたのであった。公正は貴族院でのこの法案特別委員会中、毎日出席してその成立に尽力していた。ところが、発病卒倒した。応急手当の効あって一応の軽快に向かったという。

公正らは両三年をかけて、法案成立にこの後も尽力した。公正は長州閥が法案を潰してしまったことに抗議して「御一新以来今日迄三十年を経て居る其の間に国家の経済といふものは如何になって居るぞといふことを顧みて見ると、どうも全く主義の一定したことがないように見える」と厳しい。長州閥は外資導入を抑制することを条件として、興業銀行を認めるという妥協策を示した。

ようやく明治三十三年三月二十二日興行銀行設立令が公布された。金子は、

本会の光栄不レ退レ之候殊に閣下の御尽瘁相成候御功績は、国家の為め永く将来に没すべからず奉レ存候、

と、明治三十五年十一月二十五日付公正宛書簡に記している。

さて、公正の健康はその後も芳しくなく、脳梗塞により左半身が不自由になった。新宿の屋敷は寒気があるというので深川公園内に別荘を購入したが、国許福井の、橋本左内実弟である橋本綱常医師の言を容れて、高輪に移った。この土地の選定は、子息丈夫（彦一）と、その弟公通によるという。高輪車町に年内の転居となった。公正は、「高輪に移り住みて」と題して、

　都路のはてなれはこそ松木山かすならぬ身のすみかともなれ
　むすひつる柴の庵はせはけれとひろくも見やる千々の山々

晩年を迎えた公正の心静かな時間を思いやることができる。実に穏やかな、しかし公正らしからぬ淋しげな境地を知る詠歌と言えよう。

史談会会長として

遡ること明治二十一年（一八八八）の十月六日、もと薩摩藩士であった寺師《てらし》宗徳《むねのり》が赤坂にあった公正宅を訪れた。寺師はこの頃、同じく元薩摩藩士の市来四郎《いちきしろう》とともに諸家を訪ね、幕末維新期の回想を記録していた。元老院議員由利公正はこの時還暦で、風邪をひいて所労であったので寝衣のまま応対したという。公正は藩政時代からの経済政策論を語った。後に寺師は史談会進行係の幹事となっている。史談会は、元薩摩藩主島津家の独自事業として始まった。

明治二十年に島津久光が逝去し、その遺命によって島津家事跡が整理されていた。寺師と市来は、島津斉彬と久光の事跡について両公と関係のあった諸家諸氏の回想を聴取して記録していた。実はその第一訪問先が松平春嶽であったことは松浦玲が紹介している（『由利公正のすべて』）。明治二十一年七月十日に宮内省が、毛利・島津・水戸徳川・山内（土佐）四家に対して明治維新の国事に鞅掌《おうしょう》した顚末を調査編纂せよと沙汰したことにより、史談会が発足した。費用は三年で、三〇〇〇円の下賜であった。八月には、この調査範囲に三条・岩倉の両家が加えられた。さらに九月にはこれら以外の諸大名家・旧幕府についても新聞記者である岡本武雄が調査を受けさせようという案も出た。

そんな中で公正宅には十月六日の調査があったのである。宮内省の命を受けた二人は、公正宅を訪ねた頃も別に毛利家など四家へも足を運ばせている。ところが毛利家のみは宮内省の指示に対して消極的な態度をとったという。明治二十二年七月、宮内省は、徳川宗家・安芸浅野家・尾張徳川家・越前松平家・会津松平家・桑名松平家六家に対して国事に関する文書を収集して提出するよう命じ、岡本案は白紙に戻ったようである。それから後も主要な元大名家にも同様の沙汰があった。こうして史談会は成立していった。伊達宗城《だてむねなり》逝去により就任した東久世通禧副総裁の指名により、明治三十三年一月二十二日付で公正が会長に就任することになった。

東久世通禧の推薦

東久世が同二十日の大会で、公正を会長にと推薦演説をして出席者の賛成を得た。

公正はこの大会には出席していないが、二十二日付の公正宛要請状に、「今般史談会規約更正候ニ付貴下ヲ同会々長ニ推薦センコトヲ会員一同ノ希望ヲ以テ拙者ニ委託相成候ニ付、乍二御迷惑一御承知有之様及御依頼候也」とかなり強引である。東久世の大会において法人団体になって会長を置くという条文もあるが、この会長には国庫補助のことについても史談会のことに尽力してくれた由利公正にその任を執ってもらいたい。不幸にして所労であり歩行もむつかしく議院へ出るのにも杖に縋って出られるわけだが精神は少しも変わらない。異存がなければ、という内容の発言をしたら「至極宜しうございませう」と声がかかって公正に決定したという。要請状に規約更正とあるように史談会は宮内省の管轄から離れて独立し、金二〇〇〇円の資金を与えられて法人団体となった。国庫助成を公正らが求めていたが、由利会長就任後も容易には果たせなかった。公正はかつて史談会の助成をするべきだと貴族院で建議し、貴衆両院一致して、松方正義大蔵大臣の内諾を得たという経緯があった。そこで明治三十三年七月二十日付で、内閣総理大臣山縣有朋宛に、年一万円で五年間の助成を希望したのであった。しかし、その後の第四次伊藤博文内閣でも、第一次桂太郎内閣でも公正は我慢強く補助金の申請を行うが、結局出ないまま日露戦争が起こった。

そこで、とにかく史談会の記録をまとめることに力を注いだ。史談会は結局自費で諸家史料を整理した。明治三十八年十二月に文部省に諸家史料（部冊二千五百五十六冊）が納められ、文部省は翌三月、由利公正に受領証を渡した。国庫助成を獲得できないまま公正は明治四十一年十二月老齢を理由に会長を辞した。後任には大原重明を推している。ちなみに、明治三十九年六月二十三日に「史談会にて殉国諸士の霊を祭れる時よめる」と題して公正は、

西東みちはかはれどかはらぬは君につくししやまとたましひ

と詠じている。

公正の歴史観　公正の歴史観を知るのに好個なものは、たびたび話をした史談会における公正の談話であろう。史談会では明治二十五年末より、会員より維新実歴に関する講演会を行った。そしてその速記録を印刷し会員に領布した。

公正は同二十六年末より維新当時の追懐談を試みている。公正の史観は次の談話に窺い知れる。

御案内の通り国の美名を挙げるものは歴史で、又後人の感覚を起し脳髄に誠意を尽そうと云精神の出るのも歴史の上から来る。御同様に「祖父の時代にはかう云ふ事もあつた」とか云ふ訳で、其処に自然奮発を起す、随分吾々幼年の時から其考へがある。況んや国の元気を證明すると云ふものは歴史より大なるものはない。而して見ると事業は米人渡来以来、此日本と云ふものは世界に美名を売つて劣らん仕事だらうと思ひます（以下略）

修史の必要性・重要性を説いた公正は、こうした「国の美名を挙げ」「国の元気を證明する」ためには、国史編纂が必要であるとし、明治二十六年二月に史談会員有志者の名で、それに関して院議を仰ぐ請願を貴族院へ提出した。

翌二十七年五月第五回帝国議会においては、国庫補助金下付に関する建議が提出された。提出者は、公正と揖取素彦で、賛成者は松平康荘《やすたか》以下六十名であった。その建議文には「近世史料ヲ蒐集スルハ国家今日ノ急務ニシテ速ニ其完成ヲ期セザルベカラズ」と冒頭にあった。しかしこの建議も政府に却下されている。長州閥が史談会の事業にさほど参画しないのには訳がある。長州は一貫して終始討幕路線を孤高に突き進んだという自負があり、他藩と同様に扱われることを良しとせず、独自の修史活動（『防長回天史』編纂）を企画していたからである。

2　終焉と葬送

八十歳の祝宴

明治四十一年（一九〇八）七月四日、福井会と南越実業会の会員が主催して、日本橋倶楽部において公正の八十歳を寿ぐ祝宴が開かれた。公正の頌徳について、かつてともに龍馬と面会した松平正直（源太郎）男爵の演説が行われた。次いで公正自ら挨拶し、彼は経歴談を話そうと試みるが病気の影響で言語は発音明瞭ならず打聞《うちぎき》の速記も大半が出来なかったという。

この日に第一次西園寺内閣が総辞職した。五月十五日の第十回総選挙で与党政友会が大勝したことによる。この背景には山縣有朋の影響があった。日露戦争後社会主義者の取り締まりが甘いという批判が主な要因であった。七月十四日、つまり総辞職の十日後に第二次桂内閣が成立する。公正は、小松原英太郎文部大臣宛八月十一日付で国庫助成の申請書を史談会会長として提出している。

81歳（満79歳）の由利公正肖像画（『由利公正伝』より）

「戊申詔書」を承って

国庫助成の申請が無視されたような状況下の十月十三日に、「戊申詔書《ぼしんしょうしょ》」が発布された。詔書のうち、「勤倹産ヲ治メ」つまり倹約貯蓄の部分はとくに公正にとって気にいらなかったに違いないと松浦玲は指摘する（『由利公正のすべて』）。公正の自論は「五箇条の御誓文」の「上下心を一にして盛に経綸を行ふべし」であって、倹約貯蓄は公正の一貫して唱えてきた「制度」や「資金の回転」ではないからである。「此経綸が無くて倹約々々と叫ぶのは愚かなことぢゃ」「倹約の必要など無いことぢゃ」という。むろん詔書に反するのではなく、そのような詔書を起草した政府首脳部への批判であった。

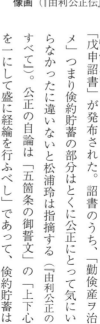

公正の終焉

最晩年の公正の日常は、『由利公正伝』の巻頭にいくつか載せられている写真のうち二葉に、晩年の公正とおぼしきくつろぐ白鬟の翁が写っている。いずれも老松に囲まれた広い庭園にいる。芝区（現港区の一部）車町（現高輪二丁目付近）の由利邸であろう。ここは旧東海道沿い、今の京浜国道沿い辺りである。後に江戸川乱歩がしばらく住んだ地域であり、さらに当時は実に閑寂の地であったと思われる。

公正は庭園をいとしみ、自らが蒐集した書画骨董に眼福を養っていた。すでに長年苦労をともにした愛妻タカ子には明治三十八年三月に先立たれ（公正七十七歳）、もっぱら幼孫たちの成長を祈念しつつ余生を楽しんでいた。とはいえ、有隣生命保険株式会社社長や史談会会長などの要職を辞したのも最晩年であり、八十歳の寿祝をおさめてからの約二年が、彼にとって事実上の「余世」であったと言えよう。彼にとってこの「余世」の到来は、高齢ゆえとは必ずしも言えず、高齢になっても頭脳は明晰なままであり、脳疾患を患って卒倒しなければ、まだまだ新しい構想を企画・活動し続けていたものと思われる。

明治四十二年四月二十六日、由利家々人たちに扶けられて庭園逍遥後、囲碁（烏鷺《うろ》争い）をしていたら碁石に入る力がぬけ、石自ら指を離れて落とした。隣座には、越前松平家の家令を務め、初代福井市長となった鈴木準道らがいた。公正に驚き安臥させた彼らに「ア丶何デモナイヨ」と応えたという。しかしその後昏睡状態に陥り看護を受けたが、意識不明が続き回復のきざしがないままに同二十八日午前十一時四十分ついに逝去した。享年八十一歳であった。この日は、明治天皇第七皇女北白川宮成久王妃周宮房子《ふさこ》内親王（のちの北白川房子神宮祭主）の御慶事であったので発表を遠慮し、三十日に公表、同日に特旨により従二位に陞叙《しょうじょ》、旭日大綬章を授けられた。

恵まれた天寿と生涯

五月三日には祭祀料「金三千円」下賜、又同四日葬儀執行、勅使として侍従清水谷實英《しみずだにさねあきら》（権中納言清水谷公正の孫）が差遣され、白絹三匹・供物八台・生花一対を下賜された。五月四日、品川の海晏寺で法要を営み、永平寺の森田悟由禅師が偈《げ》を奉った。

葬儀委員長は松平正直であった。

桐ヶ谷で荼毘に付され、境内墓地内の岩倉具視墓域の向かって右隣にある福井藩士族らの眠る墓地

由利家墓碑（東京都品川区・海晏寺境内墓地）

の中央辺に設けられた由利家墓地に埋葬された。弔問者・会葬者は千余名と伝える。子息丈夫が、父公正を「資性剛毅にして豁達《かったつ》所信を断行して屈せず撓《たわ》まず、必ず其目的を達せずんば止まず」、しかし、人に接する時は垣根なく「貴賤老幼皆好伴侶たり」であったというから、彼の存在感は圧倒的であったのだろう。

法号は、「正眼院殿圓通雲軒大居士」である。当時において八十一歳（満七十九歳：旧年齢の数え方は正月を迎えると一歳上る）は長命であった。この頃つまり明治二十四〜三十一年の日本人の平均寿命は四十三歳であった。もちろん当時の幼児期の死亡率は高かったので、平均というのは必ずしも参考とはならないかもしれないが、それでも長命と言える。

公正の後には明治天皇が六十一歳で崩御、最後の将軍徳川慶喜は七十七歳で薨去。旧主君松平春嶽は、公正より一年年長であったが、既に六十三歳で薨去、福井藩出身で何かと公正の対極にいた中根雪江は七十一歳、よく気の合った松平正直が七十二歳であったが、しばしば衝突した関義臣（山本龍二）は、八十歳と公正ほどの長命であった。実に腐れ縁というべきか。

刑死または遭難した、左内（二十六歳）・龍馬（三十三歳）・小楠（六十一歳）の意志を継ぎ、公議政体論つまり「公議公論」の実践社会の構築と日本近代化のため、ひたすらに「経綸」を説き実践した生涯であった。

3　没後の栄光

公正の顕彰（福井）

昭和十二年（一九三七）三月十四、十五日、五箇条御誓文奉戴七十周年記念「故由利公正子《し》遺墨展覧会」が郷土先賢遺徳顕彰会の主催により福井市で開催された。会場は明らかではないが、福井県の誇る幕末維新の先哲としての公正顕彰活動の一環であった。展覧会出陳目録によれば順化小学校・慶福寺をはじめ、多くは個人からの出品で、書額・書幅・短冊・色紙など九一点が集められ一堂に展観されている。

由利公正広場の「由利公正像」
（福井市幸橋南詰）

昭和五十九年（一九八四）には、ライオンズクラブ国際協会三三四-D地区記念事業として、福井市中央公園に腕組みをした公正全身立銅像（台座共）が除幕された。この銅像はその後平成二十六年（二〇一四）三月二十九日、福井県の県都デザイン戦略で地域の歴史を実感できる街並みの形成に関する事業として幸橋南詰に台座と共に移動された。この地は「由利公正広場」と称されている。

県は平成二十七年（二〇一五）十一月に福井県大河ドラマ誘致推進協議会を設立し、「由利公正」を題材とするNHK大河ドラマの誘致を目指しPR活動などを進めている。また、公正ら幕末明治に活躍した福井の偉人たちを広く知ってもらおうと、映像制作・各種刊行物の発行等も行っている。

同二十七年四月二十八日には、福井県内の神社に奉職する四十五歳以下の青年神職で組織する「福井県神道青年会」が公正広場の銅像の前で由利公正顕彰祭を斎行した。

「煉瓦銀座之碑」
（昭和31年４月２日建碑。東京都中央区銀座一丁目交番前）

公正や橘曙覧を輩出し、橋本左内の墓所が校区にある福井市明倫中学校などでは、公正を特別授業に取り上げている。その他足羽《あすわ》・豊《みのり》両公民館や県・市の文化施設などでも、公正に関する講座・講演会などが行われた。

平成三十年（二〇一八）は、「幕末明治福井一五〇年博」が開催されており、メイン会場の福井県立歴史博物館・福井市立郷土歴史博物館では、由利公正の写真・遺墨や関係史料も展示公開されている。

その他、福井市の財団法人歴史のみえるまちづくり協会や歴史ボランティアグループ語り部などの団体でも、これまで多くの公正顕彰事業・活動を行ってきた。

公正の顕彰（東京）

東京においては、銀座通煉瓦街建設と銀座繁栄・開設の恩人として、銀座通聯合会によってやはり昭和十二年の四月一日に銀座祭として公正の顕彰祭が行われた。現在も銀座一丁目には公正の「経綸」の扁額が銅版に写された「煉瓦銀座之碑」がある。また当地の商店街では平成五年（一九九三）九月に、銀座金春《こんぱる》通会により、銀座八丁目に「金春通り煉瓦遺構の碑」が銅版画（制作第十一代銅昭）を用いて建立されている。

参考文献

1　未公刊史料など

福井市立郷土歴史博物館保管　越葵文庫蔵『慶永卿御葬儀始末書』・越前松平家『家譜』

福井市春嶽公記念文庫（松平春嶽・橋本左内関係文書）・山縣家文書・鈴木家文書・山田卓介家文書・森田三郎家文書・旧市立福井図書館本（『秋聲窓詠草鈔』など）

福井県立歴史博物館　由利公正家（旧子爵家）文書（文書の一部は『子爵由利公正伝』に翻刻・収載されている）

福井県立図書館松平文庫「旧藩制役成」・「姓名録」・「御国町方」・「御側向頭取御用日記」など

国立国会図書館　小野善右衛門筆記写（憲政資料）

国立公文書館所蔵文書

2　由利公正の伝記および個別研究書・啓蒙書・評論・年譜等　※刊行年順

芳賀八彌『由利公正』八尾書店　一九〇二年

＊由利公正伝記研究の嚆矢。

三岡丈夫編『由利公正伝』光融社　一九一六年

＊公正の長男編による最も基本的な伝記。公正からの聞き書きと、基本文献を多数収録する。史料集でもある。

尾佐竹猛・横川四郎編『坂本龍馬・由利公正集』（近世社会経済学説大系一四）誠文堂新光社　一九三五年
由利正通編『子爵由利公正伝』三秀舍（マツノ書店復刻）一九四〇年・二〇一六年
＊公正実孫由利正通編。『由利公正伝』を増補改訂し、さらに由利子爵家所蔵文書や独自に収集した関係文献を豊富に掲載している。史料集でもある。
福山正人「由利公正」『我等の郷土と人物』福井県文化誌刊行会　一九五二年
三上一夫「由利公正（激動期に生きた財政家）青少年育成福井県民会議編『若越山脈』第一集所収　一九七〇年
辻岡正己『由利財政の研究』広島経済大学地域経済研究所　一九八四年
＊「由利財政」についての最もまとまった研究成果である。
高野喜代一編『由利公正史伝――由利12頭残照』由利町公民館　一九九〇年
舟澤茂樹「由利公正の財政改革」講演記録誌　ふくい藤田美術館　一九九〇年
尾崎護『経綸のとき　小説三岡八郎』東洋経済新報社　一九九五年
大島昌宏『炎の如く　由利公正』福井新聞社　一九九六年
＊本書執筆にあたり史料・文献などの情報を提供していただいた。
童門冬二『横井小楠と由利公正の新民富論』経済界　二〇〇〇年
三上一夫・舟澤茂樹編『由利公正のすべて』新人物往来社　二〇〇一年
＊由利公正の総合的研究書・啓蒙書。十三人の研究者・作家らによる分野別の好個な研究集成。本書より多く参考とさせていただいた。
松浦玲『還暦以後』筑摩書房　二〇〇六年
＊「老人の記憶――由利公正」を所収。公正の記憶の不確かさを指摘。
加来耕三企画・構成・監修、井手窪剛原作、中島健志画『（コミック版日本の歴史㊽幕末・維新人物伝）由利公

正』ポプラ社　二〇一五年
＊加来による「解説」は、公正の生涯と功績を統括的な視座で平易に的確に紹介。
角鹿尚計『由利公正翁御年譜・五箇條の御誓文』福井県神道青年会　二〇一五年
角鹿尚計『由利公正って知ってるかい？』（ふくいわかりやすい歴史人物シリーズ②）福井市立郷土歴史博物館　二〇一六年
仲俊二郎『龍馬が惚れた男――明治維新を財政面から支えた越前藩士由利公正』栄光出版社　二〇一八年

3　関係者伝記　※刊行年順（展示会図録・資料目録等を含む）

大町桂月『伯爵後藤象二郎』冨山房　一九一四年
山田秋甫『橋本左内言行録』一九一八年　同刊行会（安田書店再版）
山崎正董『横井小楠　伝記編』明治書院　一九三八年
渡邊幾治郎『陸奥宗光伝』改造社　一九四一年
山崎正董『横井小楠伝』（上・中・下）日新書院　一九四二年
川端太平『松平春嶽』（人物叢書）吉川弘文館　一九六七年
的野半介『江藤南白』（上・下）（明治百年史叢書七九）一九六八年
松浦玲『横井小楠』（朝日選書）朝日新聞社　一九七六年
福田源三郎『越前人物志』（上）復刻版　思文閣出版　一九七二年
『中根雪江先生』（伴五十嗣郎伝記執筆）中根雪江先生百年祭事業会　一九七七年
＊中根雪江伝記の集大成。家蔵史料の紹介・詳細な系譜と年譜も収載。公正理解の上でも必見の労作。
福井市立郷土歴史博物館編（編集・解説、伴五十嗣郎・西村英之・足立尚計）『橋本景岳先生の生涯』（生誕一五

〇年記念図録）一九八五年
福井市立郷土歴史博物館編（編集・解説、西村英之・足立尚計）『足羽山の主な史跡と墓碑石』一九八八年
足立尚計『知られざる福井の先人たち』フェニックス出版　一九九二年
＊公正と連携した松井耕雪・三好波静や久津見晴嵐を紹介。
三上一夫『横井小楠の新政治社会像』思文閣出版　一九九六年
新人物往来社編『共同研究・坂本龍馬』新人物往来社　一九九七年
＊福井藩と坂本龍馬の関係に注目した三上一夫の論考が収載されている。
砂川幸雄『中上川彦次郎の華麗な生涯』草思社　一九九七年
源了圓・花立三郎・三上一夫・水野公寿編『横井小楠のすべて』新人物往来社　一九九八年
石津達也『大義を世界に――横井小楠の生涯』東洋出版　一九九八年
三上一夫・舟澤茂樹編『松平春嶽のすべて』新人物往来社　一九九九年
三上一夫『横井小楠　その思想と行動』（歴史文化ライブラリー62）吉川弘文館　一九九九年
松浦玲『横井小楠　儒学的正義とは何か』（増補版）朝日新聞社　二〇〇〇年
福井市立郷土歴史博物館編（編集・解説、角鹿尚計）『天下の事成就せり――福井藩と坂本龍馬』（移転新築・開館記念特別展図録）二〇〇四年
佐々木克『岩倉具視』（幕末維新の個性5）吉川弘文館　二〇〇六年
福井市立郷土歴史博物館編（編集・解説・執筆　角鹿尚計）『小塙家・小島家・山田卓介家・廣部鳥道家寄贈史料目録』二〇〇八年
福井市立郷土歴史博物館編（編集・解説、角鹿尚計）『橋本左内と弟綱常』二〇〇八年
平山洋『福澤諭吉』（ミネルヴァ日本評伝選）ミネルヴァ書房　二〇〇八年

福井市立郷土歴史博物館編（編集・解説、角鹿尚計）『橋本左内と安政の大獄』二〇〇九年
岩佐勢市『食育の祖　石塚左玄物語』正食出版　二〇一〇年
山下英一『グリフィスと福井』（増補改訂版）エクシート　二〇一三年
高村直助『永井尚志』（ミネルヴァ日本評伝選）ミネルヴァ書房　二〇一五年
神長倉真民『太政官札物語』（『子爵由利公正伝』書引）

4　史料（刊本）　※順不同

『由利公正伝』以下略（2を参照）
『子爵由利公正伝』以下略（2を参照）
『史談会速記録』全四四巻（復刻版）原書房　一九七一～七五年
『橋本景岳全集』（上・下）景岳会　畝傍書房　一九四三年
中根雪江『奉答紀事』（解説　伴五十嗣郎）新編日本史籍協会叢書　東京大学出版会　一九八〇年
中根雪江『昨夢紀事』日本史籍協会叢書　東京大学出版会　一九六八年
中根雪江『再夢紀事・丁卯日記』日本史籍協会叢書　東京大学出版会　一九七四年
中根雪江『戊辰日記』日本史籍協会叢書　東京大学出版会　一九七三年
村田氏寿『続再夢紀事』日本史籍協会叢書　東京大学出版会　一九七四年
『松平春嶽全集』（全四巻）松平春嶽全集編纂刊行会　原書房（復刻版）一九七三年
『松平春嶽公未公刊書簡集』一～三　福井市立郷土歴史博物館編　福井市立郷土歴史博物館史料叢書　一九八二～八六年
『松平春嶽未公刊書簡集』伴五十嗣郎編　福井市立郷土歴史博物館・思文閣出版　一九九一年

『坂本龍馬関係文書　第一・第二』（岩崎英重編）日本史籍協会叢書　東京大学出版会　一九二六年
『坂本龍馬全集』宮地佐一郎編　光風社書店　一九七八年
『福井藩史話』森恒救著（「福井城の今昔」を改題。解説　舟澤茂樹）歴史図書社　一九七五年
『福井藩士履歴』（福井県文書館資料叢書）福井県文書館　二〇一三年～
　＊福井藩士分以上九〇〇家（中級藩士以上）の人事記録。松平文庫の『剝札』『士族』を編集・翻刻。
『福井藩士事典』（「福井藩役々勤務雑誌」を改題）歴史図書社　一九七七年
『福井県史』資料編3（中・近世一）福井県　一九八二年
『福井県史』資料編4（中・近世二）福井県　一九八四年
『福井県史』資料編10（近現代一）福井県　一九八三年
『福井市史』資料編4（近世二）福井市　一九八八年
『福井市史』資料編5（近世三）福井市　一九九〇年
『福井市史』資料編9（近世七）福井市　一九九四年
『福井市史』資料編6（近世四下）福井市　一九九九年
『福井市史』資料編7（近世五）福井市　二〇〇二年
『幕末越前藩情報収集録』（『文久三亥雑記』松平文庫蔵。校訂　三上一夫）『日本海地域史研究』3　一九八一年
『探源公行状』（翻刻・口語訳、角鹿尚計）『瑞源寺と松平吉品』高照山瑞源寺　二〇一一年
『贈従四位有馬新七大人遺稿勤王事跡　都日記』一九一五年
佐藤信淵『経済要録』（滝本誠一編『佐藤信淵家学全集』）岩波書店　一九二五～二七年
『世外侯事歴維新財政談』（含『維新財政談』付、伊藤侯・井上伯・山縣侯元勲談）明治百年叢書　マツノ書店　一九六八年

『グリフィス博士の観たる維新時代の福井』（斎藤静訳）明新会　二〇一五年
『ミカド　日本の内なる力』（『皇国』亀井俊介訳）岩波文庫　一九九五年
『海舟全集』全八冊　海舟全集刊行会編　改造社　一九二八年
『越前藩幕末維新公用日記』本多修理（校訂　谷口初意）福井県郷土誌懇談会　一九七四年
『岩倉具視関係文書』北泉社　一九九二年〜
『岩倉公実記』（明治百年史叢書）原書房　一九六八年（岩倉公旧蹟保存会　一九二七年刊復刻）
『横井小楠　遺稿編』山崎正董　明治書院　一九三八年
『横井小楠遺稿』山崎正董　日新書院　一九四二年
『小楠遺稿』横井時雄　民友社　一八八九年
『横井小楠関係史料』（一・二）日本史籍協会　東京大学出版会　一九七七年
『板橋区史　資料編４　近・現代』板橋区　一九九七年
横井小楠『国是三論』（花立三郎全訳注）講談社学術文庫　一九八六年
橋本左内『啓発録』（伴五十嗣郎全訳注、付書簡・意見書・漢詩）講談社学術文庫　一九八二年
『シンポジウム資料集　序　幕末維新期における武生の産業知識人』（三木世嗣美編）武生ルネサンス　一九九二年
現代語訳『逸事史補』（現代語訳・解説、角鹿尚計）福井県観光営業部ブランド営業課　二〇一一年
『越前市史　資料編　24　明治維新と関義臣』越前市
『子爵　福岡孝弟談話筆記（子爵福岡孝弟殿御談話拝聴筆記）』維新史料研究会　一九一二年
平尾道雄『海援隊始末記』大道書房　一九四一年

5　論文類　※編著者名順

足立尚計「史跡今と昔、由利公正旧宅跡」『維新の道』第六八号　霊山顕彰会　一九九五年

足立尚計「由利公正の名乗りをめぐって」『研究紀要』第五号　福井市立郷土歴史博物館　一九九七年

＊公正名義論争の発端となった。

尾崎護「三岡八郎――緊縮策を一転させ消費拡大で財政を再建」エコノミスト臨時増刊『日本再生』毎日新聞社　一九九八年

落合功「由利財政と第一次大隈財政」『修道商学』第四六―二　二〇〇六年

加藤玄智「明治天皇御物奉祀の神宝神社」『明治聖徳記念学会紀要』第五二号　一九三九年

膽吹寛「ウィリアム・エリオット・グリフィス書状」（三岡八郎宛）『W・E・グリフィス来福一四〇年記念事業報告書』福井大学総合図書館　二〇一三年

小林巖「横井小楠とはいったい何者か」『福井の文化』33　一九九九年

高木不二「嘉永・安政期の幕藩関係と越前藩」明治維新史学会編『幕藩権力と明治維新』吉川弘文館　一九九二年

高木不二「幕末文久期の中央政治と越前藩」『近代日本研究』一四　一九九七年

高木不二「慶応期の越前藩政と中央政局」『近代日本研究』一六　一九九九年

田邊泰「養浩館」『日本建築』一九四二年

辻岡正己「由利財政の研究――明治維新と由利財政」『広島経済大学地域経済研究双書』一九八四年

＊「由利財政」の総合的研究。

角鹿尚計「三岡八郎――龍馬が嘱望した財政のスペシャリスト」『歴史読本』四三―七　一九九八年

角鹿尚計「松平春嶽と橋曙覧――松平春嶽の対人物観をめぐる一視座」『福井市立郷土歴史博物館研究紀要』第

八号　二〇〇〇年
角鹿尚計「由利公正と坂本龍馬」『文芸別冊　総特集　坂本龍馬　歴史の舵をきった男』　河出書房新社　二〇〇三年
角鹿尚計「松平春嶽の薨去と葬儀——関係史料の紹介を中心に」『福井市立郷土歴史博物館研究紀要』第一五号　二〇〇八年
＊春嶽の葬儀には旧臣華族として青山貞らと公正は献身的に奉仕している。
角鹿尚計「龍馬は客分の福井藩士だった？」（知っておきたい幕末史の新・視点）『歴史読本』55—7　二〇一〇年
角鹿尚計「松平春嶽『御遺髪』の行方」『福井市立郷土歴史博物館研究紀要』第一九号　二〇一三年
＊春嶽薨去一年に当たって旧藩士族たちが福井・運正寺の春嶽廟前の石灯籠に他の士族らとともに由利公正の名があることなどを報告している。
角鹿尚計「福井藩——意欲的な兵制近代化と軍事改革」『図説　幕末・維新の鉄砲大全』洋泉社　二〇一三年
角鹿尚計「由利公正と久津見家——武家より文人へ、違うことなき剛直の精神」『緑光』二六号　文房流晴心会　二〇一六年
角鹿尚計「由利公正と神宝神社——福井県における明治天皇準御生祀の例」『明治聖徳記念学会紀要』復刊第五三号　二〇一六年
角鹿尚計「福井藩と坂本龍馬——新出の坂本龍馬福井藩関係書簡を中心に」『福井市立郷土歴史博物館研究紀要』第二一号　二〇一七年
＊由利公正の新国家参画を促した二通の新出龍馬書簡とその背景を紹介。
童門冬二「由利公正の商売道——常に王者たれ」『経済界』六五八～六八一号　二〇〇〇年

中村尚美「由利財政の退場」『日本歴史』二〇四号　一九六五年
伴五十嗣郎「明治を創った人々（65）由利公正」『維新の道』第六八号　霊山顕彰会　一九九五年
平山蘆江「銀座の出来る話──現代人に捧ぐ」『考證讀物集』岡倉書房　一九七六年
福井県観光営業部ブランド営業課編（執筆　萩原雅広・前田耕作）『福井の幕末明治　歴史秘話』創刊号～二五号　二〇一六～一七年
藤井清「三岡石五郎──明道館出仕時代の由利公正」『明新』第四号　一九五七年
舟澤茂樹「明治維新における福井藩の政治指導層について」『福井県地域史研究』（三）一九七二年
三上一夫「由利公正の富国策について」『若越郷土研究』一二─二　一九六七年
三上一夫「幕末における越前藩の富国策について──由利公正の施策を中心に」『日本歴史』二四一号　一九六八年
三上一夫「体制内の反骨漢・由利公正」季刊『歴史と文学』13　講談社　一九七五年
三上一夫「由利公正──幕末・維新期の財政家」（日本史発掘㉛）『日本及日本人』一五三六号　一九七六年
三上一夫「維新期の『公議論』路線の歴史的性格──福井藩の動向を中心に」『福井県史研究』（七）一九九〇年
三上一夫「議会制への松平春嶽の先見性──春嶽朱筆入りの『大英国志』より」『福井市立郷土歴史博物館研究紀要』第五号　一九九七年
＊福井藩の公議路線確立に影響を与えたとみられる『大英国志』の存在について指摘した重要論文。
三浦直人「由利公正の名に〈唯一〉の〈正しい〉読みはあるか」『文学研究論集』（明治大学大学院）第四八号
＊公正の名の読みの複数性を提唱した論考。角鹿の血圧を上げさせた忘れがたき卓説。
本川幹男「福井藩重商主義論策と武生騒動」『福井県地域史研究』（二）一九七一年
本川幹男「幕末期福井藩の殖産興業策と財政について」『若越郷土研究』六一─二　二〇一七年

＊『公正伝』『子伝』両書の史料性について、かなりの間違いや誇張、検証困難な記事がみられるとして「参考の範囲」の文献として扱うべきとする。公正の殖産興業の成功譚にも疑問を呈する。
星原大輔「由利財政と江藤新年――いわゆる「由利江藤金札論争」を中心に」『早稲田大学大学院社会科学研究科ソシオサイエンス』vol. 13　二〇〇七年
山崎益吉「横井小楠・由利公正の貨幣論」『第六回東アジア実学国際シンポジウム論文集』日本東アジア実学研究会　二〇〇〇年
山本七平「幕末維新のケインズたち――横井小楠と由利公正の思想」『江戸時代の先覚者たち』ＰＨＰ研究所　一九九〇年
吉田叡「明治初年における福井藩民政組織について」『福井県地域史研究』9　一九六二年
吉田健「福井藩挙藩上洛計画の探索記について」（『県史資料』八号　福井県文書学事課）一九九八年
吉田健「福井藩家中絵図（山内秋郎家文書）を利用して」『福井県文書館研究紀要』第三号　二〇〇六年
吉田健「文久三年の龍馬と福井藩」『福井県文書館研究紀要』第八号　二〇一一年

6　関連著作　※刊行年順

川崎源太郎編『福井縣下商工便覧』竜泉堂（武生ルネサンス復刻）一八八七年
山田（弥十郎）秋甫『橘曙覧伝幷短歌集』中村書店　一九二六年
大蔵省編『大蔵省沿革史』（上）明治前期財政経済史料集成（二）一九三一年
飯田栄助編『越前産紙考』越前産紙卸商業組合　一九三八年
尾佐竹猛『日本憲政史大綱』（下）日本評論社一九三九年
神長倉真民『明治維新財政経済史考』東邦社　一九四三年

島恭彦『財政政策論』河出書房　一九四三年
岡田俊平『幕末維新の貨幣制策』森山書店　一九五五年
日本興業銀行臨時史料室編『日本興業銀行五十年史』一九五七年
稲田正次『明治憲法成立史』（上）有斐閣　一九六〇年
澤田章『明治財政の基礎的研究』（復刻版）柏書房　一九六六年
森永種夫『幕末の長崎――長崎代官の記録』岩波新書　一九六六年
河北展生『幕末の政争』講談社　一九六八年
中村尚美『大隈財政の研究』校倉書房　一九六八年
大蔵省編『大蔵省百年史』（上）大蔵財務協会　一九六九年
大蔵省編『明治財政史』（一）復刻版　吉川弘文館　一九七一年
藤村通『明治財政確立過程の研究』（増補版）中央大学出版部　一九七三年
薄金兼次郎『薄金の鎧』（えちぜん豆本第34号）一九七三年
＊箏曲京極流宗家で彫刻家雨田光平の実父薄金次助が、公正との出会いによりオランダ商館との物産取引や紙幣用紙の製作に尽力したことがみえている。福井市相生町に開店した紙商は薄次（「ウ」）と称したという。
舟澤茂樹『福井城下ものがたり』福井ＰＲセンター　一九七六年
三上一夫『福井藩の歴史』東洋書院　一九八二年
＊福井藩史の概観や藩政・職制を知る好個の書。
源了圓『実学思想の系譜』講談社　一九八六年
藤森照信『明治の東京計画』（同時代ライブラリー18）岩波書店　一九九〇年
三上一夫『公武合体論の研究』（改訂版）御茶の水書房　一九九〇年

青山忠正『幕末維新奔流の時代』文英堂　一九九六年
山崎益吉『経済倫理学叙説』日本経済評論社　一九九七年
高千穂商科大学総合研究所『資本主義形成期の経済思想』一九九七年
*上杉允彦「由利公正の経済思想」を所収。
野口孝一『銀座物語　煉瓦街を探訪する』中公新書　一九九七年
尾崎護『上書保存　元大蔵官僚の独り言』徳間書店　一九九九年
尾崎護『滴ひかる　明治ひと模様』読売新聞社　一九九九年
塩崎智『アメリカ「知日派」の起源——明治の留学生交流譚』平凡社　二〇〇一年
*公正の長男、三岡丈夫の留学生生活について写真とともに紹介。
安田寛『唱歌という奇跡十二の物語——讃美歌と近代の間で』文藝春秋　二〇〇三年
*三岡丈夫と唱歌の新知見。
三上一夫『幕末維新と松平春嶽』吉川弘文館　二〇〇四年
*松平春嶽の思想と行動を最新の研究を紹介しつつ的確にまとめた基本文献。
高木不二『横井小楠と松平春嶽』吉川弘文館　二〇〇七年
奥富隆之『苗字と名前を知る事典』東京堂出版　二〇〇七年
福井市『福井市史』通史編2　近世　二〇〇八年
川田敬一『「五箇条の御誓文」を読む』錦正社　二〇一一年
池田勇太『維新変革と儒教的理想主義』山川出版社　二〇一三年。
平川祐弘『日本の生きる道——米中日の歴史を三点測量で考える』飛鳥新社　二〇一六年
*「五箇条の御誓文」の意義について論究。

佐々木榮一『豊川タールピット物語』私家版　二〇一七年
＊公正による神田「昌平橋」のアスファルト舗装事業について詳細に紹介している。
武田尚子『ミルクと日本人――近代社会の「元気」の源』中公新書　二〇一七年
＊公正の牛乳会社経営について詳細に紹介。

7　その他

「中上川・福沢・朝吹・藤山家系図」(「系譜でみる近現代　第43回成毛茂～朝吹真理子」)
霞会館諸家資料調査委員会編『昭和新修旧華族家系大成』㈳霞会館（吉川弘文館発売）
霞会館華族家系大成編輯委員会編『平成新修旧華族家系大成』㈳霞会館（吉川弘文館発売）
＊右二書は本文中において両方参考していることから、出典註には単に『旧華族家系大成』とのみ記している。
松田敬之『華族爵位　請願人名事典』吉川弘文館
千鹿野茂『日本家紋総鑑』角川書店
國學院大學日本文化研究所『和学者総覧』汲古書院
『松岡町史　上巻』福井県吉田郡松岡町（現・永平寺町）一九五三年
侯爵松平康荘編・発行『追懐帖』

あとがき

本書執筆にあたって幸福であり、また苦労であったことは、本書には反映・消化しきれないほどの膨大な関係史料と文献、先学の研究業績の活用環境に恵まれたことであった。しかし、一方そうであるがゆえに本書に反映しきれていない史料や文献、看過できない研究業績の少なからずあろうことを恐れる。

公正の伝記・思想・政治・経済等の各分野における詳細な研究業績については、三上一夫・高木不二・吉田健・舟澤茂樹・本川幹男・尾崎護・松浦玲・吉田叡・木村幸比古・山崎益吉ら各氏の研究業績を学び参考にした。また、童門冬二・加来耕三・大島昌宏の各氏の研究や作品も、公正の生涯や偉業を総合的な視座で捉える参考とさせていただき有意義であった。このように各氏からの学恩や視点は著書・論文・作品・講演を通して受けたが、なかには筆者の若き日、謦咳に親しく接し御指導を仰ぐ機会を得た先生方もあり、少壮・浅学の身としては非常な幸福であり忘れられない。本書にいささかなりとも評価されることがあれば、ここに故人を含む先学の方々に向けられることを希望する。

また、本書執筆にかかる高配と写真掲載には、福井県立歴史博物館の山形裕之副館長をはじめ、福井県立図書館・福井県文書館・福井市立郷土歴史博物館、および三岡慶胤・吉田文也の両氏からご協力をいただいた。ちなみに三岡氏は、公正の長男・三岡丈夫の玄孫にあたられ、また吉田氏は将来楽しみな史学を真摯に学ぶ高校生である。公正翁や福井の先人たちを通して次世代・次々世代の賢兄たちと出逢ったことも悦びであったと言わざるを得ない。

また、越前松平家、宮川禎一・三浦夏樹両氏、東京・銀座および越前龍馬会、福井県神道青年会の各位、雀部なぎさ・東山成江さんたちの白鷺舎、福井市商工労働部観光文化局、そして筆者の所属する福井市立郷土歴史博物館職員の協力とご教示に感謝する。

本書上梓に関しては、福井県の西川一誠知事をはじめ、観光営業部文化振興課萩原雅広課長とブランド営業課前田耕作主任、ミネルヴァ書房の編集担当田引勝二氏はじめ各位と、またそのほか実に多数の機関・団体・個人の高配をいただいた。衷心より感謝申し上げる。

結びに、いつも面倒ばかりかけている妻照美に感謝する。

平成三十年六月二十二日

角鹿尚計

由利公正年譜

和暦	西暦	齢	関係事項	一般事項
文政一二	一八二九	1	11・11（新暦12・6）福井城下毛矢町に生まれる。福井藩士（世禄一〇〇石、実給七〇俵〈三二石二斗＝中級藩士〉の長男。石五郎と命名される。	（仁孝天皇・十一代将軍徳川家斉代）松平定信没（72）。水戸徳川斉昭（30）藩主となる。
天保　九	一八三八	10	7・27福井十五代藩主松平斉善逝去。10・20松平錦之丞（慶永、号春嶽）が十六代藩主となる。春嶽は石五郎より一歳年長。	「天保の改革」始まる。8月長州藩は村田清風を登用して藩政改革を始める。
一四	一八四三	15	6・11松平春嶽、越前へ初入国。	閏9月老中水野忠邦失脚。福山藩主阿部正弘、老中首座となる。
弘化　四	一八四七	19	藩士西尾源太左衛門に西洋流の砲術を学ぶ。3・7中根雪江、御側用人となる。	9月徳川慶喜、一橋家を相続。
嘉永　四	一八五一	23	横井小楠の福井来遊（6・12〜20および7・6〜20）に際し、その学説に傾倒して学を志す。	1月中浜万次郎、米船で琉球に着く。
五	一八五二	24	福井藩の財政について不安を抱き、勘定奉行長谷部甚平に質問する。	2月水戸藩、『大日本史』一七三巻を朝廷・幕府に献上。6月

				ロシア船下田来航。
六	一八五三	25	4・13父義知逝去。6・5家督を相続。7・20砲術調練の修業のため江戸表出向を命じられる。	6・3米ペリーが浦賀に来航。6・22十二代将軍家慶没（61）。
安政元	一八五四	26	1月藩士五〇名と共に選ばれて江戸湾警備に当たる。5・13帰福。10・13大小銃ならびに弾薬製造掛を拝命する。	1・16米ペリーが軍艦七隻を率いて再来。3・3日米和親条約調印、下田・箱館開港。
三	一八五六	28	6月藩士今村伝兵衛長女タカ子（高）と結婚。	7・21米総領事ハリスが下田に来航。
四	一八五七	29	1・18兵器製造所頭取拝命。2・29兵科掛と藩校明道館の出仕を命じられる。4・19兵科御調御用掛拝命。10月御造船掛となる。	6・17老中阿部正弘没（39）。10・16松平春嶽らが将軍継嗣に一橋慶喜をと建白。10・21ハリス、江戸城登城し家定に謁見。
五	一八五八	30	3・11藩火薬製造所再度爆発し、閉鎖。上洛して橋本左内に随行する。福井藩に招聘することになった横井小楠を迎える。4月橋本左内に随行して江戸へ向かう。7月松平春嶽が隠居急度慎みを命じられ、松平茂昭が福井藩主となる。この頃井伊直弼の暗殺を同志と謀ったという。10月帰国の命令を受けて、10・25帰福。12月外国貿易の現況ならびに関西における貨物集散と運輸方法調査のため長崎へ出張を命	1月橋本左内上洛し、4・3まで在京（春嶽の命により将軍継嗣問題・条約勅許問題等解決のため）。6・19大老井伊直弼、日米修好通商条約を調印する。6・25紀伊慶福（家茂）、将軍継嗣決定する。7・6将軍家定没する。9・3梅田雲浜逮捕。

			じられる。12・15帰省する横井小楠に随行して、小楠門下の竹崎律次郎・河瀬典次、福井藩士の榊原幸八・平瀬儀作と共に西行、同月中に下関に到着する。	「安政の大獄」始まる。10月福井藩は佐々木長淳（権六）らに命じて軍艦製造に取り掛かる（翌六年四月「一番丸」竣工）。10・25徳川家茂、十四代将軍となる。
六	一八五九	31	1・3熊本着。小楠の住居を訪ねる。3月長崎着。越前蔵屋敷の建造に着手する。5・20帰福。殖産貿易資金五万両の調達を督促し、物産総会所（産物会所）の開設を促す。財政経理や物産振興を推進。養蚕事業を奨励。長崎へ医学留学生派遣の建議する。8・9生産御用のため、中国・九州への出張を命じられるが、府中（武生）に至って母急病の報に接して引き返し看護。8・27薬石効なく、母（56）病死（コレラ）。9・18長崎へ出張。10・7橋本左内刑死（26）。福井城下で物産惣（総）会所が開設。11・29弟友蔵咎められ、12・4まで親族慎。	4～12月横井小楠、再来福。5・28幕府は六月以降神奈川・長崎・箱館三港で、露・仏・英・蘭・米五国との自由貿易許可を布告する。6・2神奈川・箱館開港。8・28徳川（水戸）斉昭に永蟄居、慶喜隠居慎を命じられる。12・8下田港、閉鎖。
万延元	一八六〇	32	3・1帰福。3月三度目の長崎出張。	1・13咸臨丸、品川を出発して米国に向かう。3・3井伊直弼、桜田門外で刺殺される。9・4

				春嶽、急度慎を免じられる。9・5慶喜・慶勝・容堂の謹慎が解かれる。
文久 元	一八六一	33	2月帰福。3・3奉行役見習を拝命。8・25城下毛矢舟橋町に宅地を賜う。（8・17長州の公武合体策・航海遠略策に桂小五郎が福井藩の協力を要請する。春嶽なお謹慎中を理由に中根雪江はこれを断る。）	5・28水戸藩浪士等、江戸高輪東禅寺の英公使館を襲撃。
二	一八六二	34	4月四度目の長崎出張。5月熊本に至る。6・10頃横井小楠と共に福井へ向かう。途中春嶽の命により小楠は江戸へ向かう。6・30帰福。9月御奉行役を拝命。11月通称を八郎に改名（11・3届出）。12月上洛（翌年三月まで計三回）。	1・15水戸浪士ら老中安藤信正を坂下門外で襲撃、信正負傷する（坂下門外の変）。2月家茂・和宮婚儀。4・16島津久光、藩兵千人余を率いて上京する。4・23寺田屋事件。4・25春嶽「慎」すべて許される。6・10勅使大原重徳、江戸城で将軍家茂に徳川慶喜と春嶽の登用を勅旨として伝える。7月横井小楠、春嶽の命により藩政治顧問となり江戸に赴く。7・6慶喜は将

年号	西暦	年齢	事項	一般事項
				軍後見職、春嶽は政事総（惣）裁職に任じられる。12・19横井小楠、士道忘却事件で責を咎められる。
三	一八六三	35	3・18帰福。4～7月小楠らと共に挙藩上洛を計画するが断念（4・15～28本多飛驒、牧野主殿介と共に加賀へ赴く。5・22郡奉行拝命。6・14黒竜丸御船御用掛拝命。6・18岡部豊後・大番頭酒井十之丞と共に熊本藩・薩摩藩に赴き、8・28帰福。これらは挙藩上洛計画関連の出国）。帰福途中で挙藩上洛推進派として捕縛され、8・29公正幽閉蟄居を仰せ付けられる（以後、四年四カ月）。弟友蔵、三岡家の家督相続。小楠、福井藩を辞職して帰熊。	3・4将軍家茂上洛する。3・5春嶽、家茂に将軍辞職を勧告し、自らも総裁職を辞そうとする。3・8春嶽、政事総裁職の辞表を提出する。3・21帰福の帰途につく。3・25帰福。3・26春嶽、政事総裁職御免、逼塞を仰せ付けられる。4・20将軍、攘夷期日を五月一日とする。5・10下関海峡通過の米商船を長州藩が砲撃する。5・17幕府は春嶽の逼塞を解く。
慶応三	一八六七	39	10・28坂本龍馬来福。10・29村田氏寿に公正との面会を求める。10・30城下旅館「莨屋」で公正・龍馬会談する。公正は抱懐する経済論を披歴。11・5龍馬、京都へ帰る。11・15龍馬暗殺される。12・15朝	5・4福井藩邸において四侯会談。5・23将軍慶喜参内し、長州の寛大な処置と兵庫開港について奏請する。5・24勅許が下

			命により上洛。12・17藩公正を隠居扱いとする。12・18徴士参与職拝命。12・23御用金穀取扱の取締を命じられる。12・26九条殿仮太政官代御用掛拝命。	される。9・18薩摩・長州両藩が討幕挙兵盟約を結ぶ。10・4山内容堂は後藤象二郎を遣わし、将軍慶喜に王政復古を建言する。10・13岩倉具視、討幕の証書を薩摩藩主父子に、官位復旧を長州藩父子に渡す。10・14慶喜、政権返上を上表する。11・2春嶽、福井を発ち、11・8上洛（五回目）。12・9春嶽、議定職拝命。王政復古の大号令発布。
明治 元	一八六八	40	1月岩倉、春嶽を慰留するため公正を使者とする。会計基立金三〇〇万両募集を建議。「五箇条の御誓文」の草案「議事之体大意」を書く。太政官札発行を建議。二条城に京・大坂の商人を招集して御用金調達を諭す。2月新政府軍の軍費調達のため大坂に赴く。3・5太政官札製造準備のため帰福する。3・22上洛。閏4・19新政府は公正を中心として太政官札発行の趣旨などが公布。閏4・22従四位下に叙せられる。8・27御即位式御用掛を拝命し式典に	1・3鳥羽伏見の戦い。1・17春嶽、内国事務総督に任じられる。2・9有栖川宮熾仁親王、東征大総督となる。1・21慶喜は江戸城より上野寛永寺に移り、閉居する。3・14五箇条御誓文発布。閏4・21太政官制が設けられる。閏4・29春嶽実甥田安家達が徳川宗家を継ぐ。7・17

			列する。この日公正と改名か。8・28橘曙覧没（57）。9月天皇御東幸の調達のため大坂へ赴く。11月太政官札を関東地方の通用を促すために出張。	江戸を東京と改称する。8・26新政府軍、会津若松城を包囲（9・22松平容保降伏）。8・27明治天皇御即位大礼行われる。9・8明治改元。9・20天皇東京行幸。
二	一八六九	41	1・5小楠、京都で暗殺される。2・17会計局と共に兼勤を命じられていた造型局掛、大阪府知事御用取扱並治河掛を免じられる。この頃体調を崩す。3・1病気静養のため暇を賜り、帰福する。4・25永世二〇〇石終身一〇〇石の章典を受ける。5・15依頼により参与職を辞す。7・27酒井温の下屋敷を借用旧宅は彦一（丈夫）宅として与えられる。8・26福井藩より月棒五〇口の褒賞を受ける。10月松平茂昭福井藩知事の補佐を委嘱される。11月総会所を再度開設し、越前物産の振興に尽力する。	1・23薩・長・土・肥の藩主が版籍奉還を奏請。5・15春嶽、民部官知事となる。5・18五稜郭開城、戊辰戦争終結。6・17版籍奉還。藩主は藩知事とする。6・25公卿・諸侯は華族と称する。7・8二官六省を設置、春嶽民部卿拝命。8・11春嶽、大蔵卿兼任。8・24春嶽、大学別当兼侍読となる。
三	一八七〇	42	8・8祖先の旧姓「由利」を名乗る（8・10藩庁への届出）。11・8上京出立。12・2上京。政府より恩賞八〇〇石を賜る。	1・3大教宣布の詔発せられる。
四	一八七一	43	1・17帰福。6月福井藩庁大参事心得を拝命。御用	7・9太政官制が改められ、正

			向により東京へ召還される。11・23東京府知事就任。御即位式の際に明治天皇から下賜された祭器を御霊代として天照皇大神を祀った邸内祠を足羽神社境内に移す（神宝神社）。	院・左院・右院を置く。7・14廃藩置県。10・28府県官制を定める（府知事・県知事を置く）。府県官制を定め、府県知事を置く。
五	一八七二	44	2月東京銀座市街の復興に着手。東京（興業）銀行設立案を提出。5・15欧米視察のため横浜出港、外遊する。6月サンフランシスコ着、視察。7月ボストン、ニューヨークに滞在。8月英国へ渡航、欧州各地を巡遊。12月ロンドンに帰着。12・10東京府知事罷免の報に接する。	2月兵部省を廃し、陸海軍両省を設置。4月庄屋・名主・年寄などを廃し、戸長・副戸長などを設置。8月学制を制定。9月新橋〜横浜間鉄道開通。11月国立銀行条例公布。全国徴兵の詔。**太陽暦に改める（一二月三日を明治六年元日とする）。**
六	一八七三	45	2月帰朝（9月岩倉具視ら帰朝）。	1・10徴兵令布告。7月地租改正条例布告。10月征韓論争。
七	一八七四	46	1・17副島種臣、板垣退助、江藤新平らと共に民撰議院の設立を建言する。中小坂鉱山の開発と鉄鉱事業の経営に着手する。	1月東京警視庁設置。2月江藤新平ら挙兵（佐賀の乱）。4月板垣退助ら立志社創立。
八	一八七五	47	4・25元老院創設にあたり議官に任じられる。	4・14元老院・大審院を置き、地方官会議を設け、漸次立憲政

				体を立てるとの詔書下さる。
九	一八七六	48	12月元老院議官依願免官。	3・28廃刀令。
一〇	一八七七	49	1・11東京府庁へタールペーパー葺家屋を献じる。	2・15西南戦争勃発。
一一	一八七八	50	中小坂鉄鉱事業を解散。東京府板橋村に隠棲し、農業を実践。乳牛の飼育に努める。	5・14大久保利通暗殺（49）。
一二	一八七九	51	4月神田昌平橋を新装して営利化し、東京府へその使用料を納める。	9・29学制を廃し、教育令を制定する。
一三	一八八〇	52	4月交詢社第一回大会の議長に推薦される。6月北海道視察。	3月愛国社は国会期成同盟と改称。4月集会条例公布。
一四	一八八一	53	5月「愛国卑言」を執筆、のちに知友に配布する。	10月自由党結成。11月日本鉄道会社設立。
一六	一八八三	55	4月赤坂中之町に転任。	7・20岩倉具視没（59）。
一八	一八八五	57	1・13元老院議官に再任。7・13勲二等旭日重光章を賜る。	12月太政官制を廃し、内閣制を設置。伊藤博文内閣成立。
二〇	一八八七	59	5・24特旨を以て華族に列せられ、子爵を賜る。12月正四位に陞叙。	12・25保安条例公布。
二三	一八九〇	62	6月「府県債ヲ起スベキ意見書」を起草。6・2松平春嶽薨去（63）。7・11貴族院議員当選。10・20麝香間祗候となる。	7・10第一回衆議院総選挙。10・30教育勅語発布。11・25第一回帝国議会召集。
二四	一八九一	63	3・2海江田信義と共に農工銀行法案を議会に提出。	10・28濃尾地方大地震。

二五	一八九二	64	赤坂区会議長就任。9月新宿御料地内に転住。7月郷里の福井で「実業談話」を講演。8月臨時製鉄事業調査委員に就任。11月「迂拙草」執筆、配布する。	
二六	一八九三	65	6月従三位に陞叙。	
二七	一八九四	66	3月有隣生命保険株式会社設立、社長に就任。8月広島での臨時議会招集に参加し、軍事公債の過小を指摘する。	7月日清戦争勃発。9月黄海海戦。11月旅順占領。
三二	一八九九	71	8月日本興業銀行期成同盟会会長に就任する。	3月商法公布、文官任用令改正。
三三	一九〇〇	72	4月深川の別荘に転住する。1・22史談会会長に就任する。12月芝区車町に転住。	3月治安警察法公布。5月軍部大臣現役武官制確立。9・15立憲政友会結成。
三四	一九〇一	73	6月正三位に陞叙。	
三八	一九〇五	77	3・25妻タカ（高）逝去。	5月日本海海戦。9・4ポーツマス条約調印。
三九	一九〇六	78	4月勲一等瑞宝章を賜る（日露戦争の功労）。有隣生命保険会社社長を辞す。	11・26南満州鉄道株式会社設立。
四二	一九〇九	81	4・28薨去（満年齢では79）。4・30従二位に陞叙。旭日大綬章を授けられる。5・4葬儀勅使差遣。法号「正眼院殿圓通雲軒大居士」。品川海晏寺の岩倉	10月三井合名会社創立。10・26伊藤博文、ハルピンで暗殺される（69）。

				具視霊廟の隣地に葬られる。ここには公正の実家三岡家（友蔵以降歴代）の墓碑もある。

注：『子爵由利公正伝』・『福井藩士履歴』を中心に編集した。伝記では「八十一歳」を没年齢としている。

*廣池千九郎　橋本富太郎
岩村　透　今橋映子
*西田幾多郎　大橋良介
*金沢庄三郎　石川遼子
柳田国男　鶴見太郎
厨川白村　張　競
村岡典嗣　水野雄司
大川周明　山内昌之
西田直二郎　林　淳
折口信夫　斎藤英喜
シュタイン　瀧井一博
*西　周　清水多吉
*福澤諭吉　平山　洋
成島柳北　山田俊治
福地桜痴　山田俊治
*村山龍平　早房長治
島田三郎　武藤秀太郎
田口卯吉　鈴木栄樹
*陸　羯南　松田宏一郎
黒岩涙香　奥　武則
長谷川如是閑　織田健志
*吉野作造　田澤晴子
山川　均　米原　謙
*岩波茂雄　十重田裕一
*北　一輝　岡本幸治
*穂積重遠　大村敦志
中野正剛　吉田則昭
*満川亀太郎　福家崇洋
*エドモンド・モレル　林田治男
*北里柴三郎　福田眞人

高峰譲吉　木村昌人
田辺朔郎　秋元せき
*南方熊楠　飯倉照平
石原　純　金子　務
*辰野金吾　河上眞理・清水重敦
*七代目小川治兵衛　尼崎博正
本多静六　岡本貴久子
ブルーノ・タウト　北村昌史

現代

昭和天皇　御厨　貴
高松宮宣仁親王　後藤致人
*李　方子　小田部雄次
吉田　茂　中西　寛
マッカーサー　柴山　太
鳩山一郎　楠　綾子
*石橋湛山　増田　弘
重光　葵　武田知己
市川房枝　村井良太
*池田勇人　藤井信幸
高野　実　篠田　徹
和田博雄　庄司俊作
朴正熙　木村　幹
*田中角栄　新川敏光
宮沢喜一　村上友章
竹下　登　真渕　勝
*松永安左ェ門　橘川武郎

鮎川義介　井口治夫
*出光佐三　橘川武郎
*松下幸之助　米倉誠一郎
渋沢敬三　井上　潤
*本田宗一郎　伊丹敬之
*井深　大　武田　徹
*佐治敬三　小玉　武
幸田家の人々　金井景子
*正宗白鳥　大嶋　仁
*大佛次郎　福島行一
*川端康成　大久保喬樹
*薩摩治郎八　小林　茂
坂口安吾　千葉一幹
太宰　治　安藤　宏
松本清張　杉原志啓
安部公房　鳥羽耕史
*三島由紀夫　島内景二
井上ひさし　成田龍一
R・H・ブライス　菅原克也
柳　宗悦　熊倉功夫
バーナード・リーチ　鈴木禎宏
イサム・ノグチ　酒井忠康
熊谷守一　古川秀昭
川端龍子　岡部昌幸
藤田嗣治　林　洋子
*井上有一　海上雅臣
*手塚治虫　竹内オサム
古賀政男　藍川由美

*吉田　正　金子　勇
武満　徹　船山　隆
*八代目坂東三津五郎　田口章子
*力道山　岡村正史
*西田天香　宮田昌明
安倍能成　中根隆行
サンソム夫妻　平川祐弘・牧野陽子
*天野貞祐　貝塚茂樹
和辻哲郎　小坂国継
矢代幸雄　稲賀繁美
石田幹之助　岡本さえ
*平泉　澄　若井敏明
*早川孝太郎　須藤　功
安岡正篤　片山杜秀
青山二郎　田野　勲
島田謹二　小林信行
田中美知太郎　川久保剛
前嶋信次　杉田英明
*唐木順三　澤村修治
亀井勝一郎　山本直人
知里真志保　北原治郎太
*保田與重郎　谷崎昭男
石母田正　磯前順一
*福田恆存　川久保剛
井筒俊彦　安藤礼二
佐々木惣一　伊藤孝夫
小泉信三　都倉武之
*瀧川幸辰　伊藤孝夫
式場隆三郎　服部　正

大宅壮一　有馬　学
清水幾太郎　庄司武史
*フランク・ロイド・ライト　大久保美春
*中谷宇吉郎　杉山滋郎
今西錦司　山極寿一

*は既刊
二〇一八年十月現在

*岩瀬忠震　小野寺龍太
*栗本鋤雲　小野寺龍太
大村益次郎　竹本知行
河井継之助　小川和也
*西郷隆盛　家近良樹
*由利公正　角鹿尚計
*塚本明毅　塚本学
*月性　海原徹
*吉田松陰　海原徹
*高杉晋作　海原徹
久坂玄瑞　一坂太郎
ペリー　遠藤泰生
ハリス　福岡万里子
オールコック　佐野真由子
アーネスト・サトウ　奈良岡聰智
緒方洪庵　米田該典

近代

*明治天皇　伊藤之雄
*大正天皇　F・R・ディキンソン
*昭憲皇太后・貞明皇后　小田部雄次
大久保利通　三谷太一郎
山県有朋　鳥海靖
木戸孝允　落合弘樹
井上馨　伊藤之雄
*松方正義　室山義正
北垣国道　小林丈広
板垣退助　小川原正道

長与専斎　笠原英彦
大隈重信　五百旗頭薫
伊藤博文　坂本一登
井上毅　大石眞
*井上勝　老川慶喜
*桂太郎　小林道彦
*渡邉洪基　瀧井一博
*乃木希典　佐々木英昭
星亨　小林道彦
林董　奈良岡聰智
*児玉源太郎　小林道彦
*高宗・閔妃　木村幹
山本権兵衛　室山義正
*金子堅太郎　松村正義
高橋是清　鈴木俊夫
小村寿太郎　簑原俊洋
*犬養毅　小林惟司
原敬　季武嘉也
*加藤高明　櫻井良樹
牧野伸顕　小宮一夫
田中義一　黒沢文貴
内田康哉　高橋勝浩
石井菊次郎　廣部泉
平沼騏一郎　堀田慎一郎
*鈴木貫太郎　小堀桂一郎
宇垣一成　北岡伸一
*宮崎滔天　榎本泰子
*浜口雄幸　川田稔
幣原喜重郎　西田敏宏
関一　玉井金五
水野広徳　片山慶隆

広田弘毅　井上寿一
安重根　上垣外憲一
*グルー　廣部泉
*永田鉄山　森靖夫
東條英機　牛村圭
今村均　前田雅之
蔣介石　劉岸偉
石原莞爾　山室信一
近衛文麿　庄司潤一郎
*岩崎弥太郎　武田晴人
伊藤忠兵衛　末永國紀
五代友厚　田付茉莉子
大倉喜八郎　村上勝彦
*安田善次郎　由井常彦
渋沢栄一　武田晴人
中野武営　佐賀香織
益田孝　鈴木邦夫
山辺丈夫　宮本又郎
武藤山治　阿部武司・桑原哲也
池田成彬　松浦正孝
西原亀三　森川正則
小林一三　橋爪紳也
大倉恒吉　石川健次郎
大原孫三郎　猪木武徳
*河竹黙阿弥　今尾哲也
イザベラ・バード　加納孝代
*林忠正　木々康子
*森鷗外　小堀桂一郎
*二葉亭四迷　ヨコタ村上孝之
*夏目漱石　佐々木英昭

徳冨蘆花　半藤英明
巌谷小波　千葉信胤
樋口一葉　佐伯順子
*島崎藤村　十川信介
泉鏡花　東郷克美
上田敏　小林茂
*有島武郎　亀井俊介
永井荷風　川本三郎
北原白秋　平石典子
菊池寛　山本芳明
芥川龍之介　高橋龍夫
*宮沢賢治　千葉一幹
高浜虚子　坪内稔典
与謝野晶子　佐伯順子
*種田山頭火　村上護
*斎藤茂吉　品田悦一
*高村光太郎　湯原かの子
石川啄木　先崎彰容
萩原朔太郎　エリス俊子
*原阿佐緒　秋山佐和子
*狩野芳崖・高橋由一　古田亮
川村清雄　落合則子
*小堀鞆音　小堀桂一郎
竹内栖鳳　北澤憲昭
黒田清輝　高階秀爾
中村不折　石川九楊
横山大観　高階秀爾
*橋本関雪　西原大輔
小出楢重　芳賀徹
土田麦僊　天野一夫

岸田劉生　北澤憲昭
濱田庄司　濱田琢司
*山田耕筰　後藤暢子
松旭斎天勝　川添裕
中山みき　鎌田東二
佐田介石　谷川穣
*ニコライ　中村健之介
*出口なお・王仁三郎　川村邦光
島地黙雷　阪本是丸
*新島襄　太田雄三
新島八重　佐伯順子
木下広次　冨岡勝
海老名弾正　西田毅
嘉納治五郎　クリストファー・スピルマン
柏木義円　片野真佐子
津田梅子　田中智子
*澤柳政太郎　新田義之
河口慧海　高山龍三
山室軍平　室田保夫
大谷光瑞　白須淨眞
*久米邦武　髙田誠二
フェノロサ　伊藤豊
井上哲次郎　井ノ口哲也
三宅雪嶺　長妻三佐雄
*岡倉天心　木下長宏
志賀重昂　中野目徹
徳富蘇峰　杉原志啓
*竹越与三郎　西田毅
内藤湖南・桑原隲蔵　礪波護

南北朝・室町

後醍醐天皇　上横手雅敬
*護良親王　新井孝重
懐良親王　森　茂暁
*赤松氏五代　渡邊大門
*北畠親房　岡野友彦
楠正成　兵藤裕己
楠木正行・正儀　生駒孝臣
*新田義貞　山本隆志
*光厳天皇　深津睦夫
足利尊氏　市沢　哲
*足利直義　亀田俊和
佐々木道誉　下坂　守
細川頼之　亀田俊和
円観・文観　田中貴子
足利義詮　早島大祐
足利義満　川嶋將生
*足利義持　吉田賢司
足利義教　横井　清
足利義政　木下昌規
*大内義弘　平瀬直樹
伏見宮貞成親王　松薗　斉
*山名宗全　山本隆志
細川勝元・政元　古野　貢
畠山義就　呉座勇一
足利成氏　阿部能久
世阿弥　西野春雄
雪舟等楊　河合正朝
宗祇　鶴崎裕雄
*満済　森　茂暁
一休宗純　原田正俊
蓮如　岡村喜史

戦国・織豊

北条早雲　家永遵嗣
*北条氏政　黒田基樹
大内義隆　藤井　崇
斎藤氏三代　木下　聡
*毛利元就　岸田裕之
*毛利輝元　光成準治
小早川隆景・秀秋　光成準治
六角定頼　村井祐樹
*今川義元　小和田哲男
*武田信玄　笹本正治
*武田勝頼　笹本正治
*真田氏三代　笹本正治
*三好長慶　天野忠幸
松永久秀　天野忠幸
*宇喜多直家・秀家　渡邊大門
*上杉謙信　矢田俊文
大友宗麟　鹿毛敏夫
島津義久・義弘　福島金治
*長宗我部元親・盛親　平井上総
浅井長政　長谷川裕子
吉田兼倶　西山　克
山科言継　松薗　斉
*雪村周継　赤澤英二
正親町天皇・後陽成天皇　神田裕理
足利義輝・義昭　山田康弘
織田信長　三鬼清一郎
織田長益　八尾嘉男
豊臣秀吉　藤井讓治
豊臣秀次　矢部健太郎
*北政所おね　田端泰子
*淀殿　福田千鶴
蜂須賀正勝・家政　三宅正浩
前田利家　東四柳史明
山内一豊・忠義　長屋隆幸
*黒田如水　小和田哲男
*蒲生氏郷　藤田達生
石田三成　堀越祐一
*細川ガラシャ　田端泰子
伊達政宗　伊藤喜良
*支倉常長　田中英道
千利休　熊倉功夫
*長谷川等伯　宮島新一
顕如　神田千里
教如　安藤　弥

江戸

*徳川家康　笠谷和比古
本多忠勝　柴　裕之
*徳川家光　野村　玄
徳川吉宗　横田冬彦
*後水尾天皇　久保貴子
後桜町天皇　所　京子
*光格天皇　藤田　覚
崇伝　杣田善雄
*春日局　福田千鶴
宮本武蔵　渡邊大門
*池田光政　倉地克直
保科正之　八木清治
シャクシャイン　岩崎奈緒子
*田沼意次　藤田　覚
細川重賢　安高啓明
*二宮尊徳　小林惟司
末次平蔵　岡美穂子
*高田屋嘉兵衛　生田美智子
*林羅山　鈴木健一
吉野太夫　渡辺憲司
中江藤樹　辻本雅史
熊沢蕃山　川口　浩
*山崎闇斎　澤井啓一
山鹿素行　前田　勉
*北村季吟　島内景二
伊藤仁斎　澤井啓一
貝原益軒　辻本雅史
*ケンペル　B・M・ボダルト＝ベイリー
新井白石　大川　真
荻生徂徠　柴田　純
*雨森芳洲　上田正昭
石田梅岩　高野秀晴
白隠慧鶴　芳澤勝弘
前野良沢　松田　清
平賀源内　石上　敏
本居宣長　田尻祐一郎
杉田玄白　吉田　忠
木村蒹葭堂　有坂道子
*大田南畝　沓掛良彦
菅江真澄　赤坂憲雄
*鶴屋南北　諏訪春雄
良寛　阿部龍一
*山東京伝　佐藤至子
*滝沢馬琴　高田　衛
平田篤胤　山下久夫
国友一貫斎　太田浩司
シーボルト　宮坂正英
本阿弥光悦　岡　佳子
小堀遠州　中村利則
狩野探幽・山雪　山下善也
尾形光琳・乾山　河野元昭
*二代目市川團十郎　田口章子
伊藤若冲　狩野博幸
浦上玉堂　高橋博巳
*佐竹曙山　成瀬不二雄
葛飾北斎　岸　文和
酒井抱一　玉蟲敏子
孝明天皇　青山忠正
*和宮　辻ミチ子
徳川慶喜　大庭邦彦
島津斉彬　原口　泉
横井小楠　沖田行司
*古賀謹一郎　小野寺龍太
*永井尚志　高村直助

ミネルヴァ日本評伝選

企画推薦
梅原猛
ドナルド・キーン
佐伯彰一
角田文衞

監修委員
上横手雅敬
芳賀徹

編集委員
石川九楊
伊藤之雄
猪木武徳
今谷明
今橋映子
熊倉功夫
佐伯順子
坂本多加雄
武田佐知子
竹西寛子
西口順子
兵藤裕己
御厨貴

上代

*俾弥呼　古田武彦
日本武尊　西宮秀紀
*仁徳天皇　若井敏明
雄略天皇　吉村武彦
継体天皇　若井敏明
*蘇我氏四代　遠山美都男
推古天皇　義江明子
聖徳太子　仁藤敦史
斉明天皇　武田佐知子
*小野妹子・毛人・毛野　大橋信弥
*額田王　梶川信行
弘文天皇　遠山美都男
天武天皇　新川登亀男
持統天皇　丸山裕美子
阿倍比羅夫　熊田亮介
*藤原四子　木本好信
*柿本人麿　古橋信孝
*元明天皇・元正天皇　渡部育子
聖武天皇　本郷真紹
光明皇后　寺崎保広

平安

*孝謙・称徳天皇　勝浦令子
藤原不比等　荒木敏夫
橘諸兄・奈良麻呂　遠山美都男
吉備真備　今津勝紀
*藤原仲麻呂　木本好信
道鏡　吉川真司
*藤原種継　木本好信
*行基　吉田靖雄
*桓武天皇　井上満郎
嵯峨天皇　西別府元日
宇多天皇　古藤真平
醍醐天皇　石上英一
村上天皇　京樂真帆子
花山天皇　上島享
*三条天皇　倉本一宏
藤原薬子　中野渡俊治
*藤原良房・基経　瀧浪貞子
*紀貫之　神田龍身
源高明　所功
*安倍晴明　斎藤英喜

藤原実資　橋本義則
*藤原道長　朧谷寿
*藤原伊周・隆家　倉本一宏
藤原定子　山本淳子
*藤原彰子　朧谷寿
清少納言　三田村雅子
紫式部　竹西寛子
和泉式部　ツベタナ・クリステワ
大江匡房　小峯和明
*阿弖流為　樋口知志
坂上田村麻呂　熊谷公男
*源満仲・頼光　元木泰雄
平将門　西山良平
藤原純友　寺内浩
最澄　吉田一彦
円珍　岡野浩二
*空也　石井義長
奝然　上川通夫
*源信　小原仁
慶滋保胤　吉原浩人
*後白河天皇　美川圭

鎌倉

*式子内親王　奥野陽子
建礼門院　生形貴重
*藤原秀衡　入間田宣夫
平時子・時忠　元木泰雄
平維盛　根井浄
守覚法親王　阿部泰郎
藤原隆信・信実　山本陽子
源頼朝　川合康
*源義経　近藤好和
源実朝　神田龍身
*九条兼実　加納重文
九条道家　上横手雅敬
北条時政　野口実
熊谷直実　佐伯真一
*北条政子　関幸彦
北条義時　岡田清一
曾我十郎・五郎　杉橋隆夫
北条時頼　山本隆志
北条時宗　近藤成一
安達泰盛　山陰加春夫

平頼綱　細川重男
竹崎季長　堀本一繁
西行　光田和伸
鴨長明　浅見和彦
藤原定家　赤瀬信吾
*京極為兼　今谷明
*兼好　島内裕子
重源　横内裕人
*運慶　根立研介
快慶　井上一稔
法然　今堀太逸
栄西　中尾良信
明恵　西山厚
*親鸞　末木文美士
恵信尼・覚信尼　西口順子
覚如　今井雅晴
*道元　船岡誠
叡尊　細川涼一
*忍性　松尾剛次
*日蓮　佐藤弘夫
一遍　蒲池勢至
夢窓疎石　原田正俊
*宗峰妙超　竹貫元勝

刊行のことば

歴史を動かすものは人間であり、興趣に富んだ人間の動きを通じて、世の移り変わりを考えるのは、歴史に接する醍醐味である。

しかし過去の歴史学を顧みるとき、人間不在という批判さえ見られたように、歴史における人間のすがたが、必ずしも十分に描かれてきたとはいえない。二十一世紀を迎えた今、歴史の中の人物像を蘇生させようとの要請はいよいよ強く、またそのための条件もしだいに熟してきている。

この「ミネルヴァ日本評伝選」は、正確な史実に基づいて書かれるのはいうまでもないが、単に経歴の羅列にとどまらず、歴史を動かしてきたすぐれた個性をいきいきとよみがえらせたいと考える。そのためには、対象とした人物とじっくりと対話し、ときにはきびしく対決していくことも必要になるだろう。

今日の歴史学が直面している困難の一つに、研究の過度の細分化、瑣末化が挙げられる。それは緻密さを求めるが故に陥った弊害といえるが、その結果として、歴史の大きな見通しが失われ、歴史学を通しての社会への働きかけの途が閉ざされ、人々の歴史への関心を弱める危険性がある。今こそ歴史が何のためにあるのかという、基本的な課題に応える必要があろう。評伝という興味ある方法を通じて、解決の手がかりを見出せないだろうかというのも、この企画の一つのねらいである。

狭義の歴史学の研究者だけでなく、多くの分野ですぐれた業績をあげている著者たちを迎えて、従来見られなかった規模の大きな人物史の叢書として、「ミネルヴァ日本評伝選」の刊行を開始したい。

平成十五年（二〇〇三）九月

ミネルヴァ書房

《著者紹介》

角鹿尚計（つのが・なおかづ）

歌号・旧名：足立尚計

1960年　大阪市生まれ。

1983年　皇學館大学文学部国史学科卒業。

現　在　福井市立郷土歴史博物館館長・学芸員。氣比神社宮司。

著　書　『知られざる福井の先人たち』フェニックス出版，1992年。

『ふくい女性風土記』中日新聞本社，1996年。

『ことばの動物史』明治書院，2003年，ほか。

※幕末・維新期福井に関する研究論文・史料紹介・評論・随想・現代語訳・展示会図録多数。

ミネルヴァ日本評伝選

由《ゆ》利《り》公《きみ》正《まさ》

——万機公論に決し，私に論ずるなかれ——

2018年10月10日　初版第１刷発行　〈検印省略〉

定価はカバーに
表示しています

著　者　角　鹿　尚　計

発行者　杉　田　啓　三

印刷者　江　戸　孝　典

発行所　株式会社　ミネルヴァ書房

607-8494　京都市山科区日ノ岡堤谷町１
電話代表（075）581-5191
振替口座　01020-0-8076

© 角鹿尚計，2018〔187〕

共同印刷工業・新生製本

ISBN978-4-623-08454-8

Printed in Japan

人名索引

※「由利公正（三岡八郎）」は頻出するため省略した。

あ　行

か 行

さ　行

た　行

な　行

は　行

ま　行

や　行

ら・わ　行

事項索引

※「福井藩」「江戸幕府」「明治新政府」等は頻出するため省略した。

た　行

な　行

は　行

ま　行

や・ら　行